U0089575

古代歷史文化研究輯刊

二一編

王明蓀 主編

第 26 冊

邵晉涵研究

劉 一 著

國家圖書館出版品預行編目資料

邵晉涵研究／劉一 著 — 初版 — 新北市：花木蘭文化事業有
限公司，2019〔民 108〕
目 4+196 面：19×26 公分
（古代歷史文化研究輯刊 二一編：第 26 冊）
ISBN 978-986-485-744-9（精裝）
1.（清）邵晉涵 2. 學術思想
618   108001544

ISBN-978-986-485-744-9

古代歷史文化研究輯刊
二一編　第二六冊　　　　　　　ISBN：978-986-485-744-9

邵晉涵研究

作　　者　劉一
主　　編　王明蓀
總 編 輯　杜潔祥
副總編輯　楊嘉樂
編　　輯　許郁翎、王筑　美術編輯　陳逸婷
出　　版　花木蘭文化事業有限公司
發 行 人　高小娟
聯絡地址　235 新北市中和區中安街七二號十三樓
　　　　　電話：02-2923-1455／傳眞：02-2923-1452
網　　址　http://www.huamulan.tw 信箱 hml 810518@gmail.com
印　　刷　普羅文化出版廣告事業
初　　版　2019 年 3 月
全書字數　161924 字
定　　價　二一編 49 冊（精裝）台幣 122,000 元

版權所有·請勿翻印

邵晉涵研究

劉一 著

作者簡介

劉一，筆名劉貫之，北京人。先後就讀於北京師範大學、臺灣中央大學（桃園），師從徐梓、汪榮祖先生，獲教育學學士、文學碩士學位。現爲北京師範大學出版社編輯，兼任北京師範大學國學經典教育研究中心助理研究員、中華炎黃文化研究會童蒙文化專業委員會理事。中小學教科書《中華傳統文化》（共二十四冊）副主編，參與國家古籍整理出版規劃項目《輯補舊五代史》的研究、編撰工作，北京市教育科學「十二五」規劃 2012 年度重點課題（優先關注）「傳統文化教育活動的內容及實施途徑研究」（AAA12002）、2016 年度國家社會科學基金重大項目「中國傳統文化教育資源的開發利用研究」（16ZDA230）課題組核心成員。

提　　要

　　本書以邵晉涵學術之形成與發展爲明線，以浙東學術與乾嘉考據之激蕩爲暗線，凡前輩典範、家學庭訓、師門傳授、友朋切磋、社會風氣、政治環境對其學術之影響，皆作深入論述。

　　邵晉涵學術之形成與發展，大致歷經四個階段：（一）、家傳鄉習。早年隨祖父邵向榮、族兄邵陸陸受業，且獲聞邵廷釆學行甚詳；習聞王守仁、劉宗周、黃宗羲、萬斯同、全祖望之遺事，涉獵其著述，遂心生景仰。浙東學術之精神，蘊蓄已深。（二）、浸染樸學。中舉後，從遊錢大昕、朱筠之門，與戴震、段玉裁切磋論學，治學之方法與領域，漸趨向於訓詁考據。（三）、論學實齋。成進士後，始與章學誠同寓朱筠幕下，深入論史，重讀邵廷釆之著述，注重「著述成家」與「史學義例」之闡發。（四）、徵入四庫。纂輯《舊五代史》諸佚書，寓史家深意於文獻之中；撰寫提要，申明浙東史家之觀點。然文字之忌諱，皇帝之過問，「提要稿」之刪改，影響其學術心態甚巨，實爲《宋志》不克成編之重要原因。

　　邵晉涵一生之學術，就其方法而言，側重於文字訓詁、網羅佚文、考證異同；就其領域而論，側重於群經新疏、諸史考證。然傳承文獻之職志，躬行實踐、經世致用之精神，實爲其一生學術宗旨之所在，與浙東學術之根本特徵相契合。

目

次

緒　論

　　邵晉涵（1743～1796），字與桐，號二雲、南江，紹興府餘姚縣（今屬寧波市）人。晉涵之學術，自乾嘉時，已爲諸賢所樂道；及至今日，更常爲時彥所稱引。然見仁見智，無妨各抒己見，且時過境遷，難免各執一端。本書欲敘論晉涵之學術，當先將前人之論述薈萃一編。

一、乾嘉考據學者論邵晉涵

　　邵晉涵在世時，便已享有盛名。如汪中（1745～1794）曾於乾隆末年致書王念孫（1744～1832）曰：「今時古學大興，經學則程、戴，史學則錢、邵，小學則若膺及足下父子。」〔註1〕將邵晉涵與程瑤田（1725～1814）、戴震（1723～1777）、錢大昕（1728～1804）、段玉裁（1735～1815）、王念孫、王引之（1766～1834）諸人相提並論。及其歿後，同時名儒紛紛撰寫碑傳序跋，稱述其學術成就。

　　嘉慶元年（1796），邵晉涵卒。洪亮吉（1746～1809）應晉涵子秉恒、秉華之請，隨即撰就〈邵學士家傳〉一篇。中曰：

　　　　於學無所不窺，而尤能推求本原，實事求是。蓋自元明以來，
　　儒者務爲空疏無益之學，六書訓詁摒棄不談，於是儒術日晦，而游
　　談坌興。……迨我國家之興，而樸學始輩出。……及四庫館之開，
　　君與戴君又首膺其選，由徒步入翰林。於是……向之空談性命及從

〔註1〕 汪中：〈致王念孫書〉，載田漢雲點校：《新編汪中集》（揚州：廣陵書社，2005
　　　年），頁439。按：函中提及「中之子亦頗可教」，汪中子喜孫生於乾隆五十一
　　　年（1786），故此函作於是年之後，乾隆五十九年（汪中卒）之前。

事帖括者，始毅毅然趨實學矣。……則今之經學昌明，上之自聖天子啓之，下之即謂出於君與戴君講明切究之力，無不可也。〔註2〕

將邵晉涵與戴震一併視爲引領乾嘉考據學風之健將。又曰：

君又病《宋史》是非失實，且久居山陰、四明之間，習聞里中諸老先生緒言，遂創爲《南都事略》一編。……熟精前明掌故，每語一事，輒亟稱劉先生宗周、黃處士宗羲，蓋君史學所本，而又心儀其人，欲取以爲法者也。〔註3〕

山陰、四明（餘姚）皆屬紹興。蓋謂晉涵之史學根源於浙東之文獻傳統，並受劉宗周（1587～1645）、黃宗羲（1610～1695）諸位先賢之影響。

嘉慶四年（1799），錢大昕爲邵晉涵撰寫〈墓誌銘〉。〔註4〕中曰：

君以懿文碩學知名海內。……自四庫館開，而士大夫始重經史之學，言經學則推戴吉士震，言史學則推君。〔註5〕

述及《舊五代史》、《南都事略》、《續資治通鑑》諸書之纂輯考訂，側重於表彰晉涵之史學成就。又曰：

君生長浙東，習聞蕺山、南雷諸先生緒論，於明季朋黨奄寺亂政及唐魯二王起兵本末，口講手畫，往往出於正史之外。自君謝世，而南江文獻無可徵矣。〔註6〕

此處「南江」指餘姚，泛指浙東諸地。晉涵曾謂《尚書》〈禹貢〉中之「三江」，其南江係從餘姚入海，故自號「南江」。〈墓誌銘〉謂晉涵熟諳劉宗周、黃宗羲諸人之學行，又熟悉明末史事，身繫浙東「文獻」之任；及其歿後，浙東先賢之事跡、記載明末諸事之史料，遂堙沒無徵。〔註7〕

〔註2〕 洪亮吉：〈邵學士家傳〉，《卷施閣文甲集》卷9，載劉德權點校：《洪亮吉集》（北京：中華書局，2001年），頁192。按：傳中曰「今年……竟以六月二十五日卒於邸第」，知撰於嘉慶元年。

〔註3〕 同上，頁193。

〔註4〕 錢大昕著，錢慶曾增補：《錢辛楣先生年譜》，載陳文和主編：《嘉定錢大昕全集》（南京：江蘇古籍出版社，1997年）第1冊，頁43。

〔註5〕 錢大昕：〈日講起居注官翰林院侍講學士邵君墓誌銘〉，《潛研堂文集》（據嘉慶十一年刻本影印），載《續修四庫全書》（上海：上海古籍出版社，2002年）第1439冊，卷43，頁21～23，總頁177～178。

〔註6〕 同上，頁22b，總頁178。

〔註7〕 「文獻」一詞出自《論語》，其中「文」指典籍，而「獻」指賢才，即熟悉典章、秉持典籍之人。其後「文獻」二字連用，其義漸趨於「典籍」一端，如元馬端臨（1254～1323）之《文獻通考》，便是如此。然亦有保留「獻」字本義者，如明

嘉慶八年（1803），王昶（1725～1806）爲邵晉涵撰〈墓表〉。中曰：

> 浙東自明中葉王陽明先生以道學顯，而功業、風義兼之。劉念
> 臺先生以忠直著，大節凜然。及其弟子黃梨洲先生覃研經術，精通
> 理數，而尤博洽於文辭。君生於其鄉，宗仰三先生，用爲私淑，故
> 性情質直貞亮，而經經緯史，涉獵百家，略能誦憶。〔註8〕

謂晉涵自幼，便私淑於王守仁（1472～1528）之功業風義，劉宗周之忠直大
節，黃宗羲之經術文辭。至於其學術成就，則曰：

> 立德、立功、立言，視三先生少遜焉。……及與之議論史事，上
> 下古今，則颸風舉。凡古來政事之得失、人才之消長、君子小人之玄
> 黃水火，莫不決其弊之所由始，與害之所由終，俱與三先生之說相同。
> 俾聞者咋指而歎，變色而作，蓋有補於世教人心甚大。〔註9〕

從心性修養、躬行實踐處立論，謂晉涵其學其行，重在維繫社會風氣、人心
善惡。

嘉慶九年（1804），阮元（1764～1849）爲邵晉涵遺作《南江札記》撰序，
中曰：

> 先生以醇和廉介之性，爲沈博邃精之學，經學史學，竝冠一時，
> 久爲海內共推。……本得甬上姚江史學之正傳，博聞強記，於宋明
> 以來史事最詳。學者唯知先生之經，未知先生之史也。……在四庫
> 館，與戴東原諸先生編輯載籍，史學諸書多由先生訂其略，其「提
> 要」亦多出先生之手。〔註10〕

焦竑（1540～1620）《國朝獻徵錄》、清李桓《國朝耆獻類徵》諸書。及至今日，
「文獻」專指典籍資料。（參董洪利主編：《古典文獻學基礎》，北京：北京大學
出版社，2008 年，頁 1～2。）此處大昕所謂「文獻」，當兼有典籍與賢人兩義。

〔註8〕　王昶：〈翰林院侍講學士充國史館提調官邵君墓表〉，《春融堂集》（據嘉慶十
二年塾南書舍刻本影印），載《續修四庫全書》第 1438 冊，卷 60，頁 4，總
頁 251。按：文中曰「予自四川還朝，始與君相見，迄今二十五年矣。」王昶
於乾隆四十一年（1776）四月隨平定大小金川軍凱旋還京，然此時晉涵方回
鄉守制，兩人不可能相見。至四十三年（1778），晉涵入都補官，兩人方得「常
以譚藝過從」。故此文當撰於嘉慶八年（1803）。見嚴榮：《述庵先生年譜》（據
嘉慶間刻本影印），載《北京圖書館藏珍本年譜叢刊》（北京：北京圖書館出
版社，1999 年）第 105 冊，卷上，頁 20，總頁 126。

〔註9〕　王昶：〈翰林院侍講學士充國史館提調官邵君墓表〉，《春融堂集》，卷 60，頁
5，總頁 252。

〔註10〕　阮元：〈南江邵氏遺書序〉，載邵晉涵：《南江札記》（據嘉慶八年面水層軒刻
本影印），《清人考訂筆記（七種）》（北京：中華書局，2004 年），頁 3～4。

首次提及晉涵為《四庫全書》史部諸書撰寫「提要」之事。

道光五年（1825），陳壽祺（1771～1834）為邵晉涵詩文集撰序，中曰：

> 開四庫館……詔徵天下博洽通才五人，參預編摩，授職詞垣，而餘姚邵二雲先生與休寧戴東原先生為之冠。天下士大夫言經學必推戴，言史學必推邵，當時以為篤論云。……浙東自南宋以來，文獻薈集，緜延五六百年。……自梨洲、季野、謝山諸老，皆曠代逸才，博洽強記，轉相口授，以逮於先生，先生歿而舊聞絕矣。〔註11〕

又提及萬斯同（1638～1702）、全祖望（1705～1755）諸人對晉涵之影響。此處所謂文獻，蓋專指「舊聞」而言。

以上諸篇傳狀序跋，皆為乾嘉名儒所撰。且亮吉與晉涵同官京師，比盧而居，邵歿前數日，猶相與酬唱賦詩。〔註12〕大昕為晉涵鄉試座師，對其學問極為賞識。王昶與晉涵「常以譚藝過從」，前後近二十年。阮元於乾隆五十一年（1786）入京時，亦曾「隨事請問」於晉涵座下。〔註13〕壽祺雖未及親見晉涵，但參與校訂《南江文鈔》、《南江詩鈔》，獲睹詩文全稿。無怪乎諸篇甫出，即為人所深信。

其後江藩（1761～1831）《國朝漢學師承記》〔註14〕、唐鑑（1778～1861）《國朝學案小識》〔註15〕、李元度（1821～1887）《國朝先正事略》〔註16〕諸書，凡談及晉涵之學行，皆以上述諸篇為據。

二、章學誠論邵晉涵

章學誠（1738～1801）平日論學，與乾嘉諸儒多不合，然自謂與邵晉涵契合隱微。聞邵之卒，哀悼累日，嘆曰：「浙東史學，自宋元數百年來，歷有

〔註11〕陳壽祺：〈南江詩文鈔序〉，載邵晉涵：《南江文鈔》（據道光十二年胡敬刻本影印），《續修四庫全書》第1463冊，總頁323～324。

〔註12〕邵晉涵：〈病中戲簡洪稺存〉，《南江詩鈔》（據道光十二年胡敬刻本影印），載《續修四庫全書》第1463冊，卷4，頁25，總頁666。洪亮吉：〈奉酬邵學士晉涵病中見寄之作〉，《卷施閣詩集》卷17，載《洪亮吉集》，頁847。

〔註13〕阮元：〈南江邵氏遺書序〉。

〔註14〕江藩著，鍾哲點校：《國朝漢學師承記》（北京：中華書局，1983年），卷6，頁96。

〔註15〕唐鑑：《學案小識》（據道光二十六年四砭齋刻本影印），載《續修四庫全書》第539冊，卷13，頁5，總頁635。按：晉涵列入「經學學案」。

〔註16〕李元度：《國朝先正事略》（據同治八年循陔草堂刻本影印），載《續修四庫全書》第539冊，卷35，頁7～9，總頁24～25。按：晉涵列為「經學」。

淵源。自斯人不祿，而浙東文獻盡矣。」〔註17〕此處所謂「文獻」，指浙東學術之傳統，蓋視晉涵爲浙東學術之傳人。

　　嘉慶五年（1800），章學誠因「目廢不能書」，口授大略，由其長子章貽選執筆，撰就〈邵與桐別傳〉。〔註18〕此傳針對「名流多爲狀述碑誌」而作，學誠自信「實有一二非僕著筆必不得其實者」。〔註19〕中曰：

> 南宋以來，浙東儒哲講性命者多攻史學，歷有師承。……邵氏
> 先世多講學，至君從祖廷采善古文辭，著《思復堂文集》，發明姚江
> 之學，與勝國逸聞軼事，經緯成一家言，蔚然大家。〔註20〕

針對〈邵學士家傳〉〈墓誌銘〉諸文對於浙東儒哲之籠統敘述，強調浙東學術之最大特徵在於「講性命者多攻史學」，以及邵晉涵之家學實源自其從祖邵廷采（1648～1711）。又曰：

> 然君尤長於史，自其家傳鄉習，聞見迥異於人。……昊天生
> 百才士，不能得一史才，生十史才，不能得一史識，有才有識如此……
> 〔註21〕

針對諸儒稱讚晉涵經學之高深，強調其史才、史識之精湛。此外，章貽選附注按語曰：

> 先師深契家君專家、宗旨之議，故於《宋史》主於約馭博也。
> 《爾雅正義》既成，自謂此書苦心，不難博證，而難於別擇之中能
> 割所愛耳。〔註22〕

貽選在京師時曾追隨晉涵受業，故稱之爲先師。所謂「專家」、「宗旨」，即治學貴有宗旨，能由博返約，成一家之言。蓋謂晉涵重修《宋史》，撰寫《爾雅正義》，其苦心不在於博證，而在於守約。〈別傳〉轉述晉涵重修《宋史》之宗旨曰：

> 宋人門戶之習，語錄庸陋之風，誠可鄙也。然其立身制行，出

〔註17〕章學誠：〈與胡雛君論校胡稺威集二簡〉，《章氏遺書》（臺北：漢聲出版社，1973年，據吳興劉氏嘉業堂刻本影印），卷13，頁42b，總頁263。

〔註18〕胡適著，姚名達訂補：《章實齋先生年譜》（臺北：臺灣商務印書館，1962年），頁144。

〔註19〕章學誠：〈又與朱少白〉，《章學誠遺書・佚篇》（北京：文物出版社，1985年，據章華紱抄本《章氏遺書》排印），頁642。

〔註20〕章學誠：〈邵與桐別傳〉，《章氏遺書》，卷18，頁6b，總頁396。

〔註21〕同上，頁6b～8b，總頁396～397。

〔註22〕同上，頁9a，總頁397。

於倫常日用，何可廢耶。士大夫博學工文，雄出當世，而於辭受取與、出處進退之間，不能無簞豆萬鍾之擇。本心既失，其他又何議焉。〔註23〕

「簞食」、「豆羹」指清貧，「萬鍾」指厚祿。〈別傳〉謂晉涵重修《宋史》，不局限於表彰宋儒之學問文章，重在寫明宋人「辭受取與」間之抉擇，為後人「躬行實踐」提供借鑒與警示。

章學誠自詡知邵晉涵甚深，謂其論邵之學術，有三點與同時諸儒迥異：諸儒但稱其「博洽」，而不知其難在能「守約」；但讚其「經訓」，不知其長乃在「史裁」；但尊其「漢詁」，不知其宗主乃在「宋學」。〔註24〕針對以上三點，梁啓超（1873～1929）曾指出：「浙東學派之特別精神，亦於是乎在矣。」〔註25〕同年，學誠另撰〈浙東學術〉一文，其主旨曰：「浙東之學，言性命者必究於史，此其所以卓也。」〔註26〕所論蓋與〈別傳〉相表裏。

〈邵與桐別傳〉、〈浙東學術〉撰就之次年（1801），學誠去世。此後數十年間，章氏不甚為後學所知，〈別傳〉之影響亦不甚大。然阮元於嘉慶十七年（1812）前後撰就《儒林傳稿》，將邵晉涵與邵廷采合為一傳，並徵引〈別傳〉中數條材料，謂晉涵「素與會稽章學誠以所蘊蓄者相知」。〔註27〕此外，〈別傳〉亦被收入錢儀吉（1783～1850）《碑傳集》中。〔註28〕

三、近人論邵晉涵

道光、咸豐之際，國家動盪，諸老遺作毀於兵燹者甚多，邵晉涵之著述亦難免斯厄。且風雨飄搖之間，時人亦無暇深論。清末民初，浙東後學景仰鄉賢，始對其著作與學術，稍有董理探討之意。其後章學誠之研究蔚然大觀，與章論學「契合隱微」之邵晉涵，亦藉此機緣而為研究者所注意。

光緒十七年（1891），紹興徐友蘭（1842～1905）鑒於晉涵文集流傳甚稀，遂將《南江文鈔》中之「《四庫》提要稿」一卷錄出別行，取名《四庫全書提

〔註23〕 章學誠：〈邵與桐別傳〉，《章氏遺書》，卷18，頁9，總頁397。
〔註24〕 同上，頁9b，總頁397。
〔註25〕 梁啓超：〈覆餘姚評論社論邵二雲學術〉，《飲冰室合集》（上海：中華書局，1936年），文集之42，頁40。
〔註26〕 章學誠：〈浙東學術〉，《章氏遺書》，卷2，頁24a，總頁33。
〔註27〕 阮元：《儒林傳稿》（據嘉慶間刻本影印），載《續修四庫全書》第537冊，卷3，頁17a，總頁661。
〔註28〕 錢儀吉纂，靳斯標點：《碑傳集》（北京：中華書局，1993年），卷50，頁1415。

要分纂稿》，刻入《紹興先正遺書》。次年，又將《南江札記》刻入《遺書》，並將洪亮吉、錢大昕、王昶、章學誠、阮元諸人所撰碑傳附刻卷末，爲探討晉涵學術提供方便。徐友蘭跋《分纂稿》曰：

> 先生爲念魯先生族孫，而友章實齋先生。念魯、實齋兩先生學皆長於史，著書成一家言，章先生尤爲譚史大宗。以故先生之論推闡義法，鍼藥膏肓，多積古所未道。而間與章先生相出入……〔註29〕

謂晉涵之史學得益於廷釆、學誠。徐氏藉刊刻《分纂稿》之便，得以稍窺晉涵史學之涯涘，並對邵、章二人略作比較。

　　1919 年，紹興俞品、湯壽銘將晉涵對鄧以讚（1542～1599）《史記輯評》所作之眉批與圈點錄出，編成《邵氏史記輯評》十卷，由上海會文堂書局印行，惜乎此書流傳不廣。〔註30〕

　　1931 年，餘姚黃雲眉（1898～1977）有感於晉涵歿後，去今僅百餘年，然「其姓名事跡，乃不爲學術界所熟聞」，遂撰成《邵二雲先生年譜》行世。〔註31〕黃爲邵氏功臣，自無待言。以上爲浙東後學表彰晉涵著述學行之努力。

　　而當時學界最感興趣者，乃「浙東學術」、「浙東史學」之討論。如章炳麟（1869～1936）於〈清儒〉中所論：

> 自明末有浙東之學，萬斯大、斯同兄弟皆鄞人，師事餘姚黃宗義，稱說禮經，雜陳漢宋，而斯同獨尊史法。其後餘姚邵晉涵、鄞全祖望繼之，尤善言明末遺事。會稽章學誠爲《文史》、《校讎》諸通義，以復歆、固之學，其卓約近《史通》。〔註32〕

然尚未對「浙東之學」之內涵加以論述，似僅側重於治史而已。

　　1928 年，何炳松（1890～1946）應上海中國公學史學會之邀，作「中國史學的演化」之演講，論及「浙東之史學」。謂浙東史學自南宋以後大興，可分爲兩個時期。第一時期自南宋以至明初，而以程頤（1033～1107）爲先導：

〔註29〕徐友蘭：〈分纂稿跋〉，載邵晉涵：《四庫全書提要分纂稿》（光緒十七年會稽徐氏鑄學齋刻《紹興先正遺書》本），卷末。

〔註30〕詳見本書第五章「《邵氏史記輯評》書後」一節。

〔註31〕黃雲眉：《邵二雲先生年譜》，載氏撰：《史學雜稿訂存》（濟南：齊魯書社，1980 年），頁 3。按：此書初版於 1933 年，由金陵大學中國文化研究所印行，後稍加訂補，收入《訂存》。

〔註32〕章炳麟：《檢論》，載《章太炎全集》（上海：上海人民出版社，1984 年）第 3 冊，頁 474。

程氏學說以無妄與懷疑爲主，此與史學之根本原理最爲相近。
加以程氏教人多讀古書，多識前言往行，並實行所知，此實由經入
史之樞紐。傳其學者多爲浙東人。〔註33〕

第二時期以「左祖非朱，右祖非陸」之劉宗周爲開山：

其學說一以慎獨爲宗，實遠紹程氏之無妄，遂開浙東史學中興
之新局。……其門人黃宗羲承其衣缽而加以發揮，遂蔚成清代寧波
萬斯同、全祖望，及紹興邵廷采、章學誠等之兩大史學系。前者有
學術史之創作，後者有新通史之主張。〔註34〕

何氏綜論以上兩個時期，遂謂浙東史學興於「由經入史」，而衰於「由史入文」。

其後，陳訓慈（1901～1991）撰〈清代浙東之史學〉，駁何氏「浙東史學
導源於程頤」之說，謂「梨洲以降之浙東史學，究若承王學之餘波，而與程
子之關係則似疏遠不易尋也。」〔註35〕陳文重在討論明末以降浙東史學之傳
承，中曰：

清代浙東之學，近承姚江性命之教，而遠紹南宋儒哲之傳。源
深者流長，理勢然也。……陽明、蕺山導其先路，所造於性理者爲
卓。而自梨洲以明代遺老，倡導學風，於是浙東學者繩繩相繼，莫
不以史學著稱。〔註36〕

蓋以章學誠〈浙東學術〉爲本，並加以闡發。此文詳論清代浙東史學之特色，
將之概括爲五點：博約、躬行、經世致用、民族思想、不立門戶。

陳氏謂章學誠「與其鄉友邵二雲砥礪相得，隱然並承浙東之學派」〔註37〕，
將晉涵視爲浙東史學之嫡傳，並設專節探討。先略論邵廷采之史學，將其視
爲「家學淵源」，謂廷采：「徵存國史之志，以史明道之心，不惟有得梨洲之
教，且下啓章實齋、邵二雲之史學。」〔註38〕復論及章學誠之影響，謂晉涵
「與章實齋生同郡，相交甚契，得其鼓勵討論之益頗多。」〔註39〕至於晉涵
之學術，則對其重修《宋史》、纂輯《舊五代史》、撰寫《爾雅正義》略作介

〔註33〕何炳松：〈自序〉，《浙東學派溯源》（上海：商務印書館，1933 年），頁 4。
〔註34〕同上，頁 5。
〔註35〕陳訓慈：〈清代浙東之史學〉，《史學雜誌》第 2 卷第 5、6 期合刊，1931 年 4
月，頁 2。
〔註36〕同上，頁 1～5。
〔註37〕同上，頁 4。
〔註38〕同上，頁 23。
〔註39〕同上。

紹。其中論《爾雅正義》曰：

> 二雲之治《爾雅》，其功力似在小學，然所取方法，如以經證經，
> 會通注疏異同，實驗名物形狀，不惟史家應循之大道，抑又默契浙
> 東先哲之傳。〔註40〕

蓋因邵氏史學著作難尋，只得就其經學而推論之。尤可注意者，該文論晉涵
文獻之學，則曰：「二雲遠追黃、萬之教，亦好治晚明文獻。……蓋故國之思，
黍離之痛，異代猶未泯矣。」〔註41〕謂晉涵具有「民族思想」，然未加深論。

梁啓超撰〈覆餘姚評論社論邵二雲學術〉，中曰：

> 蓋浙東學風，端本於義理，致用於事功，而載之以文史。自陽
> 明、梨洲以來，皆循此軌以演進。念魯則具體而微焉。二雲則念魯
> 從孫，其家學淵源所蘊受者如此。……二雲實史學大家，並時最能
> 知其學者，惟其友章實齋。〔註42〕

著眼於浙東史學之特徵、晉涵家學之淵源，以及章學誠之影響。

錢穆（1895～1990）撰《中國近三百年學術史》，中曰：

> 梨洲治史，特點有二：一曰注意於近代當身之史。……異於後
> 之言史多偏於研古者，一也。二曰注意於文獻人物之史。……異於
> 後之言史多偏於考訂者，又一也。此種重現代、尊文獻之精神，一
> 傳爲萬季野，再傳爲全謝山，又傳爲邵二雲、章實齋。浙東史學，
> 遂皎然與吳皖漢學家以考證治古史者並峙焉。〔註43〕

所謂「文獻人物之史」，既與「偏於考訂」相對言，似指注重文獻之保存與整
理，並於文獻中寓史家之深意。

觀以上諸說，知近人多將晉涵視爲浙東學術之健將。然亦有持論相異
者，如金毓黻（1887～1962）撰《中國史學史》，謂何炳松、陳訓慈諸人對
於「浙東史學」之提倡表彰，實爲「偏黨」之見。又曰：

> 觀黃宗羲承其師劉宗周之教，而導源於王陽明，蓋與宋代呂、葉、
> 二陳絕少因緣。其源如此，其流可知。萬斯同固親承黃氏之教矣，全
> 祖望私淑黃氏，續其未竟之《學案》，亦不愧爲黃氏嫡派。至於章、

〔註40〕陳訓慈：〈清代浙東之史學〉，頁26。
〔註41〕同上。
〔註42〕梁啓超：〈覆餘姚評論社論邵二雲學術〉，《飲冰室合集》，文集之42，頁40。
　　　　按：此文作於1925年。
〔註43〕錢穆：《中國近三百年學術史》（臺北：臺灣商務印書館，1990年），頁32。

邵二氏，異軍特起，自致通達，非與黃、全諸氏有何因緣，謂爲壤地

相接、聞風興起則可，謂具有家法、互相傳受則不可。〔註44〕

金氏僅發其端，未加深論。然今人中不乏師其說者，如余英時、何冠彪諸人
之論述。

四、今人論邵晉涵

　　近人著述中，除黃雲眉《邵二雲先生年譜》、梁啓超〈覆餘姚評論社論邵
二雲學術〉外，未有專門研究邵晉涵者。最近三十年間，邵晉涵之研究頗見
起色，陸續有專書數種、論文數十篇問世。約其論述主旨，集中於三個方面：
其一爲探討晉涵與浙東學術之傳承關係，其二爲論述晉涵之文獻學成就，其
三爲闡發晉涵之史學思想、史學理論。至於《爾雅正義》之相關論著，可謂
不勝枚舉，因多係訓詁學之專門研究，茲不過多論及。

　　張舜徽先生撰《清儒學記》，有〈浙東學記〉一篇，論及浙東學派之源流。
篇中設專節論晉涵學術，謂王昶所撰〈墓表〉，未提及邵廷采之影響，是其疏
略；《爾雅正義》之精要，在於「能實行博觀約取的原則，不尙煩徵，力求簡
要」；並對其重修《宋史》、纂輯《舊五代史》之始末略作介紹。〔註45〕

　　杜維運撰〈邵晉涵之史學〉一文，先後在三處發表，〔註46〕並最終寫入
其《中國史學史》。謂浙東史學自清初至雍、乾之際，其特色呈現爲三點：「自
理學而史學；自眞摯之情，發而爲終身寫史、終身表章氣節的史學偉業；文
獻繫焉，博雅寓焉。」〔註47〕至乾嘉之際，樸學風氣大盛，然浙東史學之傳
統非但不失，反而展現出新特徵：

　　　　以眞摯之情，抒宗國之思，若宗羲、斯同、祖望所致力者，自

　　　　不復顯見。而浙東學者的眞摯之情不失，其爲文獻所繫而學問博雅

　　　　依然，其醉心寫史而期於成一家之言者亦然，精神傾向於史學思想、

　　　　史學理論、史學方法的發揮，則爲浙東史學的新猷。〔註48〕

〔註44〕金毓黻：《中國史學史》（北京：商務印書館，1999年），頁333。
〔註45〕張舜徽：《清儒學記》（武漢：華中師範大學出版社，2005年），頁182～190。
　　　　按：此書初版於1991年。
〔註46〕《政治大學歷史學報》第11期，1994年1月，頁35～51；《清史研究》第2
　　　　期，1994年5月，頁100～104；方祖猷、滕復主編：《論浙東學術》（北京：
　　　　中國社會科學出版社，1995年），頁432～449。
〔註47〕杜維運：《中國史學史》（北京：商務印書館，2010年），頁846。
〔註48〕同上，頁847。

杜氏認爲，邵晉涵在乾嘉樸學之衝擊下，仍能保持浙東學者之本色，實爲「有待發覆的大問題」。觀杜氏之「發覆」，包括兩個方面：其一爲「鬱積已深」，晉涵自幼浸染於浙東學風之中，家傳鄉習，鬱積已深，雖處身樸學洪流，而卓然不失其本色。〔註49〕其二不妨稱之曰「曲線維護」，即邵氏雖致力於考逸搜遺、聲韻訓詁之學，「與樸學家互通聲氣，浙東學者之風已渺」，然能守約，不失專家之體，故而不悖浙東史學之教。〔註50〕至於晉涵史學之特色，杜氏亦從兩方面論述。其一爲「以眞摯之情，寫一家之史」：

> 晉涵值盛世，自難現不屈之節，然其眞摯之情，仍隨處可見。
> ……銳意撰寫《宋史》，蓋出於情之不能已。〔註51〕

其二爲「以敏銳之見，發揮史學思想、史學理論、史學方法」：

> 晉涵在四庫館中所撰史部書的提要，則爲其有史識的明證。……
> 綜合晉涵所作《史記》、《後漢書》、《魏書》、《周書》、《舊唐書》、《新唐書》、《五代史》七部書的提要，可知晉涵史識之高，史學造詣之深，舉凡史學思想、史學理論、史學方法之大者，皆淋漓發揮之。
> 〔註52〕

杜氏文中切要之語，皆已摘錄如上。

此外，王鳳賢《浙東學派研究》〔註53〕、管敏義《浙東學術史》〔註54〕、蔡克驕《浙東史學研究》〔註55〕諸書，皆將邵晉涵視爲浙東史學之重鎮，並設專章、專節，探討其史學成就。

然亦有否定章學誠、邵晉涵與浙東學派之關聯，乃至否定清代浙東學派之存在者，蓋本金毓黻之舊說而推廣之。其持論集中於三個方面：其一，謂清代浙東史家與宋代浙東學派「絕少因緣」。其二，謂章學誠、邵晉涵之學問乃「自致通達」，與黃宗羲、全祖望等並無「因緣」。尤其是章學誠，在晚年

〔註49〕杜維運：《中國史學史》，頁849。
〔註50〕同上，頁852。
〔註51〕同上，頁853。
〔註52〕同上，頁856～862。
〔註53〕王鳳賢、丁國順：〈史書纂修專家邵晉涵〉，《浙東學派研究》（杭州：浙江人民出版社，1993年），頁424～434。
〔註54〕朱依群：〈邵晉涵的學術成就〉，載管敏義主編：《浙東學術史》（上海：華東師範大學出版社，1993年），頁385～393。
〔註55〕蔡克驕、夏詩荷：〈邵晉涵的史學成就〉，《浙東史學研究》（北京：知識產權出版社，2009年），頁309～318。

方讀到黃、全之著作，且研讀不深。其三，謂章學誠〈浙東學術〉一文頗不可靠，因與戴震抗衡，故意製造出一個源遠流長之浙東「學統」。〔註56〕其中尤以余英時之論述最可玩味。

余英時撰《論戴震與章學誠：清代中期學術思想史研究》，從兩方面探討〈浙東學術〉一文之「心理背景」。其一，乃學誠之寂寞與孤憤，欲置身於古人行列之間，藉此「稍解岑寂」，以見「吾道之不孤」。〔註57〕其二，則來自戴震之「心理壓力」。蓋學誠視戴震為一生之學術強敵，並將其置於朱子學統之下，為與戴震分庭抗禮，遂將自己置於象山學統之下。撰寫〈浙東學術〉，創建陸九淵（1139～1193）、王守仁、黃宗羲一脈相承之學統，藉此「把自己歸宗於象山」。〔註58〕

其後，何冠彪撰〈邵廷采三題〉、〈清代「浙東學派」問題平議〉兩文，謂邵晉涵與黃宗羲、邵廷采並無學術傳授之淵源。蓋謂晉涵出生於廷采歿後，其成學不受廷采影響，且亦不大重視廷采之學問。通過研讀章學誠與邵晉涵之論學書札，遂認為：「無論是入學求道的途徑，以至立言作文的法則，邵晉涵都和邵廷采不相契合。」〔註59〕至於黃宗羲，並無「明顯的線索」證明晉涵與宗羲之學術淵源，〔註60〕惜乎未加深論。

倉修良、葉建華撰《章學誠評傳》，對余、何諸氏有所回應。列舉數則材料，證明章學誠與黃宗羲、全祖望、邵廷采諸人確有學術傳授之淵源，對此問題實有廓清之功。〔註61〕惜其對邵晉涵學術淵源之討論過於簡略，且批駁余氏「心理分析」之數語，恐亦不能令彼信服。

對邵晉涵文獻學成就之討論，則有林良如《邵晉涵之文獻學探究》一書，蓋以其碩士論文為藍本。此書先述邵氏之生平，大體不出黃雲眉《邵二雲先生年譜》之外。次論乾嘉學術、浙東學術之影響，重在梳理乾嘉、浙東學術各自之發展與特點，至於乾嘉樸學對晉涵之衝擊，似未加深論。晉涵與浙東

〔註56〕參倉修良、葉建華：《章學誠評傳》（南京：南京大學出版社，1996 年），頁439。
〔註57〕余英時：《論戴震與章學誠：清代中期學術思想史研究》（北京：生活・讀書・新知三聯書店，2012 年），頁69～70。按：此書初版於1976 年。
〔註58〕同上，頁70～71。
〔註59〕何冠彪：〈邵廷采三題〉，載氏撰《明末清初學術思想研究》（臺北：臺灣學生書局，1991 年），頁216～220。
〔註60〕何冠彪：〈清代「浙東學派」問題平議〉，《明末清初學術思想研究》，頁336。
〔註61〕倉修良、葉建華：《章學誠評傳》，頁440～455。

學派之關係，林氏從兩方面證明之。其一曰：「二雲是由其從祖邵廷采與黃宗
羲產生學術關聯的」。其二曰：「邵晉涵之學術思想，更多部分是出自於宗仰
清初浙東先賢而來」。〔註62〕其後，分注疏、輯佚、目錄、金石、方志、編纂
六章，敘述邵氏文獻學之成就。舉凡《爾雅正義》之體例、《舊五代史》之纂
輯、「《四庫》提要稿」之刪改、《續通志》〈金石略〉之編纂、《杭州府志》之
纂修，以及重修《宋史》之計劃、修訂《續資治通鑑》之工作，皆一一敘其
始末，並略作評價。

　　此外，尚有楊緒敏〈邵晉涵與歷史文獻的整理及研究〉〔註63〕、〈論邵晉
涵古籍整理研究之成就〉〔註64〕，以及張永紅〈邵晉涵所撰《四庫史部提要》
的目錄學價值〉〔註65〕、〈邵晉涵四庫史部提要的目錄學價值研究〉〔註66〕諸
文，對晉涵之文獻學略作討論。

　　至於對邵晉涵史學思想、史學理論之探討，早期有倉修良〈邵晉涵史學概
述〉、南炳文〈邵晉涵〉兩文，皆根據邵氏「《四庫》提要稿」歸納出若干結論。
倉修良之文謂晉涵史學思想表現為四個方面，即「重視對史家思想、史書內容
的學術淵源進行評論」、「注重史法義例之評述」、「不受前人所囿，敢於發表己
見」、「主張據事直書，反對任情褒貶」。〔註67〕南炳文之文則謂晉涵具有「進步
的史學思想」，具體而言，包括如下數端：「對於史書語言的文質，主張根據歷
史實際」、「關於史書的內容，主張豐富不獵奇」、「對於歷史事件和歷史人物的
褒貶要慎重、公允」、「反對記載荒誕迷信的事物」、「講究體例」、「重視以約馭
博的專著」。〔註68〕

　　其後，羅炳良撰〈邵晉涵在歷史編纂學理論上的貢獻〉〔註69〕、〈邵晉涵

〔註62〕　林良如：《邵晉涵之文獻學探究》，載潘美月、杜潔祥主編：《古典文獻研究輯
　　　　　刊·六編》（臺北：花木蘭文化出版社，2008年）第26冊，頁28～32。
〔註63〕　《徐州師範學院學報（哲學社會科學版）》第2期，1986年5月，頁31～35。
〔註64〕　《古籍整理研究學刊》第5期，2004年9月，頁49～53。
〔註65〕　《山東圖書館季刊》第99期，2006年3月，頁107～109。
〔註66〕　《浙江工業大學學報（社會科學版）》第5卷第1期，2006年6月，頁106～
　　　　　109。
〔註67〕　倉修良：〈邵晉涵史學概述〉，載氏撰：《史家·史籍·史學》（濟南：山東教
　　　　　育出版社，2000年），頁463～482。按：此文最初發表於《史學史研究》第3
　　　　　期，1982年6月，頁26～35。
〔註68〕　南炳文：〈邵晉涵〉，載陳清泉等編：《中國史學家評傳》（鄭州：中州古籍出
　　　　　版社，1985年），頁912～941。
〔註69〕　《史學史研究》第2期，1997年5月，頁33～39。

史學批評述論〉〔註70〕、〈邵晉涵對宋史研究的重要貢獻〉〔註71〕等文，欲作更爲深入之探討。2013 年，羅氏復將舊文加以整理，撰成《章實齋與邵二雲》一書。謂清代乾嘉史學呈現兩大發展趨勢，其一是考證與清理相結合的「史學考證」趨勢，以錢大昕、王鳴盛（1722～1797）爲代表；其二是批評與總結相結合的「史學理論」趨勢，以章學誠、邵晉涵爲代表。〔註72〕在〈緒論〉中，對邵、章史學之差異有所比較，謂：

> 章學誠與邵晉涵雖然相交甚深，在學術上同屬於浙東學派史
> 家，治學顯示出注重義理和富於思辨的特徵，但因個人的稟賦差異，
> 在治學領域、研究方法和學術風格上又表現出不同的面貌。前者重
> 視對史學義例和校讎心法的研究，理論色彩比較突出；後者注重對
> 文獻整理和史實考辨的研究，實證色彩更加明顯。〔註73〕

正文分列五章，依次論述章、邵之治學宗旨、史學本體理論、史學批評理論、歷史編纂學理論、研究《宋史》之貢獻。然將章、邵兩人分開敘述，難見彼此之學術關聯。以晉涵而論，謂其繼承浙東史學之傳統，既有樸學家之治學功力，又有宋學家之理論特長，形成「漢宋兼採」的學術風格。〔註74〕將其「史學本體理論」概括爲：申明史學義例、強調史學求真、突出致用功能。〔註75〕將其「史學批評理論」概括爲：據事直書、重注史家史書的學術宗旨、強調書法義例、敢於發表己見。〔註76〕將其「歷史編纂學理論」概括爲：強調宗旨、直書見意、重書法義例。〔註77〕最後，論及晉涵之《宋史》研究，對其考證方法、改撰宗旨加以探討。〔註78〕

此外，羅氏學生湯城撰就碩士論文《邵晉涵的史學理論研究》，分歷史編纂學、史家素養、史學批評方法、史學功用四章，研討邵氏之史學理論，蓋與其師所論相表裏。〔註79〕相關之論述，尚有燕朝西《邵晉涵的生平、著述

〔註70〕《北方工業大學學報》第 9 卷第 2 期，1997 年 6 月，頁 59～65。
〔註71〕《求是學刊》第 1 期，1999 年 1 月，頁 104～108。
〔註72〕羅炳良：《章實齋與邵二雲》（北京：商務印書館，2013 年），頁 1。
〔註73〕同上，頁 9。
〔註74〕同上，頁 42。
〔註75〕同上，頁 88～106。
〔註76〕同上，頁 129～142。
〔註77〕同上，頁 189～205。
〔註78〕同上，頁 225～236。
〔註79〕湯城：《邵晉涵的史學理論研究》，北京師範大學碩士學位論文，2007 年。

及史學成就》〔註80〕，朱依群〈文質因時——談邵晉涵的史文思想〉〔註81〕、
〈秉公筆，存直道，史以紀實——淺論邵晉涵的史學思想〉〔註82〕、〈初探邵
晉涵編修《宋史》的宗旨〉〔註83〕諸文。

　　最後，關於章學誠、邵晉涵之交遊與論學，亦不乏專題論文。河田悌一
撰〈清代學術之一側面——朱筠、邵晉涵、洪亮吉與章學誠〉，對乾隆三十七
年（1772）前後，朱筠（1729～1781）、章學誠、邵晉涵三人之「學術因緣」
有所論述。〔註84〕胡楚生撰〈章學誠與邵晉涵之交誼及論學〉，據章、邵書札，
將兩人之論學話題概括爲五個方面：《思復堂文集》、古文寫作、重修《宋史》、
學問統貫、戴東原之學行。〔註85〕惜兩文對晉涵之著述較少涉及。其後，楊
豔秋撰〈章學誠與邵晉涵〉，對於兩人之論學主題、史學觀點加以論述，且對
章氏〈邵與桐別傳〉之撰寫背景有所討論。〔註86〕

五、前人觀點之檢討

　　晉涵之歿，至今已兩百餘年。前賢時彥，稱述討論之功，亦頗爲可觀。
然掩卷而思，平情而論，諸家所言，恐亦不盡然。以今考之，前人立論之失，
約有三端。

〔註80〕　燕朝西：《邵晉涵的生平、著述及史學成就》，四川師範大學碩士學位論文，
　　　　　2004 年。
〔註81〕　《寧波師院學報（社會科學版）》第 18 卷第 5 期，1996 年 10 月，頁 8～10。
〔註82〕　《寧波大學學報（人文科學版）》第 9 卷第 4 期，1996 年 12 月，頁 23～27。
〔註83〕　《寧波大學學報（人文科學版）》第 13 卷第 1 期，2000 年 3 月，頁 47～50。
〔註84〕　河田悌一：〈清代學術之一側面——朱筠、邵晉涵、洪亮吉與章學誠〉，載鄭
　　　　　吉雄主編：《語文、經典與東亞儒學》（臺北：臺灣學生書局，2008 年），頁
　　　　　430～436。按：此文最初發表於 1979 年，見河田悌一：〈清代学術の一側面
　　　　　——朱筠、邵晉涵、洪亮吉そして章学誠〉，《東方学》第 57 輯，1979 年 1
　　　　　月，頁 84～105。外邦學人討論邵晉涵者，尚有福島正：〈邵晉涵の歴史学
　　　　　——餘姚邵氏の歴史学〉，《中国思想史研究》第 5 号，1982 年 12 月，頁 37
　　　　　～70；菅原博子：〈邵晉涵の集部提要稿について〉，《お茶の水女子大学中国
　　　　　文学会報》第 6 号，1987 年 4 月，頁 107～120。皆據其「《四庫》提要稿」
　　　　　而加以概括與闡發。
〔註85〕　胡楚生：〈章學誠與邵晉涵之交誼及論學〉，載氏撰：《清代學術史研究》（臺
　　　　　北：臺灣學生書局，1988 年），頁 183～205。按：此文最初發表於《中興大
　　　　　學文史學報》第 15 期，1985 年 3 月，頁 1～14。
〔註86〕　楊艷秋：〈章學誠與邵晉涵〉，載陳祖武主編：《明清浙東學術文化研究》（北
　　　　　京：中國社會科學出版社，2004 年），頁 573～596。

其一曰文獻不足。邵晉涵著述不可謂不富，然生前僅刻出《爾雅正義》二十卷。編纂之《餘姚志》、《杭州府志》，雖皆已刻出，亦不為人所注意。及其歿後，次子秉華整理先人遺作，於嘉慶八年（1803）刻出《南江札記》四卷。數年後，又刻出《南江文鈔》四卷，惜尚非全本。遲至道光十二年（1832），詩文全稿《南江文鈔》十二卷、《南江詩鈔》四卷方刊刻完竣，然流傳甚稀。及至清末，《文鈔》中之「《四庫》提要稿」始刻入數種叢書之中，知之者漸廣。1919年，《邵氏史記輯評》十卷刷印行世，然罕為人知。至於《舊五代史考異》、《韓詩內傳考》、《皇朝大臣諡迹錄》諸書，僅有一二抄本流傳，較之天祿琳瑯之難窺，亦有過之而無不及。〔註87〕

昔章學誠欲為晉涵作傳，已感「能言其意而無徵於實」，乃向邵家訪求遺作，然終不可得，只得「以意屬草」，撰就〈邵與桐別傳〉。〔註88〕江藩撰《國朝漢學師承記》，於惠棟（1697～1758）、錢大昕、戴震諸傳，皆摘錄其著述要點，唯晉涵一傳，僅據諸家碑傳之文略加敘述，寥寥數行而已，實因未睹傳主著作，不敢貿然下筆。大約清人所熟讀之晉涵著述，只有《爾雅正義》、《南江札記》兩種，至於《南江文鈔》，則已稱罕見之書。至梁啟超時，仍謂「二雲著述，除《爾雅正義》外，如《南江札記》等，皆隨手記錄之作，不足以見其學」，故勸人搜羅遺稿。〔註89〕黃雲眉為撰《邵二雲先生年譜》，極盡搜羅之能事，僅尋得《南江文鈔》四卷、《南江詩鈔》殘本兩卷，遂感慨「無以見先生學術思想之蘊寄」。〔註90〕大約近人所習見之晉涵著述，較前人只增加「《四庫》提要稿」一種。

近二十年來，文獻始漸備。《南江文鈔》（十二卷本）、《南江詩鈔》、《舊五代史考異》、《杭州府志》、《韓詩內傳考》諸書，陸續影印出版。至於《餘姚志》、《邵氏史記輯評》、《皇朝大臣諡迹錄》諸書，亦可藉各館之編目系統檢索而得。然時人頗不注重文獻之搜集與利用，《文鈔》全本、《舊五代史考異》、《杭州府志》、《邵氏史記輯評》四書，尚為學者偶一稱引，至於《詩鈔》、《內傳考》、《餘姚志》、《諡迹錄》諸書，從未見論之者。乃至倉修良撰〈邵晉涵史學概述〉，仍謂《四庫》提要稿「是能夠研究其史學思想

〔註87〕詳見本書附錄一「邵晉涵現存著作簡表」。
〔註88〕章學誠：〈又與朱少白〉，《章學誠遺書·佚篇》，頁642～643。
〔註89〕梁啟超：〈覆餘姚評論社論邵二雲學術〉，《飲冰室合集》，文集之42，頁42。
〔註90〕黃雲眉：《邵二雲先生年譜》，頁3。

的唯一材料」。〔註91〕近年羅炳良撰《章實齋與邵二雲》，仍稱《內傳考》、《謚
迹錄》兩書「後來散佚不傳」。〔註92〕前人苦心搜羅而終不可得之珍貴文獻，
今人竟輕易棄之，怎不令人唏噓。諸家欲敘論晉涵學術，所據已寡，所論又
安能服人？

　　其二曰輕信人言。著作難尋，只得轉而徵引他人敘述，亦勢所必然。故
錢、章諸人所撰之墓誌、別傳，歷來被視爲研究邵晉涵之重要材料。然諛墓
之詞，賢者尚不能免，諸傳所述，未必盡得其實。其一，諸傳之結論，未必
皆符合晉涵著述之實情。如《韓詩內傳考》一書，實晉涵爲撰寫《爾雅正義》
所準備之資料集，僅據手邊幾部常見典籍抄錄而成，遠不及其鄉賢王應麟
（1223～1296）之《詩考》詳審。〔註93〕然洪亮吉〈家傳〉謂此書足以訂
正「王應麟之失」，且「補其所遺」，〔註94〕錢大昕〈墓誌銘〉亦讚此書「實
事求是，有益於學」，〔註95〕恐洪、錢皆未見此書，即使獲見，亦未加細讀。
其二，諸人述晉涵之學術成就，難免囿於個人之見解與專長，以致各有側重。
洪亮吉長於經學訓詁，而〈家傳〉視晉涵爲乾嘉樸學之健將。錢大昕長於治
史，〈墓誌銘〉遂側重於邵氏史學之表彰。王昶曾隨軍征戰十餘載，頗建事
功，且「留心理學」，〔註96〕故〈墓表〉強調「世教人心」之維繫。至於章
學誠之〈別傳〉，更針對「名流多爲狀述碑誌」而立論，所述恐有求異之嫌。
其三，家傳、墓誌乃古人常見之文學體裁，難免有修飾字句、渲染鋪陳之
考量。藉稱引彼鄉之名儒，彰顯傳主之學術源流與成就，實爲其常用手法。
〔註97〕故錢大昕所謂「君生長浙東，習聞蕺山、南雷諸先生緒論」，王昶所
謂「君生於其鄉，宗仰三先生」，不無修飾渲染之考量，未必深諳浙東學術
之傳授淵源。

〔註91〕倉修良：〈邵晉涵史學概述〉，《史家・史籍・史學》，頁472。
〔註92〕羅炳良：《章實齋與邵二雲》，頁3。
〔註93〕詳見本書第三章「《韓詩內傳考》發覆」一節。
〔註94〕洪亮吉：〈邵學士家傳〉，《洪亮吉集》，頁193。
〔註95〕錢大昕：〈日講起居注官翰林院侍講學士邵君墓誌銘〉，《潛研堂文集》，卷43，
　　　　頁22b，總頁178。
〔註96〕嚴榮：《述庵先生年譜》，卷下，頁17b，總頁174。
〔註97〕如邵晉涵曾爲紀昀（1724～1805）撰〈壽序〉，中曰：「生於獻王修明禮樂之
　　　　區，毛博士、韓太傅之故里……其蘊蓄之厚，端緒之遠，授受之精，濡染之
　　　　博，固已迥出於尋常倍蓰矣。」見邵晉涵：〈紀曉嵐先生七十壽序〉，《南江文
　　　　鈔》，卷7，頁28，總頁468。

以上種種，後人皆未加深考。徒以諸傳出自名儒之手，且諸儒皆與晉涵交往密切，故深信不疑。昔日梁啓超曾曰：「故欲研究二雲，當以實齋所作〈邵與桐別傳〉為基本資料。」〔註98〕陳訓慈亦曰：「觀夫實齋之言，而二雲之深於史學可知也。」〔註99〕近來杜維運徵引錢、章、王諸說，遂謂「晉涵與浙東史學派的關係可知」。〔註100〕

其三曰孤立停滯。今人欲論晉涵學術，既苦文獻不足，又易輕信人言，每拾得隻言片語，便矜為新解，急於定案。所謂孤立，指僅局限於晉涵某書某篇之論述，而未能與他書他篇之論述相互闡發、彼此互證；僅局限於晉涵本人之論述，而未能與他人之論述相互比較。錢茂偉謂今人研究邵晉涵，「誰都可以根據自己的理解歸納出幾條來」，〔註101〕便由孤立所致。此外，僅著眼於晉涵個人學術之發展，謂其學問乃「自致通達」，亦屬孤立之論。個人學術之形成，無不受其家學庭訓、師門傳授、友朋切磋之影響，只是程度深淺之不同而已。欲探討乾嘉學風之影響，浙東學術之傳承，皆應從此處入手，惜論之者尚寡。

所謂停滯，指僅局限於晉涵一時一地之論述，以為終身持論若此，忽視其學術形成、發展、變化之進程。如何冠彪僅據〈邵與桐別傳〉中數語，便謂邵晉涵之成學不受邵廷采影響，亦不大重視廷采之學問。其實晉涵對廷采學術之理解與闡發，實經歷一複雜過程，不可一概而論。

六、本書之撰寫宗旨

本書鑒於諸家立論之失，乃不揣淺陋，願重新敘論邵晉涵之學術，以求得其形成與發展之真面目。先從搜集文獻入手。晉涵現存著述中，諸如《韓詩內傳考》《爾雅正義》《舊五代史考異》《皇朝大臣謚迹錄》《杭州府志》《餘姚志》《邵氏史記輯評》《南江札記》《南江文鈔》《南江詩鈔》等，凡可考見其學術思想、史學精微者，無不搜羅殆盡；專著、詩文集外，復輯得邵氏遺文、遺詩數十篇。〔註102〕至於他人著作中提及邵晉涵者，亦廣泛徵引。文獻

〔註98〕梁啓超：〈覆餘姚評論社論邵二雲學術〉，《飲冰室合集》，文集之42，頁40。
〔註99〕陳訓慈：〈清代浙東之史學〉，《史學雜誌》，頁22。
〔註100〕杜維運：《中國史學史》，頁849。
〔註101〕錢茂偉：〈邵晉涵史學研究述評〉，《浙東史學研究述評》（北京：海洋出版社，2009年），頁357。
〔註102〕詳見本書附錄二「邵晉涵遺文小集（附遺詩）」。

既備，乃詳細考訂諸家之說，以免爲人言所誤。

　　至於謀篇佈局，則以邵晉涵學術之形成與發展爲明線，以浙東學術與乾嘉考據之激蕩爲暗線，層層遞進，環環相扣。各章之間，以時間爲線索，彰顯其學術形成與發展之重要階段，以期年經事緯，脈絡分明。每章之中，注意橫向聯繫，凡著作之撰寫，學術活動之參與，以及家學庭訓、師門傳授、友朋切磋之影響邵氏學術者，皆作深入探討。此外，力求論述嚴謹，且兼顧文章之可讀性。

第一章　山水中開文獻邦
——浙東學術，邵氏家學

　　浙東，即浙江省之東部，舊時專指寧波、紹興等八府。據《（雍正）浙江通志》，元至正二十六年（1366），置江浙等處行中書省，兩浙始稱「省」，領九府。明洪武九年（1376），改爲浙江承宣布政使司，十五年（1382），割嘉興、湖州二府屬之，遂領十一府。清朝因之，省會曰杭州，次嘉興、湖州，凡三府，在錢塘江之右，是爲「浙西」；次寧波、紹興、台州、金華、衢州、嚴州、溫州、處州，凡八府，皆在錢塘江之左，是爲「浙東」。〔註1〕

　　自趙宋南渡以降，江浙遂成爲全國之文化中心。紹興諸府西臨京華，既屬人文薈萃之所；東望大海，又近蓬萊縹緲之地。每當社會動盪、王朝更迭，故家大族多避難於臨海之濱，遺文耆獻遂盡備於浙東。宋、明諸《史》之成書，多取資於浙東學者之藏書與著述，便是一例。宋元之際，浙東名儒輩出，若呂祖謙（1137～1181）、葉適（1150～1223）、王應麟諸人，或論經濟、究治體，或言考據、纂文獻，影響及於後學。

　　至明朝中葉，餘姚王守仁崛起於浙東，學問事功，卒成一代儒宗。同里徐愛（1487～1518）、錢德洪（1496～1574）篤守師法，傳授王學，不遺餘力。鄉邦後學景從先賢，世代以講學爲業。明清鼎革，黃宗羲、萬斯同懷黍離之痛，維持故國文獻，開一代史學之宗。乾嘉之際，章學誠總結浙東諸儒之學術，撰就〈浙東學術〉一文。近代以來，學者紛紛加以闡發，討論浙東地區

〔註1〕 稽曾筠等：《（雍正）浙江通志》，載《景印文淵閣四庫全書》（臺北：臺灣商務印書館，1986年）第519冊，卷1，頁6b，總頁88。

之學術風尚，遂有所謂浙東學術、浙東史學、浙東學派之目。〔註2〕

　　前人關於「浙東學術」之討論，大體已見於本書〈緒論〉之中。茲爲敘論邵晉涵之學術，當對此問題稍加分析。

第一節　清代浙東學術簡論

一、章學誠〈浙東學術〉之辨析

　　歷來對浙東學術之議論，大牛與章學誠〈浙東學術〉一文相關，今先對此文詳加探討。〈浙東學術〉撰於嘉慶五年（1800），即學誠歿前一年，爲章氏晚年定論。茲將其要旨摘出，以便討論。

　　此文重點有二，其一爲梳理浙東學術之源流。文曰：

> 浙東之學，雖出婺源。然自三袁之流，多宗江西陸氏，而通經服古，絕不空言德性，故不悖於朱子之教。〔註3〕

將永嘉葉味道、陳埴諸儒師事朱熹（1130～1200），視爲浙東學術之始。陳埴字器之，少師葉適，後從朱熹學，撰《木鐘集》行世，篤守朱子之說。其後鄞縣袁燮（1144～1224）師事陸九淵（1139～1193），其子肅、甫亦篤守象山之學，浙東人遂多講陸學。〔註4〕然三袁以下之浙東儒哲，如王應麟、胡三省（1230～1302）、金履祥（1232～1303）、宋濂（1310～1381）諸人，此文並未論及，可見學誠之用意，重在梳理清代浙東學術之源流。故下文曰：

> 至陽明王子，揭孟子之良知，復與朱子牴牾。蕺山劉氏，本良知而發明愼獨，與朱子不合，亦不相詆也。梨洲黃氏，出蕺山劉氏之門，而開萬氏弟兄經史之學，以至全氏祖望輩尚存其意，宗陸而不悖於朱者也。〔註5〕

對王守仁、劉宗周、萬斯大（1633～1683）、萬斯同、全祖望諸人之學術淵源，敘述甚詳。又曰：

〔註2〕　浙東學術尤重治史，自是事實，然若以「浙東史學」標目，易與經學相割裂，反而難見史學之精微。至於「浙東學派」，則難免有門戶之嫌。故本書敘論晉涵之學術，仍本章學誠之初意，採「浙東學術」之名。

〔註3〕　章學誠：〈浙東學術〉，《章氏遺書》，卷2，頁23，總頁32。

〔註4〕　參葉瑛：《文史通義校注》（北京：中華書局，1985年），頁525。

〔註5〕　章學誠：〈浙東學術〉，《章氏遺書》，卷2，頁23，總頁32。

　　　　世推顧亭林氏爲開國儒宗，然自是浙西之學。不知同時有黃梨

　　　洲氏，出於浙東，雖與顧氏並峙，而上宗王、劉，下開二萬，較之

　　　顧氏，源遠而流長矣。〔註6〕

顧炎武（1613～1682）爲江蘇昆山人，昆山與嘉興相近，故稱之曰「浙西」。
文中彰顯黃宗羲之學術地位，且視其爲清代浙東學術傳承之關鍵。

　　此文另一重點，即揭示浙東學術之特徵。浙東學術始於朱、陸講學，然
天人性命之學，不可流於空言。昔孔子不欲託之空言，而欲見諸行事，乃成
《春秋》。司馬遷本董仲舒天人性命之說，撰爲《史記》。故善言天人性命，
必切於人事，欲切於人事，當求之於史學。故曰：

　　　　三代學術，知有史而不知有經，切人事也。後人貴經術，以其

　　　即三代之史耳。近儒談經，似於人事之外，別有所謂義理矣。浙東

　　　之學，言性命者必究於史，此其所以卓也。〔註7〕

講性命、究史學、切人事，實爲浙東學術之最大特徵。浙東儒哲秉持此種學
術精神，遂成就王守仁之事功，劉宗周之節義，黃宗羲之隱逸，萬斯大之經
學，萬斯同之史學。若能以經世致用爲宗旨，則朱陸門戶之見可以休矣：

　　　　朱陸異同，干戈門戶，千古桎梏之府，亦千古荊棘之林也。究

　　　其所以紛綸，則惟騰空言而不切於人事耳。……彼不事所事，而但

　　　空言德性，空言問學，則黃茅白葦、極面目雷同，不得不殊門戶，

　　　以爲自見地耳。故惟陋儒則爭門戶也。〔註8〕

學者持門戶之見，蓋因空言義理，不切於人事，究其根源所在，實因缺乏「經
世致用」之學術精神。正因如此，學誠對同屬浙東之毛奇齡（1623～1716）
頗多非議，謂其雖「發明良知之學，頗有所得」，然「門戶之見，不免攻之太
過」，〔註9〕將其排斥於浙東學術重鎮之外。

　　學誠論浙東學術，並非局限於某一領域之研究，或某一方面之成就，故
曰：「浙東之學，雖源流不異，而所遇不同。……授受雖出於一，而面目迥
殊，以其各有事事故也。」〔註10〕所謂「各有事事」，即切於人事，可自兩
方面說：其一爲個人之道德修養，即「躬行實踐」；其二則爲推己及人，思

〔註6〕章學誠：〈浙東學術〉，《章氏遺書》，卷2，頁23b，總頁32。

〔註7〕同上，頁24a，總頁33。

〔註8〕同上，頁24，總頁33。

〔註9〕同上，頁23，總頁32。

〔註10〕同上，頁24b，總頁33。

有所貢獻於社會，即「經世致用」。此文名曰「浙東學術」，而不曰「浙東史學」、「浙東學派」，可見章氏頗有深意所在。蓋此文之主旨，欲藉梳理浙東儒哲之學術源流，從中歸納出諸儒共同之治學精神，即躬行實踐、經世致用。章氏畢生致力於史學義例、校讎心法之探討，以爲欲繼承浙東學術之根本精神，當從史學入手。故此文以史學著述之宗旨作結：

> 史學所以經世，固非空言著述也。且如六經，同出於孔子，先儒以爲其功莫大於《春秋》，正以切合當時人事耳。後之言著述者，捨今而求古，捨人事而言性天，則吾不得而知之矣。學者不知斯義，不足言史學也。（原注：整輯排比，謂之史纂，參互搜討，謂之史考，皆非史學。）〔註11〕

以上爲學誠持論之要旨。欲究此文之深意，爲章氏辯誣，當從以下諸端入手。

其一，論定清代學術之源流，當與宋明講學之師徒授受相區別。宋明學者多治心性義理之學，生平以講學爲業，師徒授受，脈絡分明。後人論其學術源流，無異於判官斷案，於是有「學案」之作，且有門人、學侶、同調、私淑之目。清初學者深感明末空談亡國之弊，對結社講學之風大加批判。至雍、乾之時，鄙薄講學，已成爲學界公論，學者多慎言爲人之師。〔註12〕清儒治學範圍甚廣，生平以著述爲業，授徒講學，多爲謀生之一手段。欲論清儒之學術淵源，當從學術宗旨、治學方法之異同處著眼，留心於前輩典型、家學庭訓、師友切磋之影響，不應以師徒名分爲斷。

章氏此文重在討論清代浙東學術之源流，其論顧、黃異同，則曰：「顧氏宗朱，而黃氏宗陸。蓋非講學專家，各持門戶之見者，故互相推服，而不相非詆。」〔註13〕不欲以「講學專家」論定顧、黃諸儒，語義甚明。此文從朱陸講學入手，而以著述宗旨作結，正見章氏深意所在。余英時曾說：「浙東學派之說本不能看得太嚴格，浙東也沒有一個組織嚴密而延續不斷的學派。因此，自來論者言浙東學派，都不過是把它瞭解爲一種大體上共同的治學精神。」〔註14〕論定清代浙東諸儒之學術「因緣」，正應著眼於「共同的治學精神」，而不必局限於師徒授受之名分。故金毓黻所謂「壤地相接、聞風興起」，恰符

〔註11〕 章學誠：〈浙東學術〉，《章氏遺書》，卷2，頁24b～25a，總頁33。

〔註12〕 參漆永祥：《乾嘉考據學研究》（北京：中國社會科學出版社，1998 年），頁36～38。

〔註13〕 章學誠：〈浙東學術〉，《章氏遺書》，卷2，頁23b，總頁32。

〔註14〕 余英時：《論戴震與章學誠：清代中期學術思想史研究》，頁65～66。

合清代浙東學術傳承之特徵，而不必拘泥於宋明講學「具有家法、互相傳受」之陳規。〔註15〕實齋最忌以門戶言朱陸，後人竟以門戶論實齋，謂其自立於陸王門墻之內，以敵戴震，實非篤論。

其二，此文之撰寫背景，貌爲「朱陸異同」，實爲「漢宋之爭」。余英時欲揭示學誠撰寫此文之「心理背景」，用意頗善，惜其所揭似與章氏本意相違。學誠晚年最大之「心理壓力」，並非在朱陸異同之背景下，思與戴震「分庭抗禮」，實乃憂心於彼時考據學風之偏頗。如乾隆五十五年（1790）之家書曰：

> 宋儒之學，自是三代以後講求誠正治平正路。第其流弊，則於學問文章、經濟事功之外，別見有所謂道耳。……君子學以持世，不宜以風氣爲重輕。宋學流弊，誠如前人所譏。今日之患，又坐宋學太不講也。〔註16〕

蓋彼時諸儒致力於訓詁考據，形成一種鄙薄宋學之風氣，天人性命之說置之不論，躬行實踐、經世致用之旨有所忽視。學誠對於戴震之褒貶，皆與上述心境相關。乾隆五十五年所作〈書朱陸篇後〉曰：

> 凡戴君所學，深通訓詁，究於名物制度，而得其所以然，將以明道也。時人方貴博雅考訂，見其訓詁名物有合時好，以謂戴之絕詣在此。及戴君〈論性〉、〈原善〉諸篇，於天人理氣實有發前人所未發者，時人則謂空說義理，可以無作，是固不知戴學者矣。〔註17〕

對戴氏之推崇，從義理處著眼，謂其能闡發「天人理氣」之說，其所以深究訓詁考據之學，正欲藉之以「明道」。且謂時人不解戴震學術宗旨之所在，僅稱讚其考據之精深，實爲捨本逐末。

學誠對戴震之非議，則集中於「心術未醇」。觀其所指摘，諸如「離奇其說」、「有傷雅道」、「害於義」、「自欺」、「欺人」、「故爲高論」、「冀聳人聽」云云，〔註18〕不無意氣之爭，略之可也。然謂戴氏「得罪於名教」、「害義傷教」，則頗有深意所在，其說曰：

> 戴君學術實自朱子道問學而得之，故戒人以鑿空言理，其說深探本原，不可易矣。顧以訓詁名義偶有出於朱子所不及者，因而醜

〔註15〕金毓黻：《中國史學史》，頁333。
〔註16〕章學誠：〈家書五〉，《章氏遺書》，卷9，頁71，總頁208。
〔註17〕章學誠：〈書朱陸篇後〉，《章氏遺書》，卷2，頁30，總頁36。
〔註18〕同上。

貶朱子，至斥以悖謬，詆以妄作。且云：「自戴氏出，而朱子徼倖爲世所宗已五百年，其運亦當漸替。」此則謬妄甚矣。戴君筆於書者，……未敢公然顯非之也。而口談之謬，乃至此極，害義傷教，豈淺鮮哉。〔註19〕

謂戴震表裏不一，著述與言談迴異，因訓詁考據偶有出於朱子之上者，便於言談中肆意詆毀朱子，且竟欲取而代之。然學誠對戴震之議論，尚不止於批判其「心術」不正，尤在於痛斥其誤導後學：

誦戴遺書而興起者，尚未有人，聽戴口說而加屬者，滔滔未已。

至今徽、歙之間，自命通經服古之流，不薄朱子，則不得爲通人，

而誹聖排賢，毫無顧忌，流風大可懼也。〔註20〕

謂戴震詆毀朱子之語，易爲後學所取資，以致形成一種鄙薄朱子、厭棄宋學之風氣。學誠對戴震之攻駁，要旨全在於此。惜其好爲「無益之戲」，〔註21〕而「莊論」往往夾雜於戲言之中，轉易爲之所掩，遂令後人忽視其深意所在。

尋此思路，上溯其〈朱陸〉一文之宗旨，正在於揭示乾嘉考據學之興起。〈朱陸〉撰於乾隆五十四年（1789）〔註22〕，前半敘攻陸、王者，後半敘攻朱子者，語義頗爲連貫。然余英時認爲，此文存在一個「漏洞」：「〈朱陸〉篇明標朱、陸兩派，而篇中僅敘及朱學的傳承，於陸學系統則全未涉及。」〔註23〕其實學誠此文並非討論朱、陸兩派之傳授源流，所謂「漏洞」云云，蓋不解章氏之本意。昔日梁啓超曾說：「清代學術，一言以蔽之曰：陽明學派的反動。」〔註24〕清代學術開山於顧炎武諸儒，發端於對王學末流之批判，又由陽明而上溯至象山，故所謂「朱陸之爭」，實爲清初學界之主題。至雍正、乾隆之際，王學已熄，所謂「漢宋之爭」，隨即甚囂塵上。〈朱陸〉一文先敘攻陸者流，後述攻朱者流，實與清代學術之發展歷程相符合。

在學誠看來，攻駁陸、王者，有醇儒與陋儒之分。醇儒務爲實學，批判

〔註19〕章學誠：〈書朱陸篇後〉，《章氏遺書》，卷2，頁31b，總頁36。

〔註20〕同上，頁32a，總頁37。

〔註21〕邵晉涵：〈與章實齋書〉，《南江文鈔》，卷8，頁13b，總頁481。

〔註22〕胡適著，姚名達訂補：《章實齋先生年譜》，頁71。按：余英時謂此文撰於乾隆四十二年（1777），蓋因《年譜》在此年下摘錄〈朱陸〉原文，余氏遂誤以爲作於是年，實未細讀《年譜》。

〔註23〕余英時：《論戴震與章學誠：清代中期學術思想史研究》，頁62。

〔註24〕梁啓超著，夏曉紅、陸胤校：《中國近三百年學術史》（北京：商務印書館，2011年），頁20。

空言：「既自承朱氏之授受，而攻陸、王，必且博學多聞，通經服古，……
然後充其所見，當以空言德性爲虛無也。」〔註25〕至於陋儒，則墨守朱子，
唯爭門戶：「崇性命而薄事功，棄置一切學問文章，而守一二章句集注之宗
旨，因而斥陸譏王，憤若不共戴天，以謂得朱子之傳授。」〔註26〕實與王學
末流無異，故章氏名之曰「僞陸王」。可謂道出清初朱陸論爭之兩種傾向。

至於乾嘉考據學之興，則有坦途與歧路之分。所謂坦途：

> 生乎今世，因聞寧人、百詩之風，上溯古今作述，有以心知其
> 意，此則通經服古之緒，又嗣其音矣。〔註27〕

謂朱子之學不能無失，學者當以顧炎武、閻若璩（1638～1704）諸儒爲典範，
通經服古，學求其是，既不悖朱子之教，又不至曲從其說，方爲學術之坦途。
惜彼時學者多誤入歧路，蓋由戴震教導之。所謂「今人有薄朱氏之學者，即
朱氏之數傳而後起者也」，便指戴震而言。文曰：

> 其初意未必遂然，其言足以憮一世之通人達士……其後亦遂居
> 之不疑……世有好學而無眞識者，鮮不從風而靡矣。……以筆信知
> 者，而以舌愚不必深知者，天下由是靡然相從矣。……趨其風者，
> 未有不以攻朱爲能事也。〔註28〕

此段主旨與〈書朱陸篇後〉無異，惟對戴震心理之剖析，更爲細緻，學誠所
謂「勘戴隱情，亦最微中」，〔註29〕當從此處著眼。且謂彼時之頂尖學者，觀
東原著述，莫不極力稱讚，遂成就戴氏之學術聲譽。至於微學末流，徒以戴
氏聲名之壯，雖不能深諳其著述宗旨所在，卻對其詆毀朱子之言談津津樂道，
深信不疑。其後愈演愈烈，遂形成一種「略去宋學不講」之風氣，使考據之
學轉入歧路。

回到〈浙東學術〉一文，可知章氏將黃宗羲與顧炎武並舉，實有深意所
在。今人論及清代學術，無不將顧、黃二人等量齊觀，然在乾嘉學者眼中，
二人之學術地位不可同日而語。以《四庫全書總目》而論，著錄顧氏著作十
四種，包括《左傳杜解補正》、《九經誤字》、《音論》、《詩本音》、《易音》、《唐
韻正》、《古音表》、《韻補正》、《歷代帝王宅京記》、《營平二州地名記》、《求

〔註25〕章學誠：〈朱陸〉，《章氏遺書》，卷2，頁25b，總頁33。
〔註26〕同上，頁26b，總頁34。
〔註27〕同上，頁28a，總頁35。
〔註28〕同上，頁27b～29，總頁34～35。
〔註29〕章學誠：〈答邵二雲書〉，《章學誠遺書・佚篇》，頁645。

古錄》、《金石文字記》、《石經考》、《日知錄》，另將《顧氏譜系》、《天下郡國利病書》、《昌平山水記》、《山東考古錄》、《京東考古錄》、《譎觚》、《菰中隨筆》、《經世篇》諸書列入存目。《總目》對顧氏極為推崇，盛讚其群經、聲韻、地理、金石之學。如論《左傳杜解補正》曰：「博極群書，精於考證，國初稱學有根柢者，以炎武為最。」〔註30〕直將其視為清初學者第一人。論《音論》曰：「全書持論精博，百餘年來，言韻學者雖愈闡愈密，或出於炎武所論之外，而發明古義，則陳第之後，炎武屹為正宗。」〔註31〕將其與明儒陳第（1541～1617）一併視為聲韻學之奠基人。論《日知錄》曰：「炎武學有本原，博贍而能通貫。每一事必詳其始末，參以證佐，而後筆之於書。故引據浩繁，而牴牾者少。」〔註32〕總之，《總目》對顧炎武推崇備至，將其視為經學考據之典範，即學誠所謂「開國儒宗」。

至於黃宗羲，《總目》著錄其《易學象數論》、《深衣考》、《孟子師說》、《明儒學案》、《明文海》、《金石要例》諸書，而將《今水經》、《四明山志》、《歷代甲子考》、《二程學案》、《剡源文鈔》、《南雷文定》、《姚江逸詩》、《明文授讀》列入存目。《總目》對黃氏之評價，可謂褒貶參半。諸書之中，對其《易學象數論》較為讚賞：「宗羲究心象數，故一一能洞曉其始末，因而盡得其瑕疵，非但據理空談，不中窾要者比也。」〔註33〕推崇其書考證精詳，有廓清《易》學之功。對黃氏其他著作，則頗多非議，如論《深衣考》曰：

> 其說大抵排斥前人，務生新義。……宗羲經學淹貫，著述多有可傳，而此書則變亂舊詁，多所乖謬。以其名頗重，恐或貽誤後來，故摘其誤而存錄之，庶讀者知所抉擇焉。〔註34〕

極力指摘其考證之疏漏。論《明儒學案》曰：

> 大抵朱陸分門以後，至明而朱之傳流為河東，陸之傳流為姚江，其餘或出或入，總往來於二派之間。宗羲生於姚江，欲抑王尊薛則不甘，欲抑薛尊王則不敢。故於薛之徒，陽為引重而陰致微詞，於王之徒，外示擊排而中存調護。……宗羲此書，猶勝國門户之餘風，

〔註30〕紀昀等：《四庫全書總目》（北京：中華書局，1965 年，據浙本影印），卷 29，總頁 235。

〔註31〕同上，卷 42，總頁 367。

〔註32〕同上，卷 119，總頁 1029。

〔註33〕同上，卷 6，總頁 36。

〔註34〕同上，卷 21，總頁 172～173。

非專爲講學設也。〔註35〕

謂宗羲懷門戶之見，對講朱學之薛瑄（1389～1464）一派蓄意排擊，對講王學之諸儒曲意維護。至於黃氏《今水經》一書，《總目》乃至譏爲「儒生一隅之見，付之覆瓿可矣」。〔註36〕縱觀《總目》對黃宗羲之非議，不外乎兩點：一爲考證之疏，二爲門戶之見。

　　《總目》刊刻於乾隆末年，其褒貶取捨，頗能代表彼時一批學者之觀點。明瞭乾嘉學者對顧、黃之評價，復玩味〈浙東學術〉關於二人之文字，雖著墨不多，實爲瞭解全文撰寫背景之關鍵。文曰：

> 世推顧亭林氏爲開國儒宗，然自是浙西之學。不知同時有黃梨洲氏，出於浙東，雖與顧氏並峙，而上宗王、劉，下開二萬，較之顧氏，源遠而流長矣。顧氏宗朱，而黃氏宗陸。蓋非講學專家，各持門戶之見者，故互相推服，而不相非詆。學者不可無宗主，而必不可有門戶，故浙東、浙西，道並行而不悖也。浙東貴專家，浙西尚博雅，各因其習而習也。〔註37〕

此處所謂「浙西之學」，實暗指乾嘉考據學。原因有二：其一，在〈朱陸〉一文中，學誠已將顧炎武視爲乾嘉考據學之典範。其二，在學誠之著述中，「博雅」一語，多指考據而言。如〈書朱陸篇後〉所謂「時人方貴博雅考訂」，〔註38〕便是明證。此外，〈朱陸〉論朱子後學之流別曰：「自是以外，文則入於辭章，學則流於博雅，求其宗旨之所在，或有不自知者矣。」〔註39〕將辭章、博雅、宗旨三者並稱，亦可知「博雅」與「考據」相近。

　　學誠將顧、黃並舉，將浙西、浙東對言，實有兩層用意。首先，意在回應乾嘉諸儒對黃宗羲之非議。針對陸王門戶之指摘，謂宗羲並非空談心性之流，故而無門戶之見，且雖奉陸王爲「宗主」，亦「不悖於朱子之教」。針對考據粗疏之指摘，謂宗羲治學重在闡發義理，由博返約，成一家之言，至於博雅考據，本非宗羲所重。

　　學誠之另一用意，即彰顯浙東學術之地位，糾正乾嘉考據學風之偏頗。平心而論，考據與義理，實爲治學之兩大方向，學者難免各有側重，本可「道

〔註35〕紀昀等：《四庫全書總目》，卷58，總頁527。
〔註36〕同上，卷75，總頁654。
〔註37〕章學誠：〈浙東學術〉，《章氏遺書》，卷2，頁23b，總頁32。
〔註38〕章學誠：〈書朱陸篇後〉，《章氏遺書》，卷2，頁30，總頁36。
〔註39〕章學誠：〈朱陸〉，《章氏遺書》，卷2，頁28a，總頁35。

並行而不悖」，彼此推崇借鑒，而不必勢同水火。即以乾嘉考據學而言，彼時享盛名者，若程瑤田、戴震、錢大昕、段玉裁、王念孫諸人，雖側重於訓詁考據之學，卻並非捨棄義理而不講。然正如張問陶（1764～1814）詩中所云，「只有通人能考據」，﹝註40﹞至於那些學識不深、聞見未廣之後學末流，卻很容易走向偏頗。在學誠看來，顧炎武所開創之考據學風，本是一條學術通途，卻被戴震引入歧路，令後學只講考據，鄙薄朱子，厭棄義理，乃至輕視躬行實踐、經世致用之學術宗旨。有鑒於此，文中將顧、黃並舉，彰顯黃宗羲之學術地位，指出在乾嘉考據學之外，另有一條學術通途，即「源遠流長」之浙東學術。與乾嘉考據學相較，浙東學術淵源甚深，傳承有自，治學重義理，且不空談心性，以經世致用爲旨歸。自王陽明以降，若劉宗周、黃宗羲、萬斯同、全祖望諸儒，皆成就斐然。乾嘉考據學之偏頗，正可藉浙東學術而挽救。至於孰爲「尊德性」，孰爲「道問學」，或宗陸，或宗朱，皆可「道並行而不悖」。

其三，即便余英時等所分析之「心理背景」成立，亦不過是學誠一人之心理，不必因人廢言，更不必藉指摘〈浙東學術〉一文，進而否定清代浙東學術之存在。無論如何，章學誠所撰〈浙東學術〉，畢竟可爲探討浙東學術之傳承與特徵，提供可資借鑒之重要視角。且當代學者對於浙東學術之研究，早已超出章氏所論，若輕易否定浙東學術之存在，恐難以服眾。

故本書敘論清代浙東學術之源流與特徵，仍採章學誠之說，並廣泛參考今人之相關研究。

二、清代浙東學術之特徵

所謂「浙東學術」，即浙東學者之學術風尚。平心而論，縱是一母同胞，其性情、學問尚可能迥異。何況前後數百年，沃野上千里，若一概而論，以爲凡浙東必有某種特定學風，凡浙東人皆受此種學風之浸染，未免失之固陋。然個人學問之形成，多受兩方面影響：其一乃橫向之影響，即家學庭訓、師門傳授、友朋切磋；其二爲縱向之影響，即前輩學者所遺留之傳統與典範。就此兩方面而言，學者同處一地，彼此影響，前後相承，確實更易形成一種

﹝註40﹞ 張問陶：〈累日陪邵二雲前輩飲於魚山淵如前輩寓齋作詩奉贈〉，《船山詩草補遺》（據道光二十九年刻本影印），載《續修四庫全書》第1486冊，卷4，頁8，總頁492。

「共同的治學精神」。本書討論清代浙東學術之傳承，便從此處著眼。

至於清代浙東學術之特徵，前人論之頗詳，其中尤以陳訓慈所述最為具體。陳氏將清代浙東學術之特徵歸納為五個方面，其一曰博約：「大抵諸儒為學，博涉而能返約。造詣有專長，立言有宗旨。」其二曰躬行：「危言躬行，氣節凜然，不溺記誦而忽踐履，不矜文采而逞放恣，充其志量，抑將以史明道而勵行。」其三曰經世致用：「不騖空言，貴在經世。治故聞而不忘知今，講道誼而歸本實用。」其四曰民族思想：「梨洲以勝國遺老，匡復無成，乃以故國之思，發之於治史。萬全諸氏，咸拳拳於黍離之痛。嘉道以後，此風猶未能泯。」其五曰不立門戶：「朱陸異同之辨，相沿已久。漢宋門戶之爭，在清尤甚。而浙東學者，類能不落偏曲，求其會同，持平其間。」〔註41〕

以上五點，「躬行」與「經世致用」，自是浙東學術根本宗旨所在。為求躬行經世，自應「以約馭博」，留心於學術宗旨之闡發。若各有事事，自不致空談心性，流於門戶之見。唯「民族思想」一點，則頗有探討之餘地。

清末民初，學者出於「革命」之需要，往往喜談民族思想。及至今日，時人討論浙東學術，仍對「強烈的民族意識」津津樂道。〔註42〕然細觀諸人所論，按之於黃宗羲、萬斯同，自是確然無疑，按之於章學誠、邵晉涵，則頗覺牽強難通。

古人之民族思想，主要表現為兩方面，其一曰故國之思，其二曰華夷之辨。所謂故國之思、黍離之痛，乃遺民特有之心態。然「遺民不世襲」，乾嘉之時，明清鼎革已歷百年，章、邵諸人早已是清朝臣民，即其祖、父而論，便已食清朝俸祿，若仍責之以故國之思，未免不合情理。至於夷夏之防、華夷之辨，每於外族入侵、民族對峙之際，特覺強烈。乾嘉之時，國家統一，滿漢和平相處，對此時學者而言，即使華夷之辨偶一流露，多見於傳統典籍之考辨，與社會現實並無太大關聯。故所謂「民族思想」云云，實難概括有清一代浙東學術之總體特徵。

相較於民族思想，「傳承文獻」或許更符合清代浙東學術之特徵。正如章學誠所言：「宋、明兩朝記載，皆稿薈於浙東，史館取為衷據。其間文獻之徵，所見、所聞、所傳聞者，容有中原耆宿不克與聞者矣。」〔註43〕浙

〔註41〕陳訓慈：〈清代浙東之史學〉，《史學雜誌》，頁32。
〔註42〕蔡克驕、夏詩荷：《浙東史學研究》，頁409～422。
〔註43〕章學誠：〈邵與桐別傳〉，《章氏遺書》，卷18，頁6a，總頁396。

東學者對歷史文獻之保存甚爲留意，每當王朝鼎革之後，欲徵勝國文獻，往往取資於浙東。即以清代而論，黃宗羲對於故國文獻，終身孜孜以求，纂輯《行朝錄》、《弘光實錄抄》、《明文海》諸書傳世。萬斯同以布衣修《明史》，前後數十年，發凡起例，筆削成書，皆聽其一人。邵廷采留心晚明史事，撰有《思復堂文集》、《東南紀事》、《西南紀事》。全祖望之《鮚埼亭集》，大半皆與明史相關。至於邵晉涵諸人，仍以傳承文獻爲職志，可謂薪火相傳，從未間斷。

浙東諸儒致力於文獻之傳，其背後自有深意所在。其一，出於史家之責任感，深恐文獻散落，舊聞無徵。其二，董理故國文獻，令子孫知所從來，不忘祖宗。其三，反思前代興衰之原因，表彰忠孝節烈之精神，令後人有所借鑒。故所謂傳承文獻，不僅符合浙東學術之特徵，且較浮泛之「民族思想」更爲具體深刻。

因此，本書敘論清代浙東學術，將其特徵歸結爲兩個方面：其一爲傳承文獻之職志，其二爲躬行實踐、經世致用之學術精神。

第二節　餘姚邵氏家學述略

邵晉涵長於紹興府餘姚縣，曾作〈姚江櫂歌〉百首，雜詠鄉邦之風土人情。其中一首曰：

> 山水中開文獻邦，明流竹箭世無雙。迴波記得秋香詠，更向煙蘿問墨窗。（原注：管訥〈題趙撝謙墨窗詩〉：「君居於越文獻邦，家藏金石書滿窗。」管有〈秋香百詠〉。）〔註44〕

詩中所追懷者，乃明初大儒趙謙（1351～1395）。謙字撝謙、古則，精通文字訓詁之學，撰有《六書本義》、《聲音文字通》諸書，時稱「考古先生」。因晚年任瓊山（今海口市）縣學教諭，又稱「海南夫子」。〔註45〕

餘姚邵氏世居文獻之邦，詩書傳家，可謂源遠而流長。梁啓超嘗曰：「邵氏自魯公、念魯以迄二雲，間世崛起，綿緒不絕。」〔註46〕惜僅發其端。今人孫欣撰《清代餘姚邵氏家族》，然僅述及邵氏之家教、家風、政風，至於邵

〔註44〕邵晉涵：〈姚江櫂歌一百首〉，《南江詩鈔》，卷1，頁25b，總頁616。

〔註45〕周炳麟等：《（光緒）餘姚縣志》（光緒二十五年刻本，中國國家圖書館藏），卷23，列傳7，頁4。

〔註46〕梁啓超：〈覆餘姚評論社論邵二雲學術〉，《飲冰室合集》，文集之42，頁42。

氏家學之傳授淵源、學術特徵，則未加深論。〔註47〕邵氏學者之個案研究，前人對邵廷采論述較詳，然較少涉及諸邵對其學術之傳承與發展。至於邵曾可、邵向榮、邵坡、邵佳銑、邵陛陛諸人，因聲名未壯，著述不傳，論者甚寡。然若理清邵氏家學之傳授淵源，明確其學術風格之轉變，對於敘論邵晉涵學術之形成，實大有裨益。故本節欲網羅文獻，對邵氏家學作一番梳理。

一、邵曾可與邵廷采

　　陽明既歿，王學盛行於天下，《明儒學案》有所謂浙中、江右、南中、楚中、北方、粵閩之分。自徐愛、錢德洪而後，餘姚學者景仰鄉賢，多講求王學，且篤守師法，以「醇謹」著稱。〔註48〕明末講學大多空談心性，且有墜入禪宗者。崇禎十二年（1639），沈國模（1575～1656）、管宗聖（1578～1641）、史孝咸（1582～1659）諸人欲復興王學，在半霖沈氏宅創立「義學」。順治十四年（1657），半霖義學重修，改名「姚江書院」。〔註49〕沈、管諸人著述不傳於後世，聲名不出於鄉里。至於姚江書院，「時人頗共迂怪」，影響亦不甚廣。〔註50〕然書院諸老多為明朝遺民，深感於空談亡國之弊，授徒講學，重在「躬行實踐」。將之與同時顧炎武、顏元（1635～1704）諸儒相較，彼此之主張並無根本差異。然顧、顏重在批判王學之末流，難免波及陽明本身；而沈、管則以陽明為宗主，致力於恢復王學之本來面目。邵氏家學便導源於姚江書院之講學活動，而以邵曾可為其始祖。

　　邵曾可（1609～1659），字子唯，號魯公。半霖義學創立之初，便追隨沈國模諸人問學。為學初專「主敬」，後重「致知」，以孝友為同門所稱道。家藏明人著述頗豐，在姚江書院時，留心保存文獻，輯成《義學緣起》、《院規》、《請益教言》等。曾可歿後，其孫廷采繼承家學，撰成《姚江書院志略》。〔註51〕

　　邵廷采（1648～1711），字允思，號念魯。年九歲，隨祖父入姚江書院，受業於沈氏弟子韓孔當（1599～1671）。初讀《傳習錄》，未能有得。繼而閱

〔註47〕孫欣：《清代餘姚邵氏家族》（杭州：浙江大學出版社，2012年）。

〔註48〕邵晉涵：〈族祖念魯先生行狀〉，《南江文鈔》，卷10，頁42b，總頁532。

〔註49〕邵廷采著，祝鴻杰點校：〈姚江書院記〉，《思復堂文集》（杭州：浙江古籍出版社，2010年），卷4，頁241。

〔註50〕邵廷采：〈姚江書院傳〉，《思復堂文集》，卷1，頁53。

〔註51〕同上，頁57～58。

劉宗周《人譜》，方知明心見性，未嘗不始於躬行實踐。曾向黃宗羲求教學問，宗羲閱其所撰《觀心錄》，勸其「近名者弗爲」，遂毀棄不作。〔註52〕

所謂「近名者弗爲」，實爲浙東學術「躬行實踐」之精神所在。今人何冠彪十分懷疑此事之眞實性，欲藉此淡化邵廷采與黃宗羲之學術傳承。觀何氏之理由，不外乎兩點：其一，此事廷采本人「未曾提及」，與廷采同時代、爲其撰寫墓誌碑傳之萬經（1659～1741）諸人亦不曾提及，晉涵生於廷采身後，所記不應比萬經諸人更爲詳審。其二，晉涵〈族祖念魯先生行狀〉另載：「又撰《明史論》百篇，出示景範。景範曰：『未有論贊先紀傳作者。』先生起謝不敏。」〔註53〕此條記載，經姚名達考證，乃係「杜撰」。故而晉涵之其他記載，亦有杜撰之嫌。〔註54〕

關於第一點，何氏似對邵氏家學之傳授源流缺乏瞭解。晉涵祖父向榮曾受業於廷采，晉涵少時常隨侍祖父左右，得聞廷采遺事甚詳。廷采著述多未刻者，晉涵家「皆有其稿」。〔註55〕故晉涵所耳聞之廷采遺事，所目睹之廷采著述，皆非他人所能企及，所撰〈行狀〉較他人詳審，亦符合情理。至於第二點，觀姚氏之考證，所據無非邵廷采〈答陶聖水書〉之記載：

> 辛亥，在偶山，做《史》、《漢》論贊，著《讀史百則》。友人見而戲曰：「未作紀傳而先論贊，才方古人遠矣。」僕重爲慚恧。歸正遺韓先師，忽又萎沒。同門徐文亦夢先師曰：「允斯文理，全未全未，且教之讀《易》。」旦日發遺書，得采所業編，咸大驚詫。遂自閣筆，以至於今。〔註56〕

姚氏認爲，晉涵之記載誤嫁「友人」之言於徐景範。〔註57〕然廷采札中所言爲《讀史百則》，晉涵所記爲《明史論》，兩者所說未必是一事，故晉涵或別有所據，亦未可知。即便晉涵所記確係誤讀廷采札中之語，亦屬考證之疏，而非「杜撰」。故何氏之言，恐不足信。

廷采認爲，王學末流之所以日趨於禪，實源於王畿（1497～1582）對陽

〔註52〕 邵晉涵：〈族祖念魯先生行狀〉，《南江文鈔》，卷10，頁45b，總頁534。按：本節述邵廷采學行，除另加注明者外，皆據此文。
〔註53〕 景範指廷采同門徐景範，字文亦。
〔註54〕 何冠彪：〈清代「浙東學派」問題平議〉，《明末清初學術思想研究》，頁389～390。
〔註55〕 章學誠：〈與胡雒君論校胡穉威成集二簡〉，《章氏遺書》，卷13，頁43a，總頁263。
〔註56〕 邵廷采：〈答陶聖水書〉，《思復堂文集》，卷7，頁317。
〔註57〕 姚名達：《邵念魯年譜》（臺北：臺灣商務印書館，1971年），頁35～36。

明「四句教」之誤解：

> 竊謂心、意、知、物止是一事，天命之性，神感神應，惡固本
> 無，善亦不得而有也。於是「四無」之說興，而天下漸以禪寂爲師
> 門病矣。〔註58〕

急欲糾正其偏頗，恢復陽明立說之本旨。於是針對明末空談心性之弊，重新揭示「致良知」之主旨曰：「良知加之以致，必有事焉。」〔註59〕此與黃宗羲「致字即是行字」之論，頗爲契合。〔註60〕廷采曾客居西湖，與將軍施琅（1621～1696）縱談沿海要害。遊淮安，向防河老卒求教河淮變遷。出潼關，考察當地之水利設施，哀民生之多艱。觀此種種，可知廷采經世致用之學術宗旨所在。

廷采以諸生終老，淡薄舉業，毅然以維持王學爲職志。雖四方覓食，猶抱遺書、守師傳而不變。呂留良（1629～1683）講學於嘉興，評點時文，對陽明大加詬厲。其弟子陳鏦乃至叫囂：「王伯安乘吾道無人之際，竊金溪之狂禪，以惑亂天下之耳目。」〔註61〕鏦等見廷采於嘉興授徒，常與之辯難。廷采終能篤守師法，不爲所屈。〔註62〕彼時宗程朱者多持門戶之見，視陽明爲異端。孫承澤（1593～1676）、熊賜履（1635～1709）輩身居高位，以攻擊王學爲己任，一時學者靡然向風。廷采對此深爲不滿，然「以爲是不足辨，顧在行事耳。」〔註63〕

自韓孔當諸人歿後，姚江書院漸趨荒廢。康熙三十三年（1694），餘姚知縣韋鍾藻重建書院，聘廷采擔任講席。遂撰〈姚江書院訓約〉，立學規十條：一曰立意宜誠，二曰勘理宜精，三曰倫紀宜敦，四曰威儀宜攝，五曰識量宜弘，六曰取與宜嚴，七曰學術宜端，八曰讀書宜進，九曰舉業宜醇，十曰功課宜勤。其中如謂「聖學以經世爲主，事君事父，經綸天下之大經，故

〔註58〕邵廷采：〈王門弟子所知傳〉，《思復堂文集》，卷1，頁48。
〔註59〕邵廷采：〈姚江書院傳〉，《思復堂文集》，卷1，頁51。
〔註60〕黃宗羲著，沈芝盈點校：《明儒學案》（北京：中華書局，2008年），卷10，頁178。
〔註61〕陳鏦：〈序〉，呂留良：《呂晚村先生四書講義》（據康熙間天蓋樓刻本影印），載《續修四庫全書》第165冊，目錄7a，總頁366。
〔註62〕邵晉涵〈族祖念魯先生行狀〉曰：「時嘉興有以時文講學爲名高者，詬厲先儒，勢甚張。陳鏦、馬彭其弟子也。」其中未提及呂留良之名，蓋出於忌諱。按：呂氏爲嘉興崇德人，所撰之《呂晚村先生四書講義》，題曰「門人陳鏦編次」。
〔註63〕邵晉涵：〈族祖念魯先生行狀〉，《南江文鈔》，卷10，頁44a，總頁533。

與二氏不同」，可見其宗旨所在。〔註64〕然此時之書院已屬「半官學」性質，廷采講學其中，恐難以實現其表彰王學之夙願。以今言之，其對於王學之貢獻，不僅體現在講學之中，更表見於著述之內。

廷采始終以講求王學爲不朽之業，求教不可謂不誠，辯難不可謂不力，授徒不可謂不勤。無奈人微而言輕，且時代學風驟變，非一己之力所能抗衡。於是轉而治史，梳理師友傳授之淵源，以期爲王學之復興保存文獻。廷采完成祖父遺願，撰成《姚江書院志略》。此外，復撰有〈明儒王子陽明先生傳〉、〈明儒劉子蕺山先生傳〉、〈王門弟子所知傳〉、〈劉門弟子傳序〉、〈姚江書院傳〉諸篇，收錄於《思復堂文集》之中。觀其用意所在，或可爲章實齋「言性命者必究於史」作一注腳。

廷采治史，頗留心於故國文獻，故常向諸遺老訪求明末史事。從黃宗羲處獲得《海外錄》、《行朝錄》等資料，撰成《東南紀事》，記載唐王朱聿鍵（1602～1646）、魯王朱以海（1618～1662）君臣之事跡。又向同鄉張五皋訪求遺聞，參以馮甦（1628～1692）之《見聞隨筆》，撰成《西南紀事》，記載桂王朱由榔（1623～1662）君臣之事跡。兩書各十二卷，雖名「紀事」，實爲紀傳體。就《東南紀事》而言，卷一題「唐王聿鍵」，卷二題「魯王以海」，卷三以下，則依次爲黃道周（1585～1646）、蔣德璟（1593～1646）諸臣之傳記。〔註65〕另撰有〈明遺民所知傳〉，備載施博、張岱（1597～1679）、朱舜水（1600～1682）、顧炎武數十人之事跡，多採自親身見聞。〔註66〕

所謂「遺民不世襲」，廷采生於清順治五年（1648），並非明朝遺民，對於晚明史事之留心，與黃宗羲諸人之「故國之思」有所不同。從《東南紀事》諸書之體例與行文中，便可看出端倪。《東南紀事》雖爲紀傳體，然每篇傳記皆以姓名爲題，無「本紀」、「列傳」之目，不爲唐王、魯王立「本紀」，只列於諸臣之前。卷一徑稱「唐王聿鍵」，直呼其名，其行文曰：「唐王聿鍵，小

〔註64〕邵廷采：〈姚江書院訓約〉，《思復堂文集》，卷10，頁468。

〔註65〕邵廷采：《東南紀事》（據光緒十年徐幹刻本影印），載《續修四庫全書》第332冊，總頁1～2。邵晉涵〈族祖念魯先生行狀〉曰：「宗羲授以《海外錄》、《行國錄》，因倣袁樞體，作《東南紀事》。同邑張五皋流離粵海，潛歸四明山，先生訪其遺聞，合之馮甦《見聞隨筆》，作《西南紀事》。二書草創未成，或曰書毀於火云。」按：晉涵家藏廷采著作甚豐，此文謂兩書或報或毀，余初以曲筆視之。然細玩其文義，竟謂《東南紀事》爲紀事本末體，乃知晉涵實未見此書。

〔註66〕邵廷采：〈明遺民所知傳〉，《思復堂文集》，卷3，頁205～226。

字長壽，太祖第二十四子唐定王之後。」〔註67〕將之與《行朝錄》相較，黃宗羲所撰爲紀事本末體，卷一稱「隆武紀年」，行文曰：「思文皇帝（原注：又稱昭宗襄皇帝）諱聿鍵，小字長壽，太祖高皇帝九世孫也。」〔註68〕將黃、邵兩書對觀，可知宗羲視己爲南明遺民，而廷采則視己爲當朝臣子，既無故國之思，則可用較爲客觀之立場書寫舊邦歷史。

　　或謂今所見《東南紀事》爲清朝刻本，上所述之種種特徵，或爲刻書人所改，亦未可知。然清代之文網，至嘉慶、道光時已漸疏，何況此書刻於光緒十年（1884），清廷已處風雨飄搖之際，恐無暇顧及南明舊史之書寫措辭。且縱使刻書者對其行文措辭有所改動，亦不至改動其體例。

　　廷采治晚明史，觀其用意所在，約有兩端：其一，乃史家之自覺精神，以保存文獻爲職責所在。其二，欲藉之以激勵後人忠孝節烈之品行。廷采曾曰：「文之關係人心世道者，不可不作。」〔註69〕故而對有關「名教」之事最爲注重。此與其講求王學之宗旨，實頗爲契合。

　　廷采生前不爲人所知，因維護王學，常招致非議，謂其「囿於鄉人之餘論」。往復論學，時人大多「貌敬之而心迂其言」。然就浙東學術之傳承而言，廷采實具有不可忽視之地位。正如其族弟邵向榮所總結：

　　　　紹興自文成創學，代有傳人，規言矩行，閭里知所矜式，自先
　　生沒而經師亡。四明故多遺獻，若張岱、呂章成撰著流傳，爲四方
　　所取資，至先生而集其成，先生沒而史學亦絕。〔註70〕

章學誠論定廷采學術，亦謂其「以班馬之業而明程朱之道」，推崇備至。〔註71〕所幸其學尚傳於家，而不至廢墜。廷采之後，能維繫邵氏家學者，當數其族弟向榮，即邵晉涵之祖父。

二、邵向榮與邵坡

　　邵向榮（1674～1757），字東葵，號餘山、冬餘。少時隨族兄廷采求學，

〔註67〕邵廷采：《東南紀事》，卷1，頁1a，總頁3。
〔註68〕黃宗羲：《行朝錄》（據清抄本影印），載《續修四庫全書》第442冊，頁3a，總頁526。
〔註69〕邵向榮：〈理學念魯公傳〉，載邵日濂、邵友濂：《餘姚邵氏宗譜》（光緒十三年刻本，浙江圖書館藏），貽編卷5，頁18a。
〔註70〕邵晉涵：〈族祖念魯先生行狀〉，《南江文鈔》，卷10，頁48，總頁535。
〔註71〕章學誠：〈家書五〉，《章氏遺書》，卷9，頁71b，總頁208。

讀王陽明書，心生仰慕之忱。〔註72〕廷采曾曰：

> 我姚陽明一派直上接洙泗，近世狃於詞章訓詁，不識孔孟眞傳，漫肆訛詆，多見其不知量也。……學者篤學，須有體有用，宋儒稱說，每略事功，未免多失之偏。〔註73〕

向榮謹遵教言，故能不爲時風所惑，知所宗主；亦能不爲空言所誤，明體達用。向榮於康熙四十四年（1705）中舉，遊京師，聞見漸增。五十一年（1712），會試及第，然因書法不工，覆試被黜，歸家候選。數年後，獲任寧波府定海縣教諭。雍正十二年（1734），改任鎮海縣教諭，以此終老。向榮因長期擔任教職，深受當地生員敬仰，鎮海縣爲其設立專祠，以資紀念。

向榮生平以講學爲業，曾訂立〈學規〉四條，以「存誠、敦倫、立品、精業」爲綱目，實本之於廷采〈姚江書院訓約〉。其一曰「存誠」：

> 誠者聖人之本。先儒所謂主靜不越一敬，主敬乃所以明誠。學者果能從爲己之心鞭辟近裏，靜存動察，息息無妄，庶幾此心一太極矣。〔註74〕

本於廷采之「立意宜誠」：

> 拙修史先生每警門人以立誠爲第一步，一念虛假，通體皆非，切須鞭辟近裏……但能從爲己之心打進，不患不日新月盛。〔註75〕

其二曰「敦倫」：

> 學以明倫，首重孝弟。如築室有基，植苗有根。學者根基不立，靦然人面，坐擁書史，豈不內媿？蕺山劉子名講學之地爲證人社，言如此爲人，不如此爲獸。畏之慎之。〔註76〕

本於廷采之「倫紀宜敦」：

> 三代之學所以明倫。人倫之本，首重孝弟，如築室之有基，如

〔註72〕 邵大業：〈族兄外翰餘山公徵君艮菴公合傳〉，《謙受堂集》（據嘉慶二年刻本影印），載《清代詩文集彙編》（上海：上海古籍出版社，2010年）第316冊，卷14，頁1，總頁478。按：向榮、坡生卒年皆據此傳考出，本節述兩人學行，除另加注明者外，皆據此傳。

〔註73〕 邵向榮：〈理學念魯公傳〉，載《餘姚邵氏宗譜》，貽編卷5，頁18。

〔註74〕 邵大業：〈族兄外翰餘山公徵君艮菴公合傳〉，《謙受堂集》，卷14，頁1b，總頁478。

〔註75〕 邵廷采：〈姚江書院訓約〉，《思復堂文集》，卷10，頁466。

〔註76〕 邵大業：〈族兄外翰餘山公徵君艮菴公合傳〉，《謙受堂集》，卷14，頁1b，總頁478。

立苗之有根。……此處不立根基，無論異日服官臨民，無所取資，即今靦然人面，坐擁書史，友朋相對，豈不內愧？劉子名講學之地爲證人社，言如此爲人，不如此爲獸。畏之愼之。〔註77〕

其三曰「立品」：

約之以禮，是徹上徹下工夫。循規蹈矩，檢束身心，絕不向分外希望，自然惰慢不生。程子見獵心喜，自覺宿習未除。此等痼疾，唯眞實用功無間，始能推勘。〔註78〕

本於廷采之「威儀宜攝」、「取與宜嚴」：

約之以禮，固是徹上徹下功夫。……程伯子見獵心喜，自覺輕習未除。此等痼疾，惟眞實用功，無從間斷，始能推勘。……當務謹身節用，量入爲出，絕去分外希望，正是自家樹立處。〔註79〕

其四曰「精業」：

先儒讀書分經史，古文按月以課，三年可一週。無因循，無凌雜，虛心涵泳，熟讀精思，下筆自然，法不掩才。昌黎所謂「沉浸醲郁，含英咀華」者，此也。〔註80〕

本於廷采之「讀書宜進」、「舉業宜醇」、「功課宜勤」：

每日讀經五頁，史五頁，古文五六頁，約三年可一周。……昌黎所云「游之仁義之途，養之詩書之源」，「沉浸醲郁，含英咀華」。然後發爲文章，理法才氣一時俱到，理不傷氣，法不掩才，斯爲大雅。……登斯堂者，母好佚，母因循，母凌亂泛閱，母進銳退速，母作無益害有益，尤忌聚談害事。〔註81〕

總之，凡治學宗旨、爲學次第，乃至具體文字，向榮之〈學規〉皆與廷采之〈姚江書院訓約〉相契合。就其內容而言，大體以天人性命、躬行實踐爲主，與姚江書院之講學傳統一脈相承。

以上〈學規〉見於邵大業（1710～1771）所撰〈族兄外翰餘山公徵君艮

〔註77〕邵廷采：〈姚江書院訓約〉，《思復堂文集》，卷10，頁466。

〔註78〕邵大業：〈族兄外翰餘山公徵君艮菴公合傳〉，《謙受堂集》，卷14，頁1b，總頁478。

〔註79〕邵廷采：〈姚江書院訓約〉，《思復堂文集》，卷10，頁467。

〔註80〕邵大業：〈族兄外翰餘山公徵君艮菴公合傳〉，《謙受堂集》，卷14，頁1b～2a，總頁478。

〔註81〕邵廷采：〈姚江書院訓約〉，《思復堂文集》，卷10，頁468～469。

菴公合傳〉（以下稱「文集本」），載《謙受堂集》中。檢《餘姚邵氏宗譜》，其中亦有〈外翰冬餘公徵君艮菴公合傳〉（以下稱「家譜本」），同為大業所撰，文字大致相同，惟所載〈學規〉改為「立志、誦經、考史、敦倫」，宗旨迥異，頗可玩味。其一曰「立志」：

> 人性同而志殊焉。志富貴則歸於富貴矣，志孝弟則歸於孝弟矣。
> 豈視富貴不若孝弟哉？由於弗辨也。志既辨，在於立，立之在於誠。
> 〔註82〕

所謂辨志存誠，與文集本「存誠」、「立品」兩條相契合。其二曰「誦經」：

> 學者始於誦經，蘭陵之訓也。古者三十而五經立，今有白首而
> 不通一經者矣。窮經致用，必旁推諸經而能通一經。名物象數，至
> 理存焉。孔賈鄭王之學，不可不尋繹也。〔註83〕

謂學者治經，當精研漢唐注疏，以鄭玄、王弼、孔穎達、賈公彥諸儒為典範。其三曰「考史」：

> 史學熟則名臣出，先正之論也。考之不精，則靜修所謂無邊受
> 屈者，恐不在載筆而在論世者矣。考證異同，參稽身世，方可持倫。
> 三史言制度尤詳，更宜精覆。〔註84〕

所謂「無邊受屈」，指元儒劉因（1249～1293）之詩句：「記錄紛紛已失眞，語言輕重在詞臣。若將字字論心術，恐有無邊受屈人。」〔註85〕此詩題曰「讀史評」，蓋謂史論、史評之作，當以史實之考證為基礎，方不至誣古人、惑來者。其四曰「敦倫」：

> 三代之學，皆以明人倫。良知良能，具於赤子。物引而遷，遂
> 亡本體。誦經式訓，考史為鑑，皆不外乎盡倫。特恐悠悠忽忽，其
> 志不立耳。〔註86〕

所謂敦倫，無非指孝悌忠信而言，其主旨與文集本之「敦倫」條不異。然此處特別強調，誦經讀史，當以敦倫為旨歸。

〔註82〕邵大業：〈外翰冬餘公徵君艮菴公合傳〉，載《餘姚邵氏宗譜》，貽編卷5，頁29b。

〔註83〕同上。

〔註84〕同上。

〔註85〕劉因：〈讀史評〉，《靜修集》，載《景印文淵閣四庫全書》第1198冊，卷5，頁5b，總頁522。

〔註86〕邵大業：〈外翰冬餘公徵君艮菴公合傳〉，載《餘姚邵氏宗譜》，貽編卷5，頁29。

　　近人黃雲眉謂文集本乃「大業留稿時自爲改作」，言下之意，謂家譜本爲大業初稿，文集本乃定稿。〔註 87〕以今觀之，向榮講學數十載，其學問斷非一成不變，所立學規勢必隨時改訂，正可藉此考求其學術風格之轉變。

　　將兩篇〈學規〉對觀，可知文集本重天人性命之說，家譜本重經史之學，且誦經旨在致用，讀史意在事功，皆以「敦倫」爲其旨歸。〔註 88〕張義年（1737～1778）曾論及向榮晚年之講學：「服闋，補鎮海，則定海弟子員爭先晉謁。向榮揭〈白鹿洞學規〉，隨才造就。月課外，復舉文會，甲乙評騭。至五鼓，諸生未散。」〔註 89〕觀朱熹〈白鹿洞書院揭示〉，以「五教」爲核心，即父子有親，君臣有義，夫婦有別，長幼有序，朋友有信。欲學此五教，又當從窮理、篤行兩端入手。欲篤行，則當從修身、處事、接物三端入手。朱子曰：「熹竊觀古昔聖賢所以教人爲學之意，莫非使之講明義理，以修其身，然後推以及人，非徒欲其務記覽、爲詞章，以釣聲名、取利祿而已也。」〔註 90〕觀向榮所立「敦倫」，即朱子所謂「五教」。故家譜本〈學規〉與〈白鹿洞書院揭示〉頗有相契之處，當更接近向榮晚年之學術旨趣。

　　此外，尚有一事頗可玩味，即文集、家譜兩本，究竟孰爲初稿，孰爲改稿？細觀兩本之文字差異，可以肯定，文集本爲初稿，家譜本爲改稿，恰與黃雲眉之結論相反。其一，文集本〈學規〉爲向榮早年講學所立，家譜本爲晚年之定論。依情理而言，爲昭示後學，當以晚年定論取代早年舊說。其二，文集本謂向榮「慷慨論事，有俠士風」，〔註 91〕家譜本作「慷慨論事，氣象嚴嚴」。〔註 92〕歷來論及「任俠」，可謂毀譽參半，既欲樹碑立傳，以期揚

〔註 87〕黃雲眉：《邵二雲先生年譜》，頁 10。

〔註 88〕今人孫欣謂：「從這四條學規中，我們依稀可以看到〈姚江書院訓約〉的影子，這也說明了邵向榮對浙東史學思想的繼承和延續。」（孫欣：《清代餘姚邵氏家族》，頁 44。）按：孫氏所指爲家譜本，其內容實已超出〈姚江書院訓約〉之範圍，與雍正、乾隆時之「樸學」風氣更爲接近。若論向榮與姚江書院之繼承關係，當從文集本著眼。

〔註 89〕張義年：〈邵向榮傳〉，《嗷蔗全集》（光緒十九年上海著易堂鉛印本，中研院傅斯年圖書館藏），文卷 2，頁 38b。

〔註 90〕朱熹：〈白鹿洞書院揭示〉，《晦庵先生朱文公文集》，載朱傑人等編：《朱子全書》（上海：上海古籍出版社，合肥：安徽教育出版社，2002 年）第 24 冊，卷 74，頁 3587。

〔註 91〕邵大業：〈族兄外翰餘山公徵君艮菴公合傳〉，《謙受堂集》，卷 14，頁 2a，總頁 478。

〔註 92〕邵大業：〈外翰冬餘公徵君艮菴公合傳〉，載《餘姚邵氏宗譜》，貽編卷 5，頁 31a。

名於後世，不當使用此類詞語，且「氣象嚴嚴」更符合儒者之氣質。其三，文集本記載向榮之著述，有《四書章句偶融》三十卷、《性理精義偶融》八卷、《漢詩偶鈔》二卷、《陶詩偶鈔》二卷、《杜詩偶鈔》八卷、《節貽堂文集》若干卷、《節貽堂四書文稿》。〔註93〕家譜本作《冬餘經說》十卷、《四書章句偶融》三十卷、《冬餘筆記》八卷、《冬餘文略》六卷、《冬餘詩略》四卷。〔註94〕文集本所列書目多係時文講章、古詩選本，家譜本所列多爲經史札記，以彼時「樸學」之標準而論，家譜本所列之著述，當更爲時人所重，故更可代表向榮之學術成就。

　　家譜本既爲改稿，究係何人所改，亦頗可玩味。依常理而言，家譜本既已標明係邵大業所撰，自當爲大業所改，但細考之下，恐不盡然。大業卒於乾隆三十六年（1771），邵氏家譜修於乾隆六十年（1795），〔註95〕前後相隔二十餘年。以邵晉涵在家族中之地位，纂修家譜之役，自當過問。且觀其〈俞太安人家傳〉，謂「會族人將修《家譜》」，遂「據所知者爲之傳」，亦可覆按。〔註96〕然晉涵宦遊京師，鞭長莫及，遂命其弟鼎涵處理具體事宜。鼎涵雖列名「同修」，遇重大事宜，勢必請示其兄，自無待言。晉涵兄弟既參與家譜之纂修，對乃祖傳中之措辭，必將再三斟酌，彼時大業已歿數十載，遇不妥之處，只得自行修改。且向榮歿後，遺作經子孫陸續整理成編，非成於一時，故前後所記多有異同。乾隆三十八年（1773），四庫全書館開，晉涵任纂修官，將《冬餘經說》進呈館中，以備採擇，欲藉此表彰乃祖之學術。此書被列入「存目」，其「提要」曰：「其書則猶未完之稿，其子孫以簡端標識雜鈔而成也。」〔註97〕可知遺作確由子孫整理而成。乾隆四十三年（1778），晉涵受聘纂修《餘姚志》，將向榮之著述要目載入志中，所記書名、卷數，大致與家譜本相同。〔註98〕據此，可知家譜本當係晉涵兄弟所改。從兩本之異同中，可

〔註93〕邵大業：〈族兄外翰餘山公徵君艮菴公合傳〉，《謙受堂集》，卷14，頁3a，總頁479。

〔註94〕邵大業：〈外翰冬餘公徵君艮菴公合傳〉，載《餘姚邵氏宗譜》，貽編卷5，頁30a。

〔註95〕餘姚邵氏家譜，在清代凡經四修：其一在順治七年（1650），其二在雍正七年（1729），邵向榮任「協修」，其三在乾隆六十年（1795），向榮之孫鼎涵任「同修」，其四在光緒十四年（1888）。見〈前修世次〉，《餘姚邵氏宗譜》，貽編卷7，頁1～5。

〔註96〕邵晉涵：〈俞太安人家傳〉，《南江文鈔》，卷9，頁30，總頁510。

〔註97〕紀昀等：《四庫全書總目》，卷34，總頁286。按：《總目》注曰「編修邵晉涵家藏本」，故知爲晉涵所進呈。

〔註98〕邵晉涵等：《（乾隆）餘姚志》（乾隆四十六年刻本，中國國家圖書館藏），卷35。

考見邵晉涵晚年對乃祖學行之領悟與取捨。

　　向榮著述頗豐，惜〈傳〉中所列諸書，今皆不傳，然尚有梗概可尋。所撰《冬餘經說》十二卷，為平日讀經札記之彙編，包括〈易說〉二卷、〈書說〉一卷、〈詩說〉二卷、〈春秋說〉二卷、〈周禮說〉一卷、〈儀禮說〉一卷、〈禮記說〉一卷、〈論語說〉一卷、〈孟子說〉一卷。雜釋諸經，多引先儒成說而辨其同異。其中一條曰：

　　　　孔穎達兼領《五經正義》，然諸經分手編纂，穎達未嘗統覈。《詩》〈般〉正義引鄭注「九河，周時齊桓公塞之，同為一」，稱鄭氏云齊桓公塞為一者，不知所出何書。又〈禹貢〉正義亦引鄭注，而釋之曰：「《春秋緯》〈寶乾圖〉云：移河為界，在齊呂填閼八流以自廣。鄭氏據此文為齊桓公塞之。」是撰《詩正義》者不知有《書正義》也。〔註99〕

其言可謂切中歷代官書雜出眾手之病。王仕源跋此書曰：

　　　　先生篤志窮經。辨制度於漢唐，探義理於濂洛，沉潛反覆，舉所心得者以為教。使聞者汕然感，渙然釋，憬然於聖賢之訓，切於身而不可離。非世之尚意氣、爭同異者所可比也。〔註100〕

可知向榮日常所閱，實已囊括群經。其用意所在，則兼顧義理與考據。此外，尚撰有《冬餘箚記》八卷，考訂子史百家。

　　向榮任鎮海教諭，時縣志已荒廢近二百年，遂首倡纂修。《鎮海縣志》今尚存，題「王夢弼纂修」、「邵向榮訂正」，然王為知縣，僅列名而已，實際之纂修工作，皆由向榮主之。正如張義年所言：「向榮首倡纂修，邑令王虛己從之，訂誤補遺，宜詳宜略，一聽主裁。」〔註101〕

　　此書記載典章制度頗詳，凡關係國計民生者，如水利、田賦、海防諸事，尤所注重。其〈凡例〉曰：「舊制新規，附詳端末。俾後之君子因時度事，以合機宜。」〔註102〕又曰：「彰往察來，顯微闡幽，以襄國是、扶人紀。」〔註103〕可知其用意所在，實以經世致用為旨歸。此書對軍事海防尤為注重：

〔註99〕紀昀等：《四庫全書總目》，卷34，總頁286。
〔註100〕邵晉涵等：《(乾隆)餘姚志》，卷35，頁11a。
〔註101〕張義年：〈邵向榮傳〉，《噉蔗全集》，文卷2，頁38b～39a。
〔註102〕邵向榮等：《(乾隆)鎮海縣志》(乾隆十七年刻本，中國國家圖書館藏)，凡例，頁3a，總頁45。
〔註103〕同上，頁6a，總頁48。

鎮邑控扼海口，爲全浙咽喉。今雖海宇蕩平，烽烟不警，而安不忘危，實爲愼固封守之道。國朝更定兵制，及各書防海機宜，類載以備觀覽。〔註104〕

居安思危，尤見史家深意。至於序列人物，亦頗有史法：

人物，舊志概列鄉賢，不標名目。雍正《府志》分名臣、忠節、孝義、儒林、文苑、特行、隱逸諸門，而列於「人物」之外，則「人物」又何所指？今照《浙江通志》，於人物中分門別類，而一人兼優數行，則彼此互見，以昭月旦之公。事無確據者不書，賢而尚存者，例俟後人論定。〔註105〕

用「互見法」糾正多分門目之弊端，不失爲一種妥帖可行之處理方式。至於表彰列女，尤不遺餘力，蓋謂：「列女業經題旌者，概應入志。其窮簷苦節，於例既符，而或採訪有遺，或表揚未及，風教攸繫，備與載筆，以闡幽芳。」〔註106〕意在維持風教，故極盡搜羅考訂之能事。

觀向榮之講學與著述，可見其學術風格，已兼顧義理與考據。此種傾向，按之於其弟坡，更爲確然。

邵坡（1676～1744），字兼山，號艮庵。自幼篤嗜經義、諸子之書，尤好濂洛關閩之學。康熙四十一年（1702）舉人，常與兄向榮同遊京師。後因辛卯（1711）順天鄉試會元查爲仁案牽連入獄，革去舉人功名。康熙末，清聖祖聞其經學深湛，急召入京，擬任內廷纂修。方入都，聖祖旋崩，遂罷歸。坡與兄向榮俱以文采見長，領袖浙東文壇，早爲方苞（1668～1749）所激賞。後在獄中，始與方氏相見，彼此切磋文章，縱論古今成敗得失，定爲性命之交。歸家後，擔任蕺山書院教習，多所獎進。〔註107〕

邵坡撰有《周禮存疑》一卷，魯曾煜曰：「方正學有〈周官辨疑〉四篇，論束金、媒氏之非。時人引伸其說，謂昏出於漢人所竄入。兼山博引周漢諸書以辨正之。」〔註108〕方正學指方孝孺（1357～1402），〈周官辨疑〉實爲〈周禮辨疑〉。〔註109〕可知此書涉及《周禮》之考訂與辨僞。

〔註104〕邵向榮等：《（乾隆）鎮海縣志》，凡例，頁3a，總頁45。
〔註105〕同上，頁3a～4b，總頁45～46。
〔註106〕同上，頁4b，總頁46。
〔註107〕張義年：〈邵坡傳〉，《噉蔗全集》，文卷2，頁40～41。
〔註108〕邵晉涵等：《（乾隆）餘姚志》，卷35，頁6b。
〔註109〕方孝孺：《遜志齋集》，載《景印文淵閣四庫全書》第1235冊，卷4，頁5～8，總頁120～122。

此外，邵坡受顧炎武《日知錄》啓發，著有《稽古錄》五十卷。其書遍考十三經、二十二史、諸子書及各大家文集，凡注疏異同、政治得失、學術純駁，靡不條貫其中，並參以論說。書成，坡喟然嘆曰：「夫著而不可掩者道也，久而可以行者言也，身既隱，姑以是當吾行事耳。」〔註110〕欲藉著述以行其道，由考據入手，以經世致用爲旨歸，惜此書毀於火。

向榮有子佳銑，即晉涵之父。

三、邵佳銑與邵陞陞

邵佳銑（1712～1783），字藉安，號冶南。稍長，叔父坡自京師歸教里中，遂執業問學，後隨父向榮赴鎮海學署。善作文，不隨俗好，識者以爲文風同明末散文家章世純（1575～1644）、羅萬藻（？～1647）酷似，爲同輩所歎服。困於舉業，以諸生終老。〔註111〕

佳銑晚年喜讀《周易》，博覽眾說，期於自得。其說曰：

> 《易》有十翼，猶《禮》、《春秋》之有傳也。傳以釋經，義文之意，待孔子而明。經、傳之篇不可亂，而經、傳之義未嘗異。費直以〈象〉、〈彖〉、〈繫辭〉、〈文言〉解說上下經，此善於讀《易》者也。後儒謂伏羲、文王、周公、孔子各自爲易，不可以孔子之說爲文王之說，此不善於讀《易》者也。〔註112〕

謂後儒言《易》，多求諸十翼之外，愈巧而愈離其宗。又曰：

> 言卦變不如言互體。鄭康成、虞翻諸人取連互陰陽消長法象天，然一傳而爲卦變，屢變不已，遂無定義。按卦圖依爻遞變，似本八宮宗廟遊歸之法，然圖與歌取例不一，自著而自亂之，不如漢人言兩互之不失其常也。〔註113〕

可知已有學宗漢儒之傾向，並對宋儒之《易》學加以挑戰。佳銑雖僅爲《易》學之愛好者，並未著書立說，然與浙東「文獻之傳」亦頗有淵源。彼曾整理

〔註110〕邵大業：〈族兄外翰餘山公徵君艮菴公合傳〉，《謙受堂集》，卷14，頁3，總頁479。

〔註111〕盧文弨：〈封儒林郎翰林院編修邵君墓誌銘〉，《抱經堂文集》（據乾隆六十年刻本影印），載《續修四庫全書》第1433冊，卷33，頁14～15，總頁71。

〔註112〕錢大昕：〈贈邵冶南序〉，《潛研堂文集》，載《續修四庫全書》第1438冊，卷23，頁14，總頁648。

〔註113〕同上。

向榮、坡之著述，並參與纂修《（乾隆）餘姚志》，列名「董事」。且其妻袁氏尚有家學可尋，即晉涵之生母。

袁氏（1708～1775），慈溪縣學生員袁蘇升之女。袁蘇升之岳父，則為南明遺老呂章成。呂章成字裁之，少時常與熊汝霖（1597～1648）、陳函輝（1590～1646）諸人遊，魯王時官待詔，國亡隱遁。曾遇顧炎武於昌平山中，慷慨賦詩而別。病中自毀著述，嘆曰：「此無用之虛談也」。〔註114〕章成改編梁周興嗣《千字文》，撰成《呂氏千字文》，記載有明一代之史實，以訓初學。顧炎武序之曰：

> 崇禎之元，有仁和卓人月者，取而更次之，以紀先帝初元之政，
> 一時咸稱其巧。呂君以為事止於一年，未備也，於是再取而更次之，
> 而明代二百七十年之事乃略具。……蓋吾讀史游《急就章》，博之於
> 名物制度，浩賾而不可窮，而其末歸於「漢地廣大，萬方來朝，中
> 國安寧，百姓承德。」而呂君此文，其首曰：「大明洪武，受命配天。」
> 其末曰：「臣呂章成，頓首敬書。」則猶史游之意也。〔註115〕

可見此書雖內容淺顯，然頗有深意所在，欲從童蒙識字之課本入手，令子孫後代熟記明朝史事，以申不忘本來之意。此外，《呂氏千字文》尚有另一版本，僅涉及明末史事，以之寄感身世。首尾幾句曰：

> 城南壹老，生於神宗，萬曆之朝，泰歲在東。
> 冠厥水德，秋月將終，圓魄既過，雞鳴有躬。
> ……
> 時乎弗再，其往似川，曦昃照虧，八九來年。
> 集此千字，初靡足傳，主臣惶恐，何以謝天。〔註116〕

前幾句所述，實為呂氏生辰年月。全文感慨家國身世，頗見遺民心境。

章成歿後，袁蘇升掇拾其遺文墜簡，世代傳家。佳銑妻袁氏幼習《呂氏千字文》諸書於母家，故熟悉明史，異於巷尾傳聞。袁氏晚年能飲酒，常為子孫講述前代故事，遇風教所關，志士節女之所感憤，稱道不輟。〔註117〕

〔註114〕周炳麟等：《（光緒）餘姚縣志》，卷23，列傳15，頁11。
〔註115〕顧炎武：〈呂氏千字文序〉，《亭林文集》卷2，載華忱之點校：《顧亭林詩文集》（北京：中華書局，1983年），頁37～38。
〔註116〕周炳麟等：《（光緒）餘姚縣志》，卷23，列傳15，頁11。
〔註117〕章學誠：〈皇清例封孺人邵室袁孺人墓誌銘〉，《章氏遺書》，卷16，頁69，總頁352。

　　本節述邵氏家學，以邵陸陛爲殿軍，即晉涵之族兄。

　　邵陸陛（1716～1786），字梅林、景載。幼時受業於同里黃敬菴之門，本洛閩之學而飾之以經義史志。乾隆二十一年（1756）舉人，後授經鄉里，不復出。篤志問學，家居讀書課子，不稍自暇逸。其學尤長於經，能貫串而折其中。大略曰：

> 釋《周禮》樂師舞，引《春秋》初獻六羽，駁鄭注宗廟以人之說。據〈學記〉三王祭川先河後海，《公羊傳》三望祭泰山河海，駁〈大宗伯〉賈疏禮無祭海之說。據《周禮》〈夏官〉羊人凡釁積共其羊牲，牛人無其文，證《孟子》釁鐘本用羊不用牛之義。〔註118〕

可知其治學頗重考據。且陸陛平日留心於文字聲韻之學，其子邵瑛（1741～？）後秉承庭訓，學有所得，撰成《說文解字群經正字》二十八卷、《劉炫規杜持平》六卷傳世。

　　梳理餘姚邵氏家學，可知自廷采而至向榮、坡，再至佳銑、陸陛，其學術風尚已頗有轉變。以其宗主而言，漸由陽明轉向程朱，又漸由宋學轉向漢學。以其內容而論，漸由心性之學轉向經史之學，最終趨於訓詁考據一路。此與時代之學風、個人之聞見密切相關。

　　然諸邵從未拋棄浙東學術之傳統。其一，「宗主」並非「門戶」，以廷采而論，雖講求王學不遺餘力，然並未視程朱、陸王如水火。縱觀邵氏諸人，未有顯持門戶之見者。其二，諸人之學雖各有側重，然自有其一脈相承之學術精神，即躬行實踐、經世致用。其三，邵氏與浙東「文獻之傳」相始終。

〔註118〕朱珪：〈敕封儒林郎邵翁墓誌銘〉，《知足齋文集》（據嘉慶九年阮元刻增修本影印），載《續修四庫全書》第1452冊，卷4，頁3，總頁305。

第二章　隻眼觀書喜獨明
——家傳鄉習，蘊蓄深厚

　　邵晉涵字與桐，號二雲。兄名履涵（1738～1766），字禮耕，號雲亭。弟名鼎涵（庶出），字定甫，號三雲。觀兄弟三人之得名，可知乃父邵佳銳喜讀《周易》，因「履」、「晉」、「鼎」皆為卦名。〈晉〉卦坤下離上，其〈象傳〉曰：「明出地上，順而麗乎大明，柔進而上行」，〈象傳〉曰：「君子以自昭明德」。此與晉涵日後之學行，竟頗為相恰。

　　前文曾言之，舉凡個人學問之形成，大多受兩方面影響：其一乃橫向之影響，即家學庭訓、師門傳授、友朋切磋；其二為縱向之影響，即前輩學者所遺留之傳統與典範。本章即深入探究此橫、縱兩方面對邵晉涵幼年性情、學風養成之影響。

第一節　幼年之家學師承

一、家學庭訓

　　邵晉涵幼時為祖父向榮所鐘愛，攜至鎮海學署，親加教誨。年四、五，即粗知六書四聲。向榮教孫極嚴，每至深夜，方睡醒，輒持晉涵足，令其背誦日間所讀書，或舉經史疑義、前賢故實相告，若不熟記，則搖之使不得暢眠。〔註1〕且向榮擅長舉業，精通詩文，晉涵從受詩法，矢口成音，叶於天籟。

〔註1〕陳康祺：《燕下鄉脞錄》（即《郎潛二筆》，據光緒十一年刻本影印），載《續修四庫全書》第 1182 冊，卷 1，頁 20，總頁 324。

年僅七歲，便代父撰就長詩一首，令老輩驚歎不已。同里朱文治（1760～1845）
有詩記曰：

> 隻眼觀書喜獨明，先生智慧自天生。七齡早已工長律，花燭詞
> 成老輩驚。（原注：幼代父贈叔祖三濤公續婚排律五十韻。）〔註2〕

晉涵左目有疾，自幼體弱多病，清羸如不勝衣。然宿慧英敏，讀書無論難易，
三數過，即終身不忘。

邵向榮嘗師事廷采，得其指授頗詳，早年講學時所擬〈學規〉，與廷采〈姚
江書院訓約〉極為相契，可見傳授淵源所在。晉涵少時常隨侍於向榮左右，
故得聞廷采遺事甚詳。〔註3〕且廷采之遺著，家中多有其稿，亦當隨時披覽。
〔註4〕耳聞目驗之間，廷采之學術精神，久已蘊蓄於晉涵心中。

向榮晚年之學術風格頗有轉變，重經史之學，兼顧義理與考據。此種轉
變，自當體現於課孫之中。向榮所擬〈學規〉，中有「誦經」一條曰：

> 學者始於誦經，蘭陵之訓也。古者三十而五經立，今有白首而
> 不通一經者矣。窮經致用，必旁推諸經而能通一經。名物象數，至
> 理存焉。孔賈鄭王之學，不可不尋繹也。〔註5〕

觀其所論，要點有四：其一，經學研究，當以「致用」為宗旨。其二，精研
漢唐注疏，奉鄭玄、孔穎達諸儒為典範。其三，欲通一經，當旁推群經，彼
此互證。其四，重名物象數之考辨。另有「考史」一條曰：

> 史學熟則名臣出，先正之論也。考之不精，則靜修所謂無邊受
> 屈者，恐不在載筆而在論世者矣。考證異同，參稽身世，方可持倫。
> 三史言制度尤詳，更宜精覆。〔註6〕

所論要點有三：其一，史學旨在經世。其二，奉《史記》、《漢書》諸史為典
範。其三，注重人物事跡、制度沿革之考辨，避免鑿空議論，厚誣古人。觀
向榮所論之要旨，多與彼時之「樸學」風尚相契合，且不悖浙東學術「經世
致用」之旨。晉涵秉承庭訓，自幼便以誦經、考史為職志，且「少蒙義方，

〔註2〕朱文治：〈邵丈二雲學士《南江詩鈔》題詞〉，《繞竹山房續詩稿》（據咸豐五
年刻本影印），載《清代詩文集彙編》第465冊，卷11，頁2，總頁200。

〔註3〕邵晉涵：〈族祖念魯先生行狀〉，《南江文鈔》，卷10，頁47b，總頁535。

〔註4〕章學誠：〈與胡雛君論校胡稺威集二簡〉，《章氏遺書》，卷13，頁43a，總頁
263。

〔註5〕邵大業：〈外翰冬餘公徵君艮菴公合傳〉，載《餘姚邵氏宗譜》，貽編卷5，頁
29b。

〔註6〕同上。

獲受《雅》訓」，〔註7〕對《爾雅》諸書亦有所涉獵。

　　乾隆十八年（1753），邵晉涵年十一，隨祖父歸家，始受業於族兄陛陛。〔註8〕次年參加縣試，時有「神童」之譽，深爲知縣李化楠所器重。〔註9〕化楠將晉涵呼至案前，命背五經，一字不失。復試以詩，中有「小鳥解依人」一句，語出《說文解字》。化楠謂邵佳銳曰：「此汝家千里駒也。」命子李調元（1734～1803）與晉涵訂交。〔註10〕邵陛陛長於治經，重訓詁考據之學，旁推諸經，貫串而能折其中。晉涵受業於陛陛，前後四五年，承其教誨，熟讀五經，粗通《說文》、《爾雅》，爲日後之成學名家奠定根基。

　　晉涵雖天分極高，早有神童之譽，然賴以成學者，實爲苦讀博覽之精神。每逢讀書寒夜，手足僵蹙，賴兄履涵之呵護，方得舒緩而眠。晉涵曾患血疾，臥床不起，履涵悉心照料，並告誡乃弟曰：「弟質不逮古人，而好強記，疾所由致也。弟且蠲所有，頤神恬穆，庶有瘳。」〔註11〕晉涵終身勤學苦讀，雖藉之以成學，亦因此而早逝。

二、師承交遊

　　乾隆二十四年（1759），邵晉涵年十七，補縣學附生，俗稱「秀才」。乾隆三十年（1765），鄉試中舉。此數年之中，藉鄉試之便，得以往返餘姚、杭州之間，問學交遊，聞見日擴。幼年所秉承之家學庭訓，藉師友之講授切磋，愈發篤厚。

　　晉涵進學後之首位老師，便是周助瀾。助瀾字迴川，號衡齋，仁和人，雍正十三年（1735）舉人，官至筠連知縣。助瀾性和易，誨人娓娓忘倦，乾隆十六年（1751），始任餘姚縣學教諭。〔註12〕得其指授者多一時名流，餘姚才俊如邵晉涵、張羲年、黃璋諸人，皆其門下弟子。〔註13〕晉涵有詩曰：

〔註7〕　邵晉涵：〈爾雅正義序〉，《爾雅正義》（據乾隆五十三年邵氏面水層軒刻本影印），載《續修四庫全書》第187冊，頁2a，總頁35。

〔註8〕　邵晉涵：〈俞太安人家傳〉，《南江文鈔》，卷9，頁29a，總頁509。

〔註9〕　《餘姚志》曰：「李化楠，羅江人，進士，（乾隆）十七年任。」見邵晉涵等：《（乾隆）餘姚志》，卷15，頁15a。

〔註10〕李調元著，詹杭倫、沈時蓉校正：《雨村詩話校正》（成都：巴蜀書社，2006年），卷9，頁220。

〔註11〕邵晉涵：〈先兄雲亭甫行狀〉，《南江文鈔》，卷10，頁50，總頁536。

〔註12〕邵晉涵等：《（乾隆）餘姚志》，卷15，頁16a。

〔註13〕阮元：《兩浙輶軒錄》（據嘉慶間仁和朱氏碧溪艸堂、錢塘陳氏種榆千儔館刻本影印），載《續修四庫全書》第1683冊，卷17，頁23，總頁566。

蘊隆逼三伏，鬱火雲崢嶸。經閣迴虛敞，薄暮涼風生。

我來問奇字，巨鏞叩鏗鍧。解衣任疏放，置酒臨前楹。

……

歷歷眾星轉，飄飄絺袂輕。更闌欲分手，瞻顧留餘情。〔註14〕

可想見彼時從遊問學之景象。助瀾夙與汪沆諸人相倡和，詩筆頗近蘇陸。兼通篆隸，尤精於音韻之學，著有《古今韻署考證》、《雙聲疊韻圖譜》。〔註15〕晉涵常向周氏「問奇字」，探討文字聲韻之學。

至於杭州，更屬人文薈萃之地，數年間流連於此，性情頗受陶冶。張羲年曾致書晉涵，談及杭州之學風：

省下為人文所聚，足下經義紛綸，雖老師宿儒，定當屈服。……

文士相輕，自古而然，武林士習，大率如此。筆墨不宜輕出示人，

如不獲已為之，雖搏兔亦須用全力也。〔註16〕

雖難免文人相輕之積習，然名流才士相聚一堂，彼此以詩文爭勝，文學氣氛之濃厚，浸潤其中，亦頗受陶冶。

晉涵來杭州後，始隨詩文大家汪沆問學，前後數載。汪沆（1704～1784），字西顥，號槐塘，錢塘人。曾問學於厲鶚（1692～1752），早年與杭世駿（1696～1773）齊名，世稱「松里五子」之一。〔註17〕晉涵曾曰：

始就傅，即聞杭州西湖吟社之盛，屬徵君樊榭、杭編修董浦實

為職志。比來杭州，則樊榭徵君已歿，董浦編修教授四方，旋亦逝

世，諸老零落殆盡。獨於徵君槐塘先生過從最久。〔註18〕

汪沆雖以詩文見長，然頗重經史之學，有「學以繕性」之說：

文章體格，視其年其遇而變，其不可變者，性情也。捨性情而

求諸體格，是為無實之華。學識日充則性情日以和粹，故善養性情

者，又視乎學焉。〔註19〕

晉涵承汪氏之教，沉潛於經史之學，凡作詩撰文，能根柢於學養而抒發其性

〔註14〕邵晉涵：〈六月十三夜周衛齋先生留飲對月分得明字〉，《南江詩鈔》，卷1，頁1，總頁604。

〔註15〕阮元：《兩浙輶軒錄》，卷17，頁23，總頁566。

〔註16〕張羲年：〈與邵二雲書〉，《噉蔗全集》，文卷6，頁20。

〔註17〕邵晉涵：〈徵士汪先生家傳〉，《南江文鈔》，卷9，頁10，總頁500。按：汪氏生卒年據此傳考出。

〔註18〕邵晉涵：〈槐塘遺集序〉，《南江文鈔》，卷6，頁19a，總頁443。

〔註19〕同上。

情。嘗有言曰：「南豐所以高出諸家者，以其經術深也。天傭諸子不求諸經術而求諸樸遫，失之遠矣。」〔註20〕推崇曾鞏（1019～1083）之根柢於經學，批駁明末艾南英（1583～1646）諸人之學養淺薄，可見其宗旨所在。

晉涵雖擅長舉業，然對於科舉時文極爲輕視。周永年（1730～1791）對此頗不以爲然，嘗謂邵氏曰：《孟子》「班爵祿」章所言封國之制，與諸經皆不合，先儒多以爲疑。偶讀魯啓人所作時文，則《孟子》與諸經約略可通。汝欲箋注《孟子》，此文或可參考。晉涵聞言，欣然承教。〔註21〕蓋邵氏所以輕蔑時文，乃厭惡其揣摩抄襲、空疏無用，如遇學養深厚、有俾經學之作，亦樂見之。周氏之語，可謂正中其下懷。

晉涵此時所結交者，多爲餘姚、杭州之俊彥，如張廷枚、張羲年、黃璋、金三俊、楊執禮諸人，其中尤與羲年過從最密。

張羲年（1737～1778），字淳初，號潛亭，餘姚人。參與纂修《四庫全書》，撰有《喪禮詳考》、《周官隨筆》諸書。邵、張同受業於周助瀾之門，常以學業相激勵。兩人曾與朋儕暢飲於杭州酒樓，既醉，眾皆引去，羲年獨與晉涵共宿道院。時方夜雨將半，羲年提燈呼晉涵起，命背誦〈國風〉，句櫛而字比之，以求其音義所在。復相與論其大旨，雜舉諸說異同，出其牴牾者，從容尋繹，使自得之而後安。兩人擁被對談，達旦乃止。〔註22〕後同遊京師，亦彼此扶持。乾隆三十一年（1766），羲年三十初度，晉涵勉之曰：「惟經說疑義，相與誦習講論，或庶幾不朽。」〔註23〕可知兩人志向所在。

第二節　浙東儒哲之宗仰

歷來論及邵晉涵與浙東學者之傳承關係，大多一筆帶過。如洪亮吉曰：「每語一事，輒亟稱劉先生宗周、黃處士宗羲」，〔註24〕錢大昕曰：「君生長浙東，習聞蕺山、南雷諸先生緒論」，〔註25〕王昶曰：「君生於其鄉，宗仰三

〔註20〕張羲年：〈三十初度自序〉，《噉蔗全集》，文卷4，頁21。

〔註21〕周永年：〈制義類編序〉，《林汲山房遺文》（據清抄本影印），載《續修四庫全書》第1449冊，不分卷，總頁687。

〔註22〕邵晉涵：〈贈張淳初序〉，《南江文鈔》，卷6，頁39b，總頁453。

〔註23〕同上，頁40a，總頁453。

〔註24〕洪亮吉：〈邵學士家傳〉，《卷施閣文甲集》卷9，《洪亮吉集》，頁193。

〔註25〕錢大昕：〈日講起居注官翰林院侍講學士邵君墓誌銘〉，《潛研堂文集》，卷43，頁22b，總頁178。

先生，用爲私淑」，〔註 26〕乾嘉諸儒所論，大略如此。近代以來，所論未見深入，多援引洪、錢、王舊說，遂謂晉涵乃浙東學術之嫡傳。然持論者言之鑿鑿，駁之者振振有辭，乃至金毓黻暢言「章、邵二氏，異軍特起，自致通達，非與黃、全諸氏有何因緣」，〔註 27〕何冠彪復謂「邵晉涵上承黃宗羲，卻沒有明顯的線索」，〔註 28〕雖乏舉證，竟也備爲一說。茲網羅文獻，略加敘論，以期有所廓清。

餘姚邵氏與浙東學術之關係，本書首章言之甚詳。晉涵因母袁氏熟知明史，可謂尚在繦褓之中，所聞已迥異於人。幼時受業於祖父向榮，得聞前賢遺事甚詳，且熟知族祖廷采之學行。稍長，往來餘姚、杭州之間，得以結交邑中俊彥、省下名流，聞見益廣，蘊蓄漸深。僅就「家傳鄉習」而言之，其所耳聞之浙東遺事，與所目睹之前賢著述，皆遠非他人所及。依次論之，以觀其詳。

一、王守仁

邵氏自曾可時便以「講王學」起家，廷采畢生以維持王學爲己任，自無待言。及至向榮，尤秉承「我姚陽明一派直上接洙泗」之誨，讀陽明書，心生仰慕之忱。其後邵氏諸人雖漸重經史之學，然宗仰陽明之意，始終未泯。

邵晉涵曾藏有陽明手澤一卷，錢大昕爲之題詩曰：

> 一掬憂時淚，千秋講道心。淋漓四百字，鄭重短長吟。

> 理直詞無飾，文雄學更深。青門勤什襲，寶此當南琛。〔註 29〕

勸其珍藏此卷，思有以克紹陽明。

乾隆四十三年（1778），晉涵纂修《餘姚志》，於體例之權衡，頗爲用心。其中陽明一傳，採錄萬斯同之《明史稿》，且附按語曰：

> 王文成以明體達用之學繼往開來，使曠世見大儒之效，非後人
> 所能品目也。……今錄文成本傳及諸弟子傳，自爲一卷，用《唐書》

〔註 26〕 王昶：〈翰林院侍講學士充國史館提調官邵君墓表〉，《春融堂集》，卷 60，頁 4，總頁 251。

〔註 27〕 金毓黻：《中國史學史》，頁 333。

〔註 28〕 何冠彪：〈清代「浙東學派」問題平議〉，載《明末清初學術思想研究》，頁 336。

〔註 29〕 錢大昕：〈題邵二雲編修所藏王文成公詩卷〉，《潛研堂詩續集》（據嘉慶十一年刻本影印），載《續修四庫全書》第 1439 冊，卷 5，頁 12b，總頁 389。按：題下自注曰：「正德庚辰八月望，爲惟賢憲副書〈元日霧〉、〈二日雨〉、〈再遊九華〉三詩。」

昌黎傳後附韓門弟子之例焉。……文成之教被天下，而鄉黨間尤善
承其教，流風餘韻，久而不衰，則知大儒之學，沾溉者遠矣。〔註30〕

謂陽明之學行冠絕今古，非一端可盡，反對《（雍正）浙江通志》將其分列
「名臣」、「儒林」、「武功」諸門目之下。《餘姚志》復於陽明傳後，列徐愛、
錢德洪、孫應奎、聞人詮、管州、夏淳、胡瀚、黃驥、范引年、柴鳳諸傳，
以「重師承」。餘姚王學之傳授源流，藉此得以考見。

二、劉宗周

邵廷采早年受業於姚江書院，即受劉宗周《人譜》之啟發，遂以「躬行
實踐」為旨歸。向榮授徒講學，復闡蕺山「證人」之義，以明「敦倫」之旨。

晉涵自幼秉承庭訓，獲聞宗周遺事，每謂「少慕公為人」，又曰「夙齡私
淑」。〔註31〕觀蕺山著述，益懷宗仰之意，曾論曰：

> 竊謂公之學本於意誠，誠至則無不格，故能繫社稷之重，折奄
> 壬之心，樹名義之防，熄佛老之焰。……語所云躬行有得者，公實
> 允蹈之矣。〔註32〕

思有以克承其學，以「意誠」為本，歸於躬行實踐。

後晉涵年逾四十，偶見宗周遺像，悲感唏噓，深以「曾未聞道」自責。
乃撰〈像贊〉一篇，以伸「平時景仰之私」，且以之自警。其詞曰：

> 夙齡私淑，曰子劉子。今展遺容，與夢見似。
> 公宣道笈，經緯至誠。功操慎獨，晬面潤身。
> 群小側目，正色立朝。立誠為幹，屹不動搖。
> 居朝日少，居鄉教授。古社證人，德言善牖。
> 《人譜》聿傳，紹聞興起。後公百年，忝公鄉里。
> 年逾四十，曾未聞道。對公之容，撫膺自悼。
> 公有定論，鄉曲非私。立廉振懦，百世之師。〔註33〕

凡蕺山為學之要旨，立身之大節，與邵氏自幼私淑之忱，終身宗仰之意，於
此表露無遺。

〔註30〕邵晉涵等：《（乾隆）餘姚志》，卷25，頁12b～13a。
〔註31〕邵晉涵：〈劉忠介公像贊〉，《南江文鈔》，卷8，頁40，總頁494。
〔註32〕同上。
〔註33〕同上。

三、黃宗羲

至於黃宗羲，餘姚邵氏與之淵源甚深。邵廷采曾向其請教學問，訪求文獻，自無待言。晉涵少時，便與宗羲玄孫黃璋同受業於周助瀾之門。

黃璋（1728～1802），字稚圭，乾隆二十一年（1756）舉人，曾官嘉善教諭、沐陽知縣。〔註34〕少時尚及親見全祖望、杭世駿諸老，並得其指授。〔註35〕生平以克承家學為念，曾從全氏弟子訪求宗羲、祖望遺稿。嘗曰：「《宋元儒學案》，高祖文孝公創稿，耒史曾叔祖暨謝山續輯，尚未成書，皆在配京手，今以稿本十冊見付。」〔註36〕從盧鎬（1723～1785）處獲得黃、全《宋元學案》稿本，欲卒成斯業，其後纂輯數十載，惜未遂其志。

黃璋與周助瀾相過從，在乾隆二十六年（1761）前後，〔註37〕時晉涵方中秀才，適從遊於周門，邵、黃之結交，當在此時。晉涵曾致書黃璋曰：

> 《易》義闡繹家傳，當較查他山之導揚師說，遠為過之。《宋元學案》貫徹古今學術源流，不僅備兩朝掌故，雙韭續纂未竟，今迺得觀厥成，異時流布通都，洵四方學人之幸也。〔註38〕

「他山」指查慎行（1650～1727），「雙韭」指全祖望。慎行字悔餘，海寧人，少受業於黃宗羲，邃於《周易》，後以詩名。函中勉勵黃璋克紹家學，將《宋元學案》續纂完竣。此函雖作於邵氏晚年，要之可見邵、黃交遊之一斑。

家傳鄉習之間，晉涵所耳聞之宗羲遺事甚詳，所涉獵之宗羲著述頗廣。章學誠〈家書七〉曾曰：「邵先生嘗舉黃黎洲言：『好名乃學者之病，又為不學者之藥。』吾當時頗不為然，今知黃氏之言良有味也。」〔註39〕可知邵、章曾援引宗羲之名言，探討學問心術之隱微。晉涵序《國朝姚江詩存》曰：

〔註34〕周炳麟等：《（光緒）餘姚縣志》，卷23，列傳13，頁5。

〔註35〕黃徽肅：〈跋〉，載黃璋：《大俞山房詩稿》（據乾隆五十二年刻本影印），《清代詩文集彙編》第363冊，頁1a，總頁667。按：黃璋生卒據此跋及《餘姚縣志》考出。

〔註36〕黃璋：〈甬上贈盧配京孝廉、董抑儒明經〉，《大俞山房詩稿》，卷3，頁18，總頁561。

〔註37〕黃璋：〈題張唯吉《晴窗審帖圖》次周衡齋先生韻〉，《大俞山房詩稿》，卷1，頁14b，總頁534。按：後有〈辛巳十二月二十五日雪〉，與此詩僅相隔一首，知其當作於乾隆二十六年前後。

〔註38〕附載黃璋：《大俞山房詩稿》，附錄，頁6a，總頁666。

〔註39〕章學誠：〈家書七〉，《章氏遺書》，卷9，頁74，總頁209。按：今人何冠彪謂「邵先生」指邵廷采（〈清代「浙東學派」問題平議〉，《明末清初學術思想研究》，頁376），今以函中「邵先生亦頗善吾言」一語觀之，知何氏顯誤。

「黃梨洲先生纂爲《姚江佚詩》，自六朝迄明人，繫之傳，縣之文獻略備焉。」
〔註40〕可見黃氏《佚詩》一編，邵曾寓目。《姚江佚詩》雖以網羅佚詩爲事，
然具有「以詩存人」之意，先賢之遺事，賴之以存，此種苦心，晉涵於序中
再三闡釋。

　　晉涵所撰《（乾隆）餘姚志》，於卷三十五〈經籍〉之中，著錄宗羲著述
甚詳。且每書之後，多有附注，或節錄黃氏原序、他人序跋，或採全祖望〈梨
洲先生神道碑文〉，間或自加按語。如《深衣考》一卷，邵按曰：「此書辨諸
儒深衣之異論，末附《黃氏喪制考》。」〔註41〕是書收入《四庫全書》，然
未見《黃氏喪制考》，邵氏所記，當爲其原本。又如《書經筆授》三卷，邵
按曰：

> 宗羲謂荀子引《道經》以證其性惡之旨，非出於虞廷之授受，
> 太原閻若璩稱爲精神再見。又謂《古文》雜取諸子，語有醇疵，當
> 分別觀之，固持平之論也。其辨受終文祖，尤能貫通禮訓焉。〔註42〕

摘出書中最具創見之處，加以敘述。此外，並著錄「《待訪錄》一卷」，即《明
夷待訪錄》，注曰：「顧絳曰：讀《待訪錄》，知百王之敝可起，而三代之盛可
復也。」〔註43〕「明夷」本爲《易經》卦名，然以彼時之政治環境觀之，削
去兩字，實爲迫不得已。且此書所論，頗爲清廷所忌，晉涵將之著錄於志中，
並徵引顧炎武之說，明其宗旨所在，實爲難得。

　　邵氏《餘姚志》中有宗羲一傳，對其學術要旨，頗多闡發。論其經學曰：

> 宗羲論《易》宗王、程，謂象數之術多依附於聖經。《古文尚
> 書》雜取諸子，當別其醇疵。論禮服不取敎繼公，當從鄭康成舊說。
> 〔註44〕

辨河圖、洛書之附會，揭《古文尚書》之僞，寥寥數語，將黃氏經學之創見，
悉數道出。論其史學曰：

> 其論史，則先志表而後紀傳，嘗校正《漢書》推月法。欲補《宋
> 史》之遺，存《目錄》三卷。尤謂悉明事，論儒學不當分同異，天文

〔註40〕邵晉涵：〈國朝姚江詩存序〉，《南江文鈔》，卷6，頁17，總頁442。
〔註41〕邵晉涵等：《（乾隆）餘姚志》，卷35，頁8b。
〔註42〕同上，頁5a。
〔註43〕同上，頁24b。
〔註44〕邵晉涵等：《（乾隆）餘姚志》，卷32，頁2。按：此傳後注曰：「《浙江通志》〈儒
　　　　林傳〉，兼採《紹興府志》。」然核之《（雍正）浙江通志》、《（康熙）紹興府志》
　　　　兩書，本節所徵引之幾段文字，皆未見於其中，知當出自晉涵之手。

> 律算，西法本於《周髀》，又分別明末諸臣之邪正，史館多取裁焉。
> 〔註45〕

將宗羲治史之特色歸結爲兩點：其一，注重諸史〈志〉、〈表〉之考訂，此恰爲歷代史家所忽略。於〈天文〉、〈律曆〉、〈地理〉諸志用功甚深，蓋與其天算、地理之學相表裏，萬斯同《歷代史表》之撰，即得自梨洲之教。其二，注重宋、明史之探討，此與浙東學術「文獻之傳」甚相契合。嘗欲重修《宋史》而未就，存《叢目補遺》三卷，且欲纂輯《宋文略》、《宋元學案》諸書，備一代之掌故文獻。雖未親赴明史館，然高足萬斯同既已坐鎮館中，且發凡起例，多蒙其指授。傳中「分別明末諸臣之邪正」一語，頗可玩味，蓋謂《明史》之筆削要義，多出自宗羲，可謂道盡纂修《明史》之秘辛。

此外，傳中亦論及黃氏之學術地位，文曰：「浙中學者，不以空言談性命，而求諸遺經，自宗羲始。」〔註46〕謂宗羲糾正晚明以降空談義理之學風，爲清代浙東諸儒樹立典範，所論雖較章學誠〈浙東學術〉具體而微，然不無契合之處。

總之，晉涵既生長於梨洲故里，又與其後人相熟識；既獲聞梨洲遺事甚詳，又廣泛涉獵其著述；對其立論要旨、學術創見頗爲熟諳，且極力推崇其學術地位。所謂邵晉涵上承黃宗羲之「線索」，實班班可考。

四、萬斯同

萬斯同乃黃宗羲及門弟子，極具史才，以布衣修《明史》，數十年間始終其事。至其歿時，《明史》已基本纂修完竣，由其筆削成書之本，稱《明史稿》。其後張廷玉等以史稿爲基礎，復加修訂，於乾隆初定稿刊刻，是爲今日通行之《明史》。

清廷對於斯同纂修《明史》之功，始終三緘其口，《明史稿》一編亦流傳甚稀。吳騫（1733～1813）曾藏有《明史稿》之列傳，跋曰：

> 此書予藏之數十年，姚江邵予桐編修見而極愛之，以爲此《舊唐書》也。在西湖書局中借閱累年，後竟攜以入都，屢索不還。屬武林友人往取之，酬以二十金始得。昔人以借書還書等爲一癡，殆是之謂歟。然予實一片苦心，終不以是爲悔，後人能體此意，亦可

〔註45〕邵晉涵等：《（乾隆）餘姚志》，卷32，頁2。
〔註46〕同上。

云文章紹編槧矣。〔註47〕

晉涵於乾隆四十二年（1777）受聘纂修《杭州府志》，當事於西湖之旁設立書局，借閱吳氏藏書，當在此時。可知晉涵對萬氏《明史稿》極爲喜愛，乃至遲遲不願歸還。

　　晉涵所以珍視此書，原因有二：其一，此書較通行之《明史》更爲詳審。張廷玉等對萬稿大加刪削，其所留意者，多爲文字之潤色，晉涵將萬稿比之《舊唐書》，因其接近原始史料，更爲眞實詳細。其二，此書之褒貶筆削更符合浙東史家之立場。《明史稿》經黃宗羲指授，由萬氏一手裁定，頗可代表黃、萬之史學觀點。後經「欽定」，張廷玉等於褒貶之處，勢必再三斟酌，所論不盡與黃、萬同。邵晉涵珍愛《明史稿》，正見其宗仰萬斯同之意。

五、全祖望

　　全祖望卒於乾隆二十年（1755），臨終前，將《鮚埼亭集》全稿交弟子董秉純（1718～1788）保存。此時晉涵年方十餘，未及向謝山執業問學，然數年後，乃有幸通讀其遺集。董秉純曾致書蔣學鏞曰：

　　　　刊刻《鮚埼文集》，原爲表揚先哲起見，但得隨分成就，即屬快事。……惟刊刻而讎之不審，使魯魚雜見，實爲負罪。……都中士大夫，求其求閱全稿者，甚難其人。惟程選部晉芳、邵庶常晉涵二君借閱一過。錢學士大昕自言曾見過，而未之來借。去秋，周庶常永年言願錄一部，曾假去半部，以僕出京中輟。〔註48〕

晉涵於乾隆三十九年（1774）授翰林院庶吉士，次年散館授編修，函中稱「邵庶常」，可知爲三十九年之事。董氏爲刊刻謝山遺集四方奔走，之所以遍請名流借閱此書，用意有三：其一，願諸人多錄副本，以免亡佚無存。其二，請閱者商榷體例，校訂訛誤。其三，欲時人閱後對謝山之學術有所表彰，或出力協助刊刻。故函中「借閱」一語，審其上下文義，當有錄存、校訂之義。《鮚埼亭集》分內、外兩編，因多敘明末史事，頗爲時人所忌，至嘉慶間始刊刻問世。而晉涵在乾隆三十九年，便已校閱並錄存《鮚埼亭集》之全稿。

〔註47〕　吳壽暘：《拜經樓藏書題跋記》（據道光二十七年海昌蔣氏刻本影印），載《續修四庫全書》第930冊，卷2，頁9，總頁396。
〔註48〕　董秉純：〈答蔣柳汀論謝山先生文集書〉，《春雨樓初刪稿》（據民國間張氏約園刻《四明叢書》本影印），載《清代詩文集彙編》第354冊，卷4，頁15，總頁57。

　　然細考之下，晉涵獲睹謝山文字之時間，似早於乾隆三十九年。章學誠於乾隆三十八年（1773）正月赴餘姚訪晉涵，論及邵廷采之學術，晉涵遂有校訂《思復堂文集》之請。章貽選記曰：「鄉之後起名流如全祖望，多排詆之，故先師以是為屬。」〔註49〕所謂全氏之排詆，指《鮚埼亭集》〈答諸生問思復堂集帖〉一文，對廷采頗多指摘，文曰：「近來文士，大半是不知而作。如邵念魯為是集，……讀書甚少，以學究固陋之胸，率爾下筆，一往謬誤。」〔註50〕晉涵因全氏之指摘而屬學誠校訂《思復堂文集》，可知此時已閱謝山之文。

　　復向前追溯，董氏於乾隆三十年（1765）跋《經史問答》曰：

> 謝山先生文集一百二十卷，前五十卷先生所手定，自四十卷至四十九卷為《經史問目》。今年秋，過武林，吳丈城，先生之同社也，純請主剞劂氏。吳丈曰：「海內望謝山文久矣，全集今茲未能，盍以《問目》十卷為嚆矢，可乎？」因商之杭丈世駿、汪丈沆，並遺書廣陵馬丈曰璐，皆願勸事。〔註51〕

據此文，知董氏曾與汪沆等協商刊刻謝山文集，雖僅刻成《經史問答》十卷，然文集全稿，汪沆等當已寓目。且黃璋曾曰：「謝山《文集》百卷，多抑儒校訂，今存杭董浦太史處。內《經史問答》十卷，已開雕杭州。」〔註52〕抑儒即董秉純，所記與董跋同為一事，至於文集全稿，黃氏當已寓目。晉涵中秀才後，常寓居杭州，與汪沆、黃璋過從甚密。據此推測，邵氏似於乾隆三十年前後便已獲睹《鮚埼亭集》，至少已看到其中一部分文字。

　　邵晉涵早年隨祖父向榮、族兄陞陛受業，敦本力學，苦讀博覽，克承邵氏家學。進學後，從遊於周助瀾、汪沆之門，與省中俊彥張羲年、黃璋等論學取友，沉潛經史之學。習聞王守仁、劉宗周、黃宗羲、萬斯同、全祖望之遺事，涉獵其著述，心生景仰。蘊蓄已深，學養既厚，其學術之精神、底色，

〔註49〕章學誠：〈邵與桐別傳〉，《章氏遺書》，卷18，頁10，總頁398。

〔註50〕全祖望：〈答諸生問思復堂集帖〉，《鮚埼亭集外編》（據嘉慶十六年刻本影印），載《續修四庫全書》第1430冊，卷47，頁15，總頁253。

〔註51〕董秉純：〈跋〉，全祖望：《全謝山先生經史問答》（據乾隆三十年刻本影印），載《續修四庫全書》第1147冊，卷末，總頁666。按：據其文末自記，此跋撰於「乾隆乙酉九月十日」。

〔註52〕黃璋：〈甬上贈盧配京孝廉、董抑儒明經〉，《大俞山房詩稿》，卷3，頁18，總頁561。

自當以浙東爲主。

　　然由於舉業之束縛，晉涵此時尚無著書立說之志；且聞見未廣，尚無經史大家擴充其學問。自乾隆三十年（1765）中舉入都之後，晉涵之學術始大有進境。

第三章　長安米貴居偏易
——客居日下，浸染樸學

　　乾隆三十年秋（1765），錢大昕奉命出任浙江鄉試副考官，行前躊躇滿志，欲擢拔「不爲俗學」之「奇士」。到浙入闈後，主考官曹秀先（1708～1784）忽然病倒，評閱錄取之事，皆由大昕一人主之。彼曾作詩記事曰：「終朝閉閣亦何爲，萬卷文書次第披。還怕粗心失佳士，闈中一月廢吟詩。」〔註1〕又曰：「揣摩剽襲枉辛勤，千手雷同欲亂眞。別白淄澠心獨苦，要令世有讀書人。」〔註2〕爲擢拔講實學、能讀書之佳士，錢氏可謂煞費苦心。揭榜後，邵晉涵名列第四，策論尤稱博洽，爲全場之冠，大昕以爲非科場老手斷不能至此。待邵來拜謁，見其年方二十，與之論學，淵乎不竭。大昕甚喜，歎曰：「不負此行矣。」〔註3〕

　　晉涵中舉後，藉參加會試之便，得以常居京師。乾隆三十一年（1766）丙戌科、三十四年（1769）己丑科之會試，邵氏接連落第。至三十六年（1771）辛卯恩科，方得中會試頭名，殿試名列二甲，賜進士出身。長安米貴，居之不易，前後數年之中，舉業之勞，生計之苦，可謂兼而有之。然洪亮吉曾致晉涵一詩，中曰：「長安米貴居偏易，蓬觀爲君著書地。」〔註4〕「居偏易」云云，非謂邵氏怡然自得，無舉業生計之憂；蓋謂寓居京師之數年中，得以從遊名師，廣結碩儒，聞見大增，學養日厚，最終成學名家，享譽士林。

〔註1〕錢大昕：〈試院戲題〉，《潛研堂詩集》（據嘉慶十一年刻本影印），載《續修四庫全書》第 1439 冊，卷 8，頁 8，總頁 314。
〔註2〕錢大昕：〈填榜〉，《潛研堂詩集》，卷 8，頁 9，總頁 314。
〔註3〕錢大昕：〈日講起居注官翰林院侍講學士邵君墓誌銘〉，《潛研堂文集》，卷 43，頁 21，總頁 177。
〔註4〕洪亮吉：〈送邵秘校晉涵入都補官〉，《卷施閣詩》卷 8，《洪亮吉集》，頁 614。

第一節　入都後之師友淵源

一、錢大昕

　　邵晉涵自鄉試中式後，便拜入錢大昕門下，備受賞識。大昕迭掌文衡，歷主書院講席，門下弟子甚眾，皆以經史、金石、詩古文辭相激勵。其中尤以邵晉涵、李文藻（1730～1778）、陳鶴三人最受青睞。〔註5〕大昕曾於乾隆三十九年（1774）之家信中，叮囑其妻浦氏，對內書房須嚴加看管，其中一切書籍碑帖，不可遺失。凡平日之書稿札記，即隨筆零碎之件，俱要一一檢好，放在一箱。若晉涵欲進到書房，可以請進。「將來南歸時，收拾書籍，或應帶到廣東，或應存在嘉定，俱請邵爺酌定。」〔註6〕錢氏對書房看管甚嚴，唯恐藏書遺失，著述文稿爲他人所竊取。獨允晉涵進入書房，且命其整理藏書與舊作，可見晉涵受信於師門之深。

　　錢大昕於乾隆五十二年（1787）撰成《疑年錄》四卷，載古今文人之生卒年壽，所錄皆爲「有功經史者」，去取之標準甚嚴，而以戴震爲殿軍。晉涵歿後，大昕特將其補入《疑年錄》中，置於全書之末，可見晉涵受知於師門之深。〔註7〕

　　大昕治學素以博洽著稱。阮元嘗論曰，彼時諸儒，專精者固多，兼擅者尚少，惟大昕能兼其成。綜論大昕之學行，蓋有「九難」：其一曰人倫師表，履蹈粹然。其二曰持論執中，實事求是。其三曰潛研經學，洞徹原委。其四曰正史雜史，討尋訂訛。其五曰精通天算，推而明之。其六曰校正地志，考而明之。其七曰六書音韻，觀其會通。其八曰編錄金石，考核史事。其九曰詩古文詞，冠冕館閣。〔註8〕所論雖不無溢美，然大昕之博洽兼擅，當時確屬公論。

　　然大昕博洽之中又有專長，以其現存著述觀之，成就最大者，乃在史學。嘗通考全史，撰成《廿二史考異》一百卷。尤精於《元史》，欲重修之，有《元史藝文志》、《元史氏族表》諸書傳世。大昕治史，首重考據。觀其考史之方法，特色有二：其一，注重各類文獻之網羅。非但傳世之紙本文獻，必欲搜

〔註5〕錢大昕著，錢慶曾增補：《錢辛楣先生年譜》，頁15。
〔註6〕轉引自陳垣：〈錢竹汀手簡十五函考釋〉，《歷史文獻學論文》，載陳智超主編：《陳垣全集》（合肥：安徽大學出版社，2009年）第7冊，頁758。
〔註7〕錢大昕著，錢慶曾增補：《錢辛楣先生年譜》，頁34。
〔註8〕阮元：〈十駕齋養新錄序〉，見錢大昕：《十駕齋養新錄》（據嘉慶間刻本影印），載《續修四庫全書》第1151冊，卷首，頁1，總頁87。

羅殆盡，即地下之鐘鼎、道旁之碑刻，皆廣泛採用。其二，重注各門知識之利用。將文字聲韻、天文算法之研究成果，應用於考史之中。正因如此，大昕每考一事，多能發前人所未發。

　　大昕考史，非漫無目的。嘗曰：「史非一家之書，實千載之書。袪其疑乃能堅其信，指其瑕益以見其美。拾遺規過，匪爲齮齕前人，實以開導後學。」〔註9〕謂史書影響至巨，考誤釋疑，旨在傳信於後世。欲爲諸史之功臣，而非仇敵。故大昕對時人治史之兩種傾向，大加批判。其一曰：

　　　　拾班范之一言，摘沈蕭之數簡。兼有竹素爛脫，豕虎傳訛，易斗分作升分，更子琳爲慧琳，乃出校書之陋，本非作者之愆。而皆文致小疵，目爲大創，馳騁筆墨，夸曜凡庸。〔註10〕

此輩但知考據，乃至錙銖必較，吹毛求疵。其二曰：

　　　　更有空疏措大，輒以褒貶自任，強作聰明，妄生疵病。不稽年代，不揆時勢，強人以所難行，責人以所難受。陳義甚高，居心過刻。〔註11〕

此輩完全輕視考據，乃至任意褒貶，厚誣古人。大昕以爲，治史當自考據始，然考據實爲治史之手段，而非目的。故對於第一種傾向，「予所不能效也」。然錙銖必較，不過欲挾考據以自重，其害尚小。若任意褒貶，不僅令古人「無邊受屈」，且足以誤導後學，乃至釀成一種空言議論、不講實證之社會風氣，爲害甚大。故對於第二種傾向，「予尤不敢效也」。〔註12〕若兩害相權，寧可稍偏向於考據一端。觀大昕之史學成就，尤以考史爲最，或根源於此。

　　晉涵幼年承祖父庭訓，深以「無邊受屈」爲誡，即知注重考史。茲受業於大昕之門，頗受指點，益重史學考證。大昕曾論《宋史》之失，略有三端：其一曰南渡諸傳不備，其二曰編次前後失實，其三曰褒貶不公。晉涵「聞而善之，乃撰《南都事略》，以續王偁之書」。〔註13〕可知邵氏重修《宋史》之役，《南都事略》之撰，與大昕之啓發指點不無關聯。概言之，邵氏欲從南宋

〔註9〕錢大昕：〈序〉，《廿二史考異》（據乾隆四十五年刻本影印），載《續修四庫全書》第454冊，卷首，頁1，總頁1。

〔註10〕同上。

〔註11〕同上。

〔註12〕同上。

〔註13〕錢大昕：〈日講起居注官翰林院侍講學士邵君墓誌銘〉，《潛研堂文集》，卷43，頁21，總頁177。

入手，網羅史料，考異辨誤，而後筆削成書，定其褒貶。觀二十四史諸書，其中最爲史家詬病者，莫過於宋、元兩《史》。大昕攻《元史》，晉涵攻《宋史》，正可見其師門傳授之淵源。

二、朱筠

晉涵中舉後常居京師，藉錢大昕之引薦，得以轉益多師，聞見大增，其中尤以朱筠之影響最大。筠字竹君、美叔，號笥河，順天大興人，乾隆十九年（1754）進士。乾隆三十七年（1772），任安徽學政，此時朝廷恰有訪求遺書之詔，筠遂封章上奏，建議從《永樂大典》中纂輯佚書，爲清高宗所採納。《四庫全書》之纂修，實發端於此。

朱氏數次擔任鄉試、會試之考官，衡文校士，每以「實學」爲錄取標準：「凡春秋兩闈校士，恆以對策爲主。嘗言以此觀士所學之淺深，若持權衡以測輕重云。」〔註14〕晉涵高中乾隆三十六年（1771）會試之頭名，正得益於朱筠之推薦：

> 辛卯分校禮闈，總裁劉文正公得一卷，五策淵奧，以示先生。
> 先生曰：「此餘姚邵晉涵，故知名士。」力贊公拔居第一。及拆卷，
> 果邵名。公問曰：「學士何所見不爽如是？」先生曰：「今士之績學
> 者，某莫不與之遊，讀其文，知其學，如覿其面，寧至或失之邪。」
> 〔註15〕

「劉文正」指劉統勳（1699～1773），乃晉涵會試之座師。

朱筠雖著述不豐，然學術宗旨極爲明確，即「說經宗漢儒，不取宋元諸家之說」。〔註16〕生平以維持漢學爲職志，凡教人，必以通經、習小學爲大端。〔註17〕晉涵從遊於朱筠門下，始於乾隆三十一年（1766）前後，〔註18〕嘗曰：「憶初得見於擷英書屋，蒙教以鄭注之精粹，漢《易》之源流。退即取其書而讀之，歎爲不易之論。」〔註19〕可知其受教於朱門者，多爲漢儒經傳之學。

〔註14〕 李威：〈從遊記〉，載朱筠：《笥河文集》，卷首，頁30a，總頁114。
〔註15〕 同上。
〔註16〕 江藩：《國朝漢學師承記》，頁67。
〔註17〕 汪中：〈朱先生學政記〉，載朱筠：《笥河文集》，卷首，頁37b，總頁117。
〔註18〕 章學誠曾曰：「丙戌春夏之交……足下彼時，周旋嘉定、大興之間。」「嘉定」指錢大昕，「大興」指朱筠，可知晉涵從遊於朱筠，當在此年前後。見章學誠：〈答邵二雲書〉，《章學誠遺書·佚篇》，頁645。
〔註19〕 邵晉涵：〈與朱笥河學士書（二）〉，《南江文鈔》，卷8，頁7，總頁478。

　　朱筠嘗謂晉涵曰：「經訓之義荒久矣，《雅》疏尤蕪陋不治。以君之奧博，宜與郭景純氏先後發明，庶幾嘉惠後學。」邵氏聞言，潛心近二十年，乃撰就《爾雅正義》二十卷。〔註20〕《爾雅》一編，既屬訓詁學之名著，其中又多草木鳥獸之名。晉涵重疏《爾雅》，既與彼時之樸學風氣相關聯，又與其博洽之學術風格相契合。

三、「吳派」與「皖派」之浸染

　　邵晉涵寓居京師不數年，便成為一時名士，實得益於友朋切磋之功。乾隆三十四年（1769），李文藻借錄紀昀所藏《古文尚書考》，晉涵曾批校一過，並作跋文曰：

> 惠氏《古文尚書考》，余最愛其〈辨正義〉四條，〈證孔氏逸書〉九條，議論精當，為竹垞、亭林所未逮。至下卷所述，則本前人而推廣之者也。鄭曉謂姚方興二十八字，曰若稽襲諸篇首，……其言與惠氏近。又旌德梅鷟撰《讀書譜》四卷、《尚書攷異》一卷，余未之見。據陳第所引，如謂〈禹謨〉克艱，本諸《論語》，……此皆辨論之最有關係者。惠氏之書，與之符合，而不言其出於梅氏，祗別載梅說九條，何歟？梅氏之外，聞又有姚際恒《古文尚書通論別僞例》十卷，錢煌《壁書辨疑》六卷，與閻氏《古文尚書疏證》後先並出，當備購其書，互相參考。〔註21〕

李文藻為錢大昕弟子，喜藏書，晉涵常與之校書論學。《古文尚書考》乃「吳派」大師惠棟之名作，彼時尚未刊刻流行，晉涵等有幸先睹為快。觀此跋文，可知邵氏頗有意從事辨僞考據之學。

　　乾隆三十四年（1769）春，晉涵常與戴震、程晉芳、羅有高（1733～1778）諸人相過從。〔註22〕九月，復將戴震《經考》五卷校閱一過，李文藻記曰：「是書從河間紀先生處借錄，經餘姚邵二雲手校一過，無甚錯訛矣。」〔註23〕

〔註20〕章學誠：〈邵與桐別傳〉，《章氏遺書》，卷18，頁5，總頁395。

〔註21〕轉引自王獻唐：〈李南澗之藏書及其他〉，載《山東省立圖書館季刊》第1卷第1期，1931年，「論著」頁119～120。

〔註22〕潘奕雋：〈書尊聞居士集後〉，《三松堂集》（據嘉慶刻本影印），載《續修四庫全書》第1461冊，文卷2，頁27，總頁88。

〔註23〕戴震：《經考》（據李文藻家抄本影印），載《續修四庫全書》第172冊，卷末，總頁599。

是年冬，晉涵寓居法源寺旁之蓮華庵，戴震弟子段玉裁前來借書，爲《詩經韻譜》、《群經韻譜》作注。每注成一部，晉涵即錄寫副本。〔註24〕次年，邵氏將《詩經韻譜》副本交與錢大昕，大昕閱後致書段氏，謂是編「於古人分部及音聲轉移之理，何其審之細而辨之確也。」〔註25〕

戴、段乃乾嘉考據學「皖派」之代表人物，精通文字聲韻之學，晉涵既與之往復論學，又悉心校錄其著述，可見彼此多有相契之處。

乾隆中，宗漢學、重據學之風已蔚然大觀。朱筠、錢大昕等藉科舉取士之機大加提倡，戴震、段玉裁等漸以講求考據而馳譽天下。晉涵恰逢其會，加之天分素高、學養本厚，從遊錢、朱之門，與戴、段諸人以學術相激勵，其治學之方法與領域，自然更加趨向訓詁考據一端。

第二節　《韓詩內傳考》發覆

《韓詩內傳考》寥寥十餘頁，並非邵氏之重要著述，且僅有孤本傳世，流傳不廣，故時賢從未論及此書。然細考其撰述始末，勾稽其文本異同，進而將其與邵氏之經學相參證，則所獲匪淺。以此書爲例，頗可考見晉涵所受樸學浸染之深。故本節不揣淺陋，願首發其覆。

一、「昔年抄錄《韓詩》」之草稿

《韓詩內傳考》只有一部抄本存世，乃沈復粲（1779～1850）鳴野山房所抄存，其中並無序跋可資參考。〔註26〕今藉邵氏自述與諸家記載，以瞭解此書之撰述始末。

首先，邵晉涵致章學誠函中曾提及：

> 昔年抄錄《韓詩》，心好《薛君章句》能得太傅之意，爲章句者，自宋元諸儒皆以爲千乘太守薛漢也。讀《唐書》〈宰相世系表〉，知爲薛夫子所撰，而子漢傳其書。《後漢書》〈馮衍傳〉注亦引「薛夫

〔註24〕段玉裁：〈寄戴東原先生書〉，《六書音均表》（據乾隆四十一年富順官廨刻本影印），載《續修四庫全書》第 244 冊，卷首，總頁 550。

〔註25〕錢大昕：〈與段若膺書〉，《潛研堂文集》，載《續修四庫全書》第 1439 冊，卷 33，頁 5a，總頁 70。

〔註26〕邵晉涵：《韓詩內傳考》（據鳴野山房抄本影印），載田國福編：《歷代詩經版本叢刊》（濟南：齊魯書社，2008 年）第 28 冊，頁 19～27。

子《章句》」，當得其實。……繼取《後漢》〈儒林傳〉考之，始知〈薛漢傳〉中有缺文，當云：「父夫子，以章句著名，漢少傳父業」，刻本脫一夫字，遂至文義不明耳。〔註27〕

此外，晉涵復致函朱筠曰：

《爾雅正義》隨時編戢，尚未得定本。唐裴瑜《爾雅注》，未知全書尚存否？今以《酉陽雜俎》所引者考之，如以鶬爲九頭鳥，本於《韓詩》，其書當有可採。〔註28〕

此兩函時間相近。晉涵與學誠於乾隆三十六年（1771）冬，同遊於朱筠幕下，筠時任安徽學政。晉涵離開安徽，則在三十七年（1772）六月以後。〔註 29〕今觀晉涵致朱筠書，中曰：「入夏來伏惟清善，……去歲晨夕追隨，得執業請益。自秋杪拜別……，或秋末可到鳳陽謁見耳。」〔註 30〕可知晉涵與朱、章拜別，在三十七年秋末，〈與朱筍河學士書（三）〉蓋作於三十八年（1773）夏間。復考其致學誠書，首曰：「別離如昨，倏及三旬，想興居安吉。」〔註 31〕三旬，一月之謂也，可知〈與章實齋書〉必作於乾隆三十七年底，蓋無疑義。

　　晉涵〈與章實齋書〉中考辨《薛君章句》實爲薛夫子所撰，固是新解卓識。今觀其《韓詩內傳考》，首條即《後漢書》〈明帝本紀〉李賢注：「《薛君章句》曰：詩人言雎鳩貞潔愼匹，以聲相求……」，次條即函中所述之《後漢書》〈馮衍傳〉李賢注：「薛夫子《韓詩章句》曰：詩人言雎鳩貞潔，以聲相求……」，並於其下自注曰：「按：此注與〈明紀〉注稍有同異。又，薛夫子之名僅見此。」〔註 32〕與函中所言，皆可覆按。可知函中所云「昔年抄錄《韓詩》」，當指纂輯《韓詩內傳考》一事，其起始時間，則在乾隆三十七年以前。

　　觀乾嘉諸儒爲邵氏所作碑傳，皆曾提及此書。如洪亮吉所記：「服官後，又爲《孟子述義》、《穀梁古注》、《韓詩內傳考》，並足正趙岐、范甯及王應麟之失，而補其所遺。」〔註 33〕謂是書乃「服官後」所作，實屬誤記。〔註 34〕

〔註27〕邵晉涵：〈與章實齋書〉，《南江文鈔》，卷8，頁 14，總頁 481。
〔註28〕邵晉涵：〈與朱筍河學士書（三）〉，《南江文鈔》，卷8，頁 9a，總頁 479。
〔註29〕黃雲眉：《邵二雲先生年譜》，頁 21～27。
〔註30〕邵晉涵：〈與朱筍河學士書（三）〉，《南江文鈔》，卷8，頁 9～10，總頁 479。
〔註31〕邵晉涵：〈與章實齋書〉，《南江文鈔》，卷8，頁 11a，總頁 480。
〔註32〕邵晉涵：《韓詩內傳考》，頁 1，總頁 19。
〔註33〕洪亮吉：〈邵學士家傳〉，《卷施閣文甲集》卷 9，《洪亮吉集》，頁 192～193。
〔註34〕邵晉涵於乾隆三十六年進士及第，隨即歸班候選。至乾隆三十八年，四庫館開，方特旨改翰林院庶吉士，任纂修官。

而其所謂「正王應麟之失」，乃指是書足以補正王應麟《詩考》之疏漏。錢大昕亦曾稱讚此書「實事求是，有益於學」。〔註35〕錢、洪與晉涵交往密切，從其推崇之口吻推測，似乎二人皆曾獲睹此書。然王昶述及邵氏之著述，曾曰：「又有《孟子述義》、《韓詩內傳考》、《穀梁正義》諸書未成，皆藏稿於家，子秉華將彙而錄之，以惠來者。」〔註36〕可見此書實屬邵氏未定之草稿，其是否如錢、洪所述那般精審，便令人懷疑。王昶並云晉涵之子秉華欲刊刻此書，今觀阮元所作〈南江邵氏遺書序〉，言之甚詳：

> 今令子秉華等復刊《南江札記》四卷、《南江文鈔》若干卷，次第皆成。尚有《南江詩鈔》十卷、《韓詩內傳考》一卷、《舊五代史考異》、《宋元事鑑考異》、《大臣諡跡錄》、《方輿金石編目》若干卷未刊，將次第刊之，以貽學者。〔註37〕

所謂「南江邵氏遺書」，即邵秉華所刻晉涵遺稿之總稱，惜乎僅刻出《南江札記》、《南江文鈔》（四卷本）兩種，其餘皆付之闕如。觀阮元所述，可知秉華已將《韓詩內傳考》錄成一卷，只待刊刻，然終未得償所願。

是書既未付刻，乃至流傳稀少。陳壽祺〈南江詩文鈔序〉曰：「所撰《爾雅正義》外，有《孟子述義》、《穀梁正義》、《韓詩內傳考》……，卒後，書皆佚不傳。」〔註38〕此序作於道光五年（1825），距邵氏之歿僅三十餘年，《內傳考》竟幾至亡佚。且陳氏父子素以三家《詩》輯佚名家，對《內傳考》必有一番搜尋之勞，然終未尋得，益可知此書流傳之稀。所幸今尚有一抄本存世，令後人得藉此書以觀晉涵學術之一側面。

二、為「取證《雅》訓」而作

晉涵謂「心好《薛君章句》能得太傅之意」，〔註39〕可見平日亦留心於詩意之闡發，然其輯《韓詩》之動機卻不在此。觀其用意所在，蓋欲「存古義」，即為撰寫《爾雅正義》積累訓詁材料。觀其〈與朱笥河學士書〉，便可窺得一

〔註35〕 錢大昕：〈日講起居注官翰林院侍講學士邵君墓誌銘〉，《潛研堂文集》，卷43，頁22b，總頁178。
〔註36〕 王昶，《蒲褐山房詩話》（臺北：廣文書局，1973年，據毛慶善稿本影印），總頁203。
〔註37〕 阮元：〈南江邵氏遺書序〉，載邵晉涵：《南江札記》，頁4。
〔註38〕 陳壽祺：〈南江詩文鈔序〉，載邵晉涵：《南江文鈔》，頁1，總頁323。
〔註39〕 邵晉涵：〈與章實齋書〉，《南江文鈔》，卷8，頁14，總頁481。

二，函中所謂裴瑜《爾雅注》「本於《韓詩》」之一條，〔註40〕今即見於《韓詩內傳考》中：

> 《韓詩》云：孔子渡江，見之異，眾莫能名。孔子嘗聞河上人歌曰：「鶬兮鴰兮，逆毛衰兮，一身九尾長兮。」鶬，鴰也。（《廣韻》十三末）〔註41〕

檢《爾雅正義》，於「鶬，麋鴰」之下，邵氏疏曰：

> 案，《酉陽雜俎》引裴瑜《爾雅注》云：「是九頭鳥。」案，九頭之鳥，即《廣韻》引《韓詩》謂孔子渡江所見者，乃奇鶬，非麋鴰也。〔註42〕

可知輯佚《韓詩》之成果，確被晉涵寫入《爾雅正義》之中。

《爾雅正義》乃晉涵最富盛名之著作，始撰於乾隆三十七年（1772）前後。其自序曰：

> 郭注體崇矜慎，義有幽隱，或云未詳。今考齊魯韓《詩》，馬融、鄭康成之《易》注、《書》注，以及諸經舊說，會稡群書，尚存梗概，取證《雅》訓，辭意瞭然……，所以存古義也。〔註43〕

今細閱《爾雅正義》，其徵引《韓詩》者，除《韓詩外傳》外，多至一百二十餘條，其中十九皆見於《韓詩內傳考》。兩書對讀，既可藉《正義》以觀其輯佚學之精微，亦可藉《內傳考》而明其訓詁學之一端。

此外，晉涵為洪亮吉《漢魏音》作序曰：

> 古音至漢而一變。鄭康成注《詩》、《禮》，多述古文古音，言古者正以見當時之異讀。推之於孟喜京房《易章句》、齊魯韓三家《詩傳》、《春秋》三傳，後先著竹帛，文字異同，皆音之遞轉。〔註44〕

可見晉涵搜集《韓詩》佚文，亦有「存古音」之用意。益可知邵氏所受樸學風氣影響之深。

乾嘉諸儒治經，多始於纂輯漢儒遺說。如惠棟精研《易》學，前後三十載，晚撰《周易述》一編，享譽天下。觀其用功之始，乃致力於纂輯鄭玄、

〔註40〕邵晉涵：〈與朱笥河學士書（三）〉，《南江文鈔》，卷8，頁9a，總頁479。
〔註41〕邵晉涵，《韓詩內傳考》，頁18b，總頁27。按：括號中之文字乃原書小注，下同。
〔註42〕邵晉涵：《爾雅正義》，卷18，頁5b，總頁287。
〔註43〕邵晉涵：〈爾雅正義序〉，《爾雅正義》，頁2a～3b，總頁35～36。
〔註44〕邵晉涵：〈漢魏音序〉，《南江文鈔》，卷5，頁38a，總頁431。

荀爽、虞翻諸人之遺說，先成《易漢學》八卷。晉涵爲撰寫《爾雅正義》，嘔心瀝血十餘載，爲獲得訓詁材料，親手纂輯諸經古注、漢儒遺說，《韓詩內傳考》僅爲其中之一種。

三、尚不及《詩考》詳審

據《漢書》〈藝文志〉，有《韓故》三十六卷、《韓內傳》四卷、《韓說》四十一卷。邵氏所謂「韓詩內傳」，實爲泛指，蓋與「外傳」相對言，非專指《韓內傳》而言。所遇《韓詩》遺說，凡不見於《韓詩外傳》者，皆採入《韓詩內傳考》中。

是書僅一卷，計十九頁，共輯錄《韓詩》佚文二百九十二條。全書但事輯錄，不加考證之語。每條佚文之後，附注引書出處，偶有案語，亦稍涉文字異同而已。佚文依《詩經》各篇之順序編排，未附原文，惟所輯「發，亂也」〔註45〕等過於簡略者，方加上「無發我笱」等原句，以資識別。至於「舜漁雷澤」等不知所屬者，〔註46〕則附於全書之末。

今日猶可注意者，乃其所據之書，與處理文獻之方式。是書所據以輯佚者，以《經典釋文》、《文選》李善注、《後漢書》李賢注三書爲主，旁及《說文解字》、《廣韻》、《漢書》、《漢書》顏師古注、《風俗通義》、《白虎通義》六書，並無罕見秘籍。所輯得之各條佚文，皆據原書抄錄，而不作刪併與整理。

茲於《韓詩內傳考》中擇其十五〈國風〉各條，逐一與王應麟《詩考》對讀，以觀兩書之得失高下。〔註47〕以所輯佚文之條目而論，邵書有而王書無者，僅七條，王有而邵無者，除《韓詩外傳》之十二條，尚多達五十一條。以所徵引之書目而論，邵書所據以輯佚者，僅《經典釋文》、《文選》李善注、《後漢書》李賢注三部而已。王書所據，除以上三種外，另有《毛詩正義》、《儀禮疏》、《周禮疏》、《說文通釋》、《集韻》、《玉篇》、《漢書》、《漢書》顏師古注、《說苑》、《初學記》、《太平御覽》、《藝文類聚》、《曹植集》。兩書相較，可謂規模迥異。

〔註45〕邵晉涵：《韓詩內傳考》，頁 4a，總頁 20。
〔註46〕同上，頁 18b～19，總頁 27。
〔註47〕王應麟：《詩考》，載《景印文淵閣四庫全書》第 75 冊，頁 1～13，總頁 599～605。

其中尤可證邵書之缺漏者，乃王書中多出之五十一條，有十五條引自《經典釋文》、《文選》李善注、《後漢書》李賢注三書。茲錄之如下：

摽有楳（《釋文》）；

水一溢而爲渚（《文選》注；《薛君章句》）；

契闊，約束也（《釋文》；《文選》注：「括，約束也。」《薛君章句》）；

密勿同心。密勿，僶俛也（《文選》注）；

嬿婉，好貌（《文選》注；《說文》作「暥婉」）；

實維我直。直，相當值也（《釋文》）；

止節，無禮節也（《釋文》）；

尤，非也（《文選》注；《薛君章句》）；

偈，桀侹也，疾驅貌（《文選》注）；

戉，舍也（《釋文》）；

萑，芫蔚也（《釋文》）；

萧，儲也（《釋文》）；

勺藥，離草也。言將離別，贈此草也（《釋文》）；

其魚遺遺，言不能制也（《釋文》）；

縭，帶也（《章句》；《文選》注）。〔註48〕

將以上諸條與原書核對，一一符合，可見確爲邵氏所漏輯。據此，可知洪亮吉所謂邵書「足正王應麟之失」，且「補其所遺」，乃溢美之詞，絕不可信。

至於兩書處理佚文之方式，差異頗大。如邵書據《文選注》輯「漢廣」一條：

〈漢廣〉，悅人也。《詩》曰：「漢有游女，不可求思。」薛君曰：「游女，謂漢神也。」（《文選》〈琴賦〉注）〔註49〕

檢《文選》原書，李善注之原文爲：

《韓詩序》曰：「〈漢廣〉，悅人也。」《詩》曰：「漢有游女，不

〔註48〕王應麟：《詩考》，頁 4b～13a，總頁 600～605。按：諸條相距甚近，爲避免冗贅，不一一注出。括號中之文字，乃應麟原書之小注，下同。

〔註49〕邵晉涵：《韓詩內傳考》，頁 2b，總頁 19。

可求思。」薛君曰：「游女，謂漢神也。」〔註50〕

可知邵書直接據原文抄錄，不作任何處理。反觀《詩考》，此條爲：

〈漢廣〉

　　悦人也（《文選》注：《韓詩序》）。不可休思（《外傳》）。游女，

　　謂漢神也，言漢神時見，不可求而得之（《薛君章句》；《文選注》）。

〔註51〕

將《文選》注原文拆散，以「悦人也」歸諸《詩序》，以「薛君曰」云云歸諸《薛君章句》，至於「《詩》曰」云云，徑刪之。

　　通過對比，可知邵氏纂輯《韓詩內傳考》時，並未採用其鄉賢王應麟《詩考》之輯佚成果。僅從手頭幾部書中摘錄《韓詩》佚文，將之稍加排列而已，亦未作過多整理。

　　邵晉涵〈史記集解提要〉有言：「史文同於《韓詩》者，駟多引薛君注。」〔註52〕可見並非不知《史記集解》中收有《韓詩》佚文。其之所以未將《韓詩內傳考》補充完善，蓋因此數十頁草稿，不過是爲撰寫《爾雅正義》所抄錄之資料，其本意並不欲撰成一部輯佚《韓詩》之專著。

四、結　論

　　通過以上考辨，可獲得如下結論：

　　其一，《韓詩內傳考》乃邵晉涵早年爲撰寫《爾雅正義》所抄錄之資料，本非一部著作。全書僅據手頭幾部常見典籍抄錄而成，頗多疏漏。然既屬「資料集」之性質，其疏漏亦不足爲晉涵病。王應麟乃浙東名儒，《詩考》一編流傳亦廣，晉涵輯錄《韓詩》，當已獲睹王書。然《詩考》對原文多有刪併，已非一手材料，晉涵爲求得更爲可靠之訓詁材料，只得另起爐灶，重新搜集。觀此一端，可見其學風之篤實。

　　其二，邵秉華不解乃父原意，欲將《韓詩內傳考》整理刊行。晉涵歿後，秉華從篋中檢得此稿，見其首尾完整，便不加深察，欲將之繕寫刊刻。且遍請名流書傳作序，無不提及是書，令天下人皆知邵晉涵撰有《韓詩內傳考》。

〔註50〕蕭統纂，李善注：《文選》（臺北：藝文印書館，2012 年，據嘉慶十四年鄱陽胡氏刻本影印），卷34，頁20b，總頁496。按，此條見於〈七啓〉注，〈琴賦〉注亦引此事（卷18，頁21b，總頁265），但文有節略。

〔註51〕王應麟：《詩考》，頁3a，總頁600。

〔註52〕邵晉涵：〈史記集解提要〉，《南江文鈔》，卷12，總頁568。

殊不知若此書刻成流傳，必將招致疏漏之譏。且秉華等捨本逐末，其業已刻成者，不過《南江札記》、《南江文鈔》各四卷；〔註 53〕乃父之重要著作，反不加留意，致使失傳於世。吾人今日每閱及晉涵之殘篇斷簡，不得不稍咎於其子也。

其三，洪亮吉、錢大昕等所作家傳墓誌，益使後人徒增誤解。洪亮吉與晉涵同官京師，邵歿前數日，猶相與唱和。然亮吉所撰〈家傳〉，謂《韓詩內傳考》「足正王應麟之失，而補其所遺」。其實亮吉並未獲睹此書，但聽邵秉華述及先人遺作，便書此數語。至於錢大昕之〈墓誌〉，亦讚是書「實事求是，有益於學」，想亦未讀此書。大昕對晉涵極為賞識，知邵氏學問精深，學風謹嚴，聽秉華道及是書，自然讚揚有加，此亦人之常情。然吾輩於此等不實之處，須再三留意。當知縱使相交至篤之人，治學極嚴之士，其所撰碑傳序跋，亦難免有溢美之詞。

《韓詩內傳考》作為探討晉涵治學方法與著述歷程之材料，自有其價值所在。然就《詩經》學而言，此書既屬未成之草稿，其輯佚之方法與成就亦無獨到之處，且流傳甚稀，本不欲深論其影響。

然偶閱及錢玷〈韓詩內傳並薛君章句考序〉，中曰：

> 《韓詩》既亡之後，搜掇殘剩者，自宋王伯厚始。顧《詩考》一書兼及齊、魯，於韓且有漏遺。……餘姚邵二雲晉涵有《韓詩內傳考》，金溪王仁圃謨有《韓詩拾遺》，韓學於是有專門矣。洪稚存亮吉稱邵學士所著足正伯厚之失而補其遺，余觀其稿，蓋未成之書也。〔註 54〕

此序視《韓詩內傳考》為專輯《韓詩》之鼻祖，頗有探討之意義。觀晉涵是書之後，《韓詩》輯佚之專著，如宋綿初《韓詩內傳徵》、臧庸（1767～1811）《韓詩遺說》、陳喬樅（1809～1869）《韓詩遺說考》之類，可謂層出不窮，便可知錢氏「韓學於是有專門」一語之不虛。

〔註 53〕今所傳十二卷本《南江文鈔》，乃邵晉涵之門人孫爾準（1770～1832）委託胡敬（1769～1845）所刻。

〔註 54〕轉引自周何編：《詩經著述考（一）》（臺北：國立編譯館，2004 年）冊下，頁 2311。

第四章　名山夜雨成千古
——遊幕中之論學與沉思

　　乾隆三十六年（1771）春，邵晉涵高中會試頭名，殿試名列二甲，賜進士出身。惜乎未入翰林，只得歸班等候，以待苦熬數年後，獲得一任知縣。然進士及第，功名已盡，歸班待選，正可藉此著書立言。

　　邵氏此時請人畫《姚江歸棹圖》，頗見其用意所在。洪亮吉題之曰：

> 黯然歸，一肩行李，春風不遣人住。姚江雙槳悠悠去，去也更休回顧。天意苦，要汝是，名山夜雨成千古。功名射虎，只互互平生，才皆中下，李蔡豈君伍。〔註1〕

勉勵晉涵莫以仕途失意爲念，當以著書名山爲業。黃景仁（1749～1783）題之曰：

> 鳳池奪我膺傷，有浦上秋風舊草堂（原注：所居地名秋風浦）。況傳家《易》在，繙而再注，故侯瓜好，熟矣堪嘗。其果行耶，樂寧有是，只惜蒼生望一場。披圖羨，羨名山歲月，到手差強。〔註2〕

宋儒邵雍（1011～1077）精通《易》學，被餘姚邵氏奉爲始祖。武進人邵長蘅（1637～1704）名冠清初文壇，本與餘姚邵氏無甚關聯，然乾嘉諸儒多將其與晉涵並稱。長蘅號「青門」，蓋取秦東陵侯召平「青門種瓜」之典故。景仁以名儒才士相激勵，以名山之業相期望，晉涵實能當之。

〔註1〕洪亮吉：〈買坡塘・邵二雲《姚江歸棹圖》〉，《更生齋詩餘》卷2，《洪亮吉集》，頁2129。

〔註2〕黃景仁：〈沁園春・題邵二雲《姚江歸棹圖》〉，《兩當軒全集》（據咸豐八年黃氏家塾刻本影印），載《續修四庫全書》第1474冊，卷18，頁10，總頁457。

第一節　客居朱筠幕

　　乾隆三十六年冬，朱筠任安徽學政，邵晉涵追隨入皖。同寓幕中者，尚有洪亮吉、黃景仁、章學誠、王念孫、汪中諸人，彼此以學問相激勵。洪亮吉曾曰：「亮吉始識君，與同客安徽學使者署，見君一字未定，必反覆講求，不歸於至當不止。」〔註3〕可想見彼時友朋切磋論學之盛。

　　如前文所述，晉涵從遊錢大昕、朱筠之門，與戴震、段玉裁諸人切磋論學，深受乾嘉考據學風之浸染，已呈現出學宗漢儒、廣注群經之學術傾向。此時客居朱筠幕中，座主既「以維持漢學為職志」，同儕諸人亦多熱衷於樸學，彼此影響激勵，所謂「名山之業」，經史考據自然佔很大比重。

　　乾隆三十七年（1772），洪亮吉、邵晉涵相與賦詩，從中頗可考見彼此之學術旨趣。亮吉之詩曰：

>　　自從熹平來，經史毒霧蒸。新蕪暨陳荼，誰薙千畝芀。
>
>　　……
>
>　　後來群師儒，庀言競鈔謄。私為一家說，邅辯淄與澠。
>
>　　宗規既守株，勸義若裂繒。不逢朱弦彈，瓦鼓還鏊鏊。〔註4〕

謂經學自東漢末年已為諸儒所亂，其後千餘年，學者皆墨守成規，未能披荊斬棘。又曰：

>　　逮今遇吾子，匪伊異人勝。乾坤師儒席，位置理亦應。
>
>　　……
>
>　　風裁此吾師，敢云誼則朋。相期事黽勉，道統開雲仍。〔註5〕

此時亮吉年方廿五，頗有向學之志。欲直追漢儒之學，以廓清經學慨然自任，並激勵晉涵共持道統。

　　晉涵觀亮吉之詩，和之曰：

>　　吁嗟瓜園後，大道埋榛芀。火燎勢中裂，川沸氣上滕。
>
>　　淹中述游夏，棘下保杞酀。枕膝授芨滋，祕義得未曾。
>
>　　秦延廣師說，煩言亦可矜。敷陳若稽古，志豈邀祠蒸。
>
>　　高密彙群言，屹若堂墙增。中聲定律呂，候氣得互拒。〔註6〕

〔註3〕洪亮吉：〈邵學士家傳〉，《卷施閣文甲集》卷9，《洪亮吉集》，頁192。
〔註4〕洪亮吉：〈贈邵進士晉涵八十韻〉，《附鮚軒詩》卷3，《洪亮吉集》，頁1959。
〔註5〕同上，頁1959～1960。
〔註6〕邵晉涵：〈次洪稚存見贈原韻〉，《南江詩鈔》，卷3，頁25a，總頁646。

盛讚漢代鄭玄諸儒護持文獻之功，考訂群經之勞。且謂漢儒心術醇正，終身致力於學術研究，未嘗爲名利所制約。繼之曰：

> 誰傳《聖證論》，異義相削馮。清言繼颷起，防泆俄騫崩。
>
> 冥心從臆決，蠱語終瞢瞢。蠶老自纏繭，蛾昧欲撲燈。
>
> 班生識祿利，揚子嗤名稱。變本彌加屬，一決頹溝塍。
>
> 陳言強皮傅，百手爭鈔謄。汲古資深源，曷不泝洤澠。〔註7〕

謂經學自王肅始亂，繼之以魏晉清談，空說義理，遂至每況愈下。諸儒爲利祿所誘，陳陳相因，不敢有所廓清。又曰：

> 百心挽之東，獨力健者勝。束身弦誦間，撧折理亦應。
>
> 逡巡正昧朔，圭蓺傳高曾。旦亡利牿脫，夕惕懷冰兢。
>
> 不逢澹雅才，微言誰與徵。〔註8〕

欲力挽狂瀾，非學問博雅、心術醇正之儒不能辦此。又曰：

> 知君兼人勇，果決超先乘。願以嗜學心，望古逌然興。
>
> ……
>
> 伊余疏檢律，結體多疢痛。遺文思網羅，椓漏張缺罾。〔註9〕

明言學問之途，當自網羅遺文始。

　　觀此兩詩，知邵、洪立意之高，皆欲以學宗漢儒、廣注群經爲畢生事業。

　　邵晉涵《南江文鈔》卷八，有與程晉芳、吳裕德、朱筠、章學誠、錢大昕諸人論學書札數函，考其時間，皆撰於乾隆三十七年前後。細讀書札，可知晉涵一生之著述計劃，此時已基本釐定：其一爲《爾雅正義》，其二爲《孟子述義》，其三爲《儀禮箋》，其四爲《大戴禮記》曾子十篇、《禮記》子思子四篇注，其五爲《宋志》。〔註10〕此份計劃，可謂浙東學術與乾嘉考據相互激蕩之典型產物。

第二節　論學章實齋

　　邵晉涵、章學誠二人初識於乾隆三十六年（1771），地點爲京師，學誠言之甚明：「辛卯始識與桐，欲訪書昌，時二君甫成進士，俱罷歸銓部，意不自

〔註7〕邵晉涵：〈次洪稚存見贈原韻〉，《南江詩鈔》，卷3，頁25b，總頁646。

〔註8〕同上。

〔註9〕同上，頁26，總頁647。

〔註10〕邵晉涵：《南江文鈔》，卷8，頁1～18，總頁475～483。

得，先後出都門。」〔註11〕書昌指周永年，後與晉涵同被徵入四庫全書館。此時學誠尚未中舉，晉涵雖甫中進士，然館選落第，亦不甚得意。然此時兩人尚未深談，至是年冬，同客於安徽朱筠幕下，方有深入論學之契機。

一、論前朝遺事

邵、章結交論學之前，兩人之學術風格頗有差異。章學誠曾致邵晉涵一札，所談雖為戴震之學問心術，卻也順便揭示出邵、章兩人早年之學術差異。文曰：

> 丙戌春夏之交，僕因鄭誠齋太史之言，往見戴氏休寧館舍。詢其所學，戴為粗言崖略，僕即疑鄭太史言不足以盡戴君。……求能深識古人大體，進窺天地之純，惟戴氏可與幾比。〔註12〕

函中述及乾隆三十一年（1766）章、戴初次相見之情形，余英時已有專篇討論。〔註13〕然函中道出邵、章兩人早年之學術分歧，卻少為人所注意。其文曰：

> 當時中朝薦紳負眾望者，大興朱氏，嘉定錢氏，實為一時巨擘。其推重戴氏，亦但云訓詁名物，六書九數，用功深細而已。及舉〈原善〉諸篇，則群惜其有用精神耗於無用之地。僕於當時，力爭朱先生前，以謂此說似買櫝而還珠，而人微言輕，不足以動諸公之聽。足下彼時，周旋嘉定、大興之間，亦未聞有所抉擇，折二公言，許為乾嘉學者第一人也。〔註14〕

學誠推崇戴震之義理學，謂〈原善〉諸篇究天人性命之說，識古人之大體。晉涵則認同錢大昕、朱筠之觀點，推崇戴震之考據學。謂戴氏撰寫〈原善〉，不離宋人空說義理之習氣，實為浪費精力之舉。

兩人之學術風格既各有側重，何以一朝相與論學，即能契合隱微？其中緣由，頗可玩味。學誠曰：

> 時余方學古文辭於朱先生，苦無藉手。君輒據前朝遺事，俾先生與余各試為傳記，以質文心。其有涉史事者，若表志記注、世繫

〔註11〕章學誠：〈周書昌別傳〉，《章氏遺書》，卷18，頁25a，總頁405。
〔註12〕章學誠：〈答邵二雲書〉，《章學誠遺書·佚篇》，頁645。
〔註13〕余英時：《論戴震與章學誠：清代中期學術思想史研究》，頁7～17。
〔註14〕章學誠：〈答邵二雲書〉，《章學誠遺書·佚篇》，頁645。

年月、地理職官之屬，凡非文義所關，覆檢皆無爽失。由是與余論
史，契合隱微。〔註15〕

晉涵令學誠所折服者，約有兩點。其一，爲嚴謹之學風。晉涵雖僅爲章學誠、
朱筠提供撰文素材，仍注重史實之精確詳審。

其二，則是對浙東學術「傳文獻」之繼承。學誠曰：「邵出《介三文鈔》，
有明季遭亂婦女之死節者數通，俾余與朱先生據宋氏文而改爲之，蓋宋君所
敘事多可採，而文不稱也。」〔註16〕所謂《宋介三文鈔》，乃歙縣人宋和所撰，
今已難覓其詳。然就其多載明末死節事跡觀之，當與全祖望《鮚埼亭集》相
近。朱筠文集中有〈書羅烈婦李事〉，大略曰：

> 順治二年乙酉，王師下揚州府。有新城廣儲門中樊家園羅烈婦
> 死火事，同死者凡十二人。歙人宋和爲作傳，余讀其言，不準於法，
> 爲改書之。……余蓋得宋和傳於餘姚進士邵晉涵云。〔註17〕

據其自注，此文撰於乾隆三十七年（1772）正月。文中載揚州屠城時，羅仁
美妻李氏爲免遭清兵所辱，率家中婦女十二人自焚於小樓之上，極爲壯烈。
朱筠此時另撰有一篇〈書烈婦景事〉，文曰：

> 烈婦景者，故明中書舍人餘姚沈之泰妻也。順治四年七月，王
> 師破浙江之舟山，魯王走閩海中，之泰被執不降，斬於杭州。令所
> 在籍其家，景聞之自經，顏色如生。……至今餘姚人猶稱道其事，
> 餘姚進士邵晉涵爲余言之。〔註18〕

此外，學誠亦撰有〈景烈婦傳〉，文曰：「歲月久遠，鮮能道其詳。縣人邵進
士晉涵爲學誠言其崖略，去今百年，猶凜烈有生氣可傳也。」〔註19〕可見晉
涵不僅爲朱、章提供文獻，還親口講述忠臣烈婦之事跡。其苦心亦不難推測，
自是欲藉朱筠等當代名士之筆，使李、景諸氏之節烈事跡爲天下所熟知。晉
涵對晚明文獻之熟諳，以及表彰忠孝節烈之苦心，令學誠大爲折服，爲兩人
深入論史提供契機。

〔註15〕章學誠：〈邵與桐別傳〉，《章氏遺書》，卷18，頁7a，總頁396。
〔註16〕章學誠：〈丙辰箚記〉，《章氏遺書》，外編，卷3，頁58a，總頁891。
〔註17〕朱筠：〈書羅烈婦李事〉，《笥河文鈔》（據清刻本影印），載《續修四庫全書》
　　　　第1440冊，卷2，頁38，總頁55。
〔註18〕朱筠：〈書烈婦景事〉，《笥河文鈔》，卷2，頁40，總頁56。
〔註19〕章學誠：〈景烈婦傳〉，《章氏遺書》，卷20，頁22，總頁450。

二、論邵廷采

　　兩人論史之另一契機，便是晉涵之族祖邵廷采。結識學誠前，晉涵對廷采之學行已有瞭解。晉涵祖父向榮曾師事廷采，得其指授頗詳。而晉涵少時又常隨侍於乃祖左右，在其嚴厲教導下讀書求學。嘗曰：「晉涵逮事王父，故得聞先生遺事甚詳。」〔註20〕可知幼時已從祖父處熟知頗多廷采遺事。邵廷采歿後，家道中落，子孫將《思復堂文集》書版抵押於當鋪。乾隆三十二年（1693），廷采次孫先益將《文集》書版贖回。此時晉涵已中舉，常往來於京師，得以廣結天下名儒，先益謂之曰：「家世自魯公傳陽明之學，迨至王父而獲有成書，遺編僅存，世無知者。……特有厚望於子，子能乞當世之立言者闡揚遺書，俾不終泯於世，死不恨矣。」〔註21〕晉涵聞言，慨然以表彰廷采自任。本欲先將《文集》整理校訂，惜「會有徐州之行，不暇為。」〔註22〕不久，先益去世，《文集》書版交晉涵家收藏。

　　至於章學誠，其對邵廷采之瞭解，實源自乃父章鑣（？～1768）之庭訓。學誠致長子貽選家書曰：

> 吾於古文辭，全不似爾祖父，然祖父生平極重邵思復文，吾實景仰邵氏而媿未能及者也。……而其名不出於鄉黨，祖父獨深愛之，吾由是定所趨向。其討論修飾得之於朱先生，則後起之功也，而根底則出邵氏，亦庭訓也。〔註23〕

視廷采為一生學術之根柢所在，可謂推崇備至。故而邵、章初次見面時，學誠便向晉涵詢問廷采著述之存佚：「都門初相見時，詢其伯祖邵廷采氏撰著，多未刻者，皆有其稿。」〔註24〕此外，復向眾人極力稱讚廷采之學術，抱廷采之文號於眾曰：「百餘年無此作矣，世有治古文而成學者乎？不能捨先生而他有所求矣。」〔註25〕

　　至乾隆三十六年冬，邵、章同寓朱筠幕下，言談之間，學誠盛讚廷采之《思復堂文集》，以為「五百年來罕見」。然晉涵「甚謙挹」，疑章氏因己之故而過譽廷采。學誠遂正色曰：

〔註20〕邵晉涵：〈族祖念魯先生行狀〉，《南江文鈔》，卷10，頁47b，總頁535。

〔註21〕同上，頁48a，總頁535。

〔註22〕同上。

〔註23〕章學誠：〈家書三〉，《章氏遺書》，卷9，頁69b，總頁207。

〔註24〕章學誠：〈與胡雒君論校胡稺威集二簡〉，《章氏遺書》，卷13，頁40，總頁262。

〔註25〕邵晉涵：〈族祖念魯先生行狀〉，《南江文鈔》，卷10，頁47b，總頁535。

　　班馬韓歐，程朱陸王，其學其文，如五金貢自九牧，各有地產，
不相合也。洪鑪鼓鑄，自成一家，更無金品州界之分，談何容易？
文以集名，而按其旨趣義理，乃在子史之間，五百年來誰能辨此？
晉涵雖諾，猶未「深然」其說。〔註 26〕此事恐貽人口實，謂晉涵對廷采知之
甚淺，不重視廷采之學術。〔註 27〕然平心而論，學誠之措辭，如班馬韓歐、
程朱陸王云云，不無誇張渲染之嫌，莫說評價「名不出於鄉黨」之邵廷采，
即以之論定顧炎武、黃宗羲諸儒，亦頗難令人信服。〔註 28〕而晉涵恰是一位
嚴謹學者，對學誠此番言論表示出些許懷疑，亦不足爲奇。

　　觀學誠之本意，無非推崇廷采之「著述成家」。謂《文集》中各篇文字彼
此相承，宗旨一貫，卒成一家之言，可與諸子之書相媲美。正如其在家書中
所說：「吾於史學，貴其著述成家，不取方圓求備，有同類纂。」〔註 29〕若學
誠能平心靜氣，將「著述成家」之說詳加闡述，而非過度渲染，以「程朱陸
王」云云眩人耳目，晉涵未必不「深然」其說。

　　欲判定晉涵此時對廷采學術之理解程度，當細讀其〈族祖念魯先生行狀〉
一文。〈行狀〉撰於乾隆三十七年（1772）正月，其後復請朱筠據之撰成〈邵
念魯先生墓表〉，欲藉朱氏之筆表彰廷采學行。〔註 30〕〈行狀〉篇幅甚長，考
其依據所在，約有三端：其一爲得自祖父口述之廷采遺事，其二爲得自目驗
之廷采遺著，其三爲龔翔麟（1658～1733）諸人所撰之墓誌碑傳。

　　〈行狀〉對廷采之成學歷程、學術特徵，敘之甚詳。文曰：

　　　　先生初至院中，年最少，立階下，聽國模講。國模撫其面曰：「孺
　　　子誌之，在知人，在安民。」居有間，先生問曰：「孩提之不學不慮，
　　　即堯舜之不思不勉，求之有道乎？」國模曰：「子知良知矣。持以敬，
　　　行以恕，道遠乎哉？」……先生始讀《傳習錄》，未有得。既讀《人

〔註 26〕章學誠：〈邵與桐別傳〉，《章氏遺書》，卷 18，頁 10，總頁 398。
〔註 27〕何冠彪：〈邵廷采三題〉，《明末清初學術思想研究》，頁 216～220。
〔註 28〕章學誠有時爲引人注意，在措辭中確有誇張修飾之處。如乾隆四十六年
　　　（1781），學誠欲向畢沅（1730～1797）謀一差事，遂請晉涵致信畢氏，並明
　　　言：「但不爲則已，果其爲之，不妨少假羽毛，高抗其說。」要晉涵在信中將
　　　他比作「碧海長鯨」。見章學誠：〈與邵與桐書〉，《章氏遺書》，卷 29，頁 69，
　　　總頁 749。
〔註 29〕章學誠：〈家書三〉，《章氏遺書》，卷 9，頁 69b，總頁 207。
〔註 30〕朱筠：〈邵念魯先生墓表〉，《笥河文鈔》，卷 2，頁 45，總頁 58。按：據文後
　　　自注，知撰於乾隆三十七年二月初一。

譜》，憬然曰：「吾迺知明心見性，未有不始於躬行實踐也。」由是
持守益謹。〔註31〕

謂廷采之研習王學，始於沈國模之教。後受劉宗周《人譜》啓發，遂以「躬
行實踐」爲一生學術根柢之所在。〈行狀〉述廷采日常行事甚詳，凡敦厚之
質、孝友之忱，皆採錄無遺。觀晉涵之意，實欲以此表見廷采躬行實踐之精
神所在。又曰：

> 初，吏部侍郎孫承澤、大學士熊賜履皆以闢王學爲己任，先後
> 居顯位，一時學士靡然向風。……先生既嫉之，以爲是不足辨，顧
> 在行事耳。從同邑黃宗羲問《乾鑿度》算法，從會稽董瑒受《陣圖》，
> 從保定王正中學西曆。將軍施琅振旅臺灣，先生遇之西湖，縱談沿
> 海要害，琅奇之，招俱北，謝弗往。遊鎮江，與梁化鳳部將習坐作
> 擊刺之法，匝月盡其技。遊淮安，從防河老卒問河淮變遷。徑走河
> 南，訪黃河故道。策馬出潼關，觀形勢，歎曰：「土則古所耕也，而
> 水利不復，奈何。」〔註32〕

當時攻擊王學者，大多持門戶之見，空談性理，黨同伐異，章學誠曾斥之爲
「僞陸王」。〔註33〕針對孫、熊諸人門戶之見，廷采不欲逞口舌之勇，轉而致
力於天算、地理、軍事、水利之學，留心於國計民生。晉涵於〈行狀〉中將
孫、熊之攻王學與廷采「經世致用」之學行相對言，與學誠用「各有事事」
之說駁朱陸門戶之見，甚爲契合。〔註34〕可見晉涵、學誠對於浙東學術之認
識，頗有相契之處。

廷采著書立說之動機與宗旨，〈行狀〉敘之甚詳。文曰：「先生遊四方，
無所遇。中夜起坐，念師友淵源之傳，恐及身而斬，又不忍及身而遽見其廢
墜也，乃思託著述以自見。」〔註35〕謂廷采欲掇拾文獻，參以己身之見聞，
梳理王學之傳授源流，此與今日之學術史研究相類似，與學誠所謂「以班馬
之業而明程朱之道」，〔註36〕不無相契之處。晉涵對於廷采〈陽明王子傳〉、

〔註31〕邵晉涵：〈族祖念魯先生行狀〉，《南江文鈔》，卷10，頁42b～43a，總頁532
　　　　～533。
〔註32〕同上，頁44，總頁533。
〔註33〕章學誠：〈朱陸〉，《章氏遺書》，卷2，頁26，總頁34。
〔註34〕章學誠：〈浙東學術〉，《章氏遺書》，卷2，頁24b，總頁33。
〔註35〕邵晉涵：〈族祖念魯先生行狀〉，《南江文鈔》，卷10，頁45b，總頁534。
〔註36〕章學誠：〈家書五〉，《章氏遺書》，卷9，頁71b，總頁208。

〈蕺山劉子傳〉、〈王門弟子傳〉、〈劉門弟子傳〉、〈宋遺民所知傳〉、〈明遺民所知傳〉、〈姚江書院傳〉諸篇之宗旨，敘述甚詳。如曰：

> 韓范沒而儒效疏，金許沒而儒術泯。陽明先生起，直揭良知，孟子之盡心也，拯溺戡暴，伊尹之自任也。異議蠭起，群言淆亂，而扶世翼教之心，揆前聖而一貫。作〈陽明王子傳〉。〔註37〕

謂此傳意在闡發王守仁廓清儒學之功，以及扶世翼教之心。又曰：

> 儒冠被迫，憤而爲僧，尋而被緇說法，別有師承矣。且末俗多僞，出處無恆，惟徐枋、顧炎武、陳恭尹諸子，完貞抱璞，信而有徵。作〈明遺民所知傳〉。〔註38〕

謂明遺民在清廷逼迫下，爲保持志節，多憤而爲僧。廷采此傳之苦心，不在於廣錄遺民，而是嚴格甄別，僅述信而有徵者。

　　總之，通過仔細研讀〈行狀〉，可知晉涵對廷采之成學歷程、學術特徵、著述宗旨，已有相當程度之瞭解。不能僅據〈邵與桐別傳〉之寥寥數語，便謂晉涵對廷采不瞭解、不推崇。

　　乾隆三十八年（1773）春，學誠訪晉涵於餘姚家中，兩人言談之間，又涉及邵廷采。晉涵曰：

> 近憶子言，熟復先念魯文，信哉如子所言。乃知前人之書，竟不易讀。子乃早辨及此，至今未經第二人道過，即道及，亦無人信也。先念魯得此身後桓譚，無憾於九原矣。

遂屬學誠校定《思復堂文集》，將重刻以行世，因原刻未盡善也。〔註39〕可知晉涵在學誠影響下，重新閱讀邵廷采之著述，感悟加深，遂覺章氏先前所言之不虛。

　　此事見於〈邵與桐別傳〉中章貽選之按語，以今觀之，貽選將晉涵之轉變歸功於乃父，當無疑問，然似將時間推後一年。其一，邵、章兩人對廷采之討論，始於乾隆三十六年，至歲末，晉涵歸家。以三十七年正月所撰之〈行狀〉推測，晉涵在家中當已熟讀廷采著作，方能在返回安徽後，立即撰就此篇長文。〔註40〕其二，〈行狀〉中說：「晉涵愧不能紹其家學，而得章君爲之

〔註37〕邵晉涵：〈族祖念魯先生行狀〉，《南江文鈔》，卷10，頁46a，總頁534。

〔註38〕同上，頁46b，總頁534。

〔註39〕章學誠：〈邵與桐別傳〉，《章氏遺書》，卷18，頁10，總頁398。

〔註40〕邵晉涵〈族祖念魯先生行狀〉：「壬辰春，晉涵來太平使院。」按：據此，可知晉涵於去年歲末返家。且按照傳統習俗，春節歸家當爲慣例，而浙、皖兩省相近，往返亦較爲便利。

推重，不遺餘力，潛德幽光，將賴以顯著。詹事嘉定錢先生稱章君爲先生後世桓譚，信矣。」〔註41〕此時已稱學誠爲廷采之「身後桓譚」。〔註42〕合此兩點觀之，貽選所敘晉涵之轉變，當出現在乾隆三十七年撰寫〈行狀〉之時。

三、論「著述成家」

晉涵對學誠推崇廷采之語未敢「深然」，還與全祖望有關。全氏《鮚埼亭集》中恰有一篇評論《思復堂文集》之文字，對廷采頗多指摘。文曰：「近來文士，大半是不知而作。如邵念魯爲是集，……讀書甚少，以學究固陋之胸，率爾下筆，一往謬誤。後生或見其集而依据之，貽誤不少。」〔註43〕謂廷采爲「學究」，謂其文乃「不知而作」，不無刻薄之處。全氏指出《文集》中十四條疏漏，今摘錄兩條。如〈王門弟子傳〉收入徐珊，謝山駁之曰：

> 徐珊初侍陽明，以不對試策著。及官辰州，以墨敗自裁。時人
> 爲之語曰：「君子學道則愛人，小人學道則縊死也。」姚江書院尚以
> 珊配享，至黎洲始斥之。念魯曾問文獻於黎洲，而不及此，乃以高
> 弟推珊，舛矣。〔註44〕

又如〈寧波萬氏世傳〉謂「（萬泰）子八人，著者斯年、斯大、斯同。」〔註45〕謝山駁之曰：

> 萬氏八子，最能紹蕺山之學，爲黎洲高弟者，曰斯選，當時以
> 康齋比之。斯大、斯同皆精於經，斯同並精於史。又其一曰斯備，
> 工於詩。而斯年最長，非諸弟匹也。〔註46〕

全氏之指摘，皆如此類。總之，謂廷采聞見未廣，考證欠精詳。

晉涵顯然已看到全氏此文。上所述乾隆三十八年正月，晉涵欲請學誠校訂《思復堂文集》，章貽選記曰：「念魯先生郊庠附學，窮老海濱，聞見容有未盡，所述史事不無一二錯舛。鄉之後起名流如全祖望，多排詆之，故先師以是爲屬。」〔註47〕明言晉涵之擔憂，正來自於全祖望。於是，邵、章兩人

〔註41〕邵晉涵：〈族祖念魯先生行狀〉，《南江文鈔》，卷10，頁48b，總頁535。

〔註42〕漢儒桓譚（約公元前23～公元50）在揚雄（公元前53～公元18）歿後，極力推崇雄之著述，故後人常用「身後桓譚」代指學術知己。

〔註43〕全祖望：〈答諸生問思復堂集帖〉，《鮚埼亭集外編》，卷47，頁15，總頁253。

〔註44〕同上，頁15b，總頁253。

〔註45〕邵廷采：〈寧波萬氏世傳〉，《思復堂文集》，卷3，頁159。

〔註46〕全祖望：〈答諸生問思復堂集帖〉，《鮚埼亭集外編》，卷47，頁16b，總頁253。

〔註47〕章學誠：〈邵與桐別傳〉，《章氏遺書》，卷18，頁10，總頁398。

針對全祖望指摘廷采之處，進行討論。學誠曰：

> 全氏通籍館閣，入窺中祕，出交名公鉅卿，聞見自宜有進。然
> 其爲文雖號大家，但與《思復堂集》不可同日語也。……至於數人
> 共爲一事，全氏各爲其人傳狀碑誌，敍所共之事，複見疊出，至於
> 再四。不知古人文集，雖不如子書之篇第相承，然同在一集之中，
> 必使前後虛實分合之間，互相趨避，乃成家法。而全氏不然，以視
> 《思復堂集》全書止如一篇，一篇止如一句，百十萬言若可運於掌
> 者，相去又不可以道里計矣。至於聞見有所出入，要於大體無傷，
> 古人不甚校也。〔註48〕

據章貽選說，「先師深契此論」。〔註49〕然今日當分別觀之，不可一概而論。
學誠不重考據，故而對《思復堂文集》之疏漏，一筆帶過，謂無傷大體，不
必計較。晉涵對此恐難以苟同，其在考據學風之浸染下，對於文字出入、史
實異同極爲留意，研經治史，皆從考訂異同入手。如其在〈史記正義提要〉
中所論：

> 然即一字之誤，亦有可疑誤後人者。如〈秦本紀〉「西巡狩，樂
> 而忘歸」句下，《正義》引《六國春秋》，而監本作《十六國春秋》，
> 其貽誤又豈可勝指哉？〔註50〕

可見晉涵對於考據之重視。邵重考據，章重義理，此種治學風格之差異，始
終未泯。然若能平心論學，互相借鑒，不惟可以「道並行而不悖」，更可以兼
收並蓄，對彼此之學術裨益甚大。邵、章兩人之論學，便是如此。

晉涵深契學誠者，實爲其「著述成家」之說，前爲「五百年罕見」之大
言所掩，今始得聞其詳。謂廷采重立言宗旨、史學義例，各傳之間，遇同一
事件，必令互相趨避，詳略得宜。如此方能由博返約，彰顯全書宗旨之所在。
晉涵對學誠此說頗爲讚同，乾隆三十九年（1774）前後，爲《四庫全書》撰
寫「提要稿」，對於「著述成家」之說，闡發尤力。如論《史記》曰：

> 其文章體例，則參諸《呂氏春秋》而稍爲通變。《呂氏春秋》爲
> 十二紀、八覽、六論，此書爲十二本紀、十表、八書、三十世家、
> 七十列傳。篇帙之離合先後，不必盡同。要其立綱分目，節次相成，

〔註48〕章學誠：〈邵與桐別傳〉，《章氏遺書》，卷18，頁11，總頁398。
〔註49〕同上。
〔註50〕邵晉涵：〈史記正義提要〉，《南江文鈔》，卷12，頁11a，總頁572。

首尾通貫，指歸則一而已。〔註51〕

後人或謂將《史記》與《呂氏春秋》強相比附，失之臆斷。其實晉涵意在表明，《史記》繼承於《呂氏》者，實爲其「首尾通貫」之著述體例，而非篇章之分合、篇名之損益。邵氏論《南史》曰：「夫合累朝之史爲通史，自成一書，起例發凡，宜歸畫一。」〔註52〕論《北史》曰：

南、北史雖分紀，《南》、《北》實爲一書。……檢覈前後，復多自亂其例。《南史》既有晉熙王昶〈傳〉矣，《北史》復有〈劉昶傳〉。……夫史臣紀事，於事須互見者，當云詳見某傳。今兩傳複出，事蹟參差，毀譽任情，知愚頓易，前後語絕不相蒙。殆專意《北史》，無暇追刪《南史》，以致有此誤乎？〔註53〕

謂《南史》、《北史》同出李延壽之手，自應「互相貫通」，體例畫一。然李氏不諳「著述成家」之旨，一人兩傳，尚是小疏漏，因史源不同，以致同一人物，《南史》褒之，《北史》貶之，宗旨不明，此爲史家大謬。

自乾隆三十六年冬，至三十七年秋，前後約一年，晉涵與學誠同寓朱筠幕下，朝夕相處，深入論學。雖兩人學術風格各有側重，然能彼此賞識，互相激勵。在學誠之影響下，晉涵重新閱讀邵廷采著作，更加注重著述成家、史學義例；雖治學之理路與領域已頗爲接近乾嘉考據，然猶秉持浙東學術之內在精神。其後二十年間，邵、章南北離合，難以獲得深入論學之機會。兩人之學術，乃沿各自之旨趣繼續發展。

〔註51〕 邵晉涵：〈史記提要〉，《南江文鈔》，卷12，頁1b，總頁567。
〔註52〕 邵晉涵：〈南史提要〉，《南江文鈔》，卷12，頁35a，總頁584。
〔註53〕 邵晉涵：〈北史提要〉，《南江文鈔》，卷12，頁38，總頁585。

第五章　快讀人間未見書
——四庫館內之輝煌與落寞

　　邵晉涵自乾隆三十六年（1771）歸班待選，本欲流連於山水之間，著書於草廬之內。三十八年（1773）春，四庫全書館開，乃因會試座師大學士劉統勳之薦，特旨徵入四庫館，任纂修官。三十九年（1774），授翰林院庶吉士。〔註1〕至四十年（1775）四月，壬辰科庶吉士散館，授翰林院編修。

　　館選落第之進士竟能躋身翰林，極爲罕見，故晉涵與同時徵入館中之戴震、周永年、余集（1738～1823）、楊昌霖，合稱「五徵君」，士林深以爲榮。朝廷對此事亦頗爲看重，將之載入《皇朝通典》中，並附有按語。謂依舊制，翰林官員皆由館選進身，不以庶僚遷敘，蓋重文學侍從之選。康熙時，文壇名家王士禛（1634～1711）以部曹改官翰林，乃出自清聖祖「特達之知」。當今天子欲修《四庫全書》，宏開冊府，網羅遺編，儲書之富，遠非前代所及，而編排考訂，必資著述之才。故「諸臣得自庶僚改官詞苑，爲一時榮遇」。遂將此事載入，「以誌其盛，并以備國朝優除之一格焉」。〔註2〕晉涵生前身後之盛名，多半繫於此次徵召。躋身翰林，自是邵氏仕宦生涯之大事；入館編書，亦足以影響其學術生涯之發展。

〔註1〕《皇朝通典》：「（乾隆）三十八年二月，上採購遺書，各督撫、鹽政呈進及朝臣上獻者，不下萬餘種。於翰林院特開四庫全書館，選擇翰林諸臣並部員中多識能文者，充纂修各員。……明年，充分校之進士邵晉涵、周永年、余集俱授翰林院庶吉士，舉人戴震、楊昌霖賞給進士，與乙未科一體殿試，并選庶吉士。」見清高宗敕撰：《皇朝通典》，載《景印文淵閣四庫全書》第642冊，卷20，頁24，總頁270。
〔註2〕同上，頁25a，總頁270。

第一節　宋元佚書之纂輯

邵晉涵於四庫館中任「校勘《永樂大典》纂修兼分校官」，從《永樂大典》中纂輯宋元佚書，乃其主要職責。同時，亦須為諸書撰寫「提要」。此外，晉涵還承擔《續三通》之纂修工作，即《續通典》、《續通志》、《續文獻通考》三書。其中《續通志》之〈金石略〉，可證出自晉涵之手。〔註3〕

晉涵本以博洽著稱，一朝徵入四庫館，得以遍覽中祕藏書，大擴生平聞見。朱文治有詩記曰：「自從四庫開天上，快讀人間未見書。」〔註4〕可見館中閱書之樂。四庫館總裁于敏中（1714～1780）曾致書總纂陸錫熊（1734～1792）曰：「聞邵會元已到，其人博洽，於書局自大有益。」〔註5〕可知當事期望之深。

晉涵個人之著述，亦藉助館中之典籍，得以日臻完善。邵氏《爾雅正義》自序曰：

> 維時盛治右文，翊經惇學，祕簡鴻章，彙昭壁府。幸得以管闚錐指之學，觀書石室，聞見所資，時有增益。歲在旃蒙協洽，始具簡編。舟車南北，恒用自隨，意有省會，仍多點竄。十載於茲，未敢自信。〔註6〕

謂此書始撰於乾隆四十年（1775）。然觀其致程晉芳、朱筠、錢大昕之函，知早在乾隆三十七年（1772），《爾雅正義》便已開始動筆。〔註7〕至乾隆五十三年（1788），該書方定稿刊刻，次年又校訂一過。可見晉涵為撰寫《爾雅正義》，前後耗費十八年心力。纂修《四庫全書》之餘，得以遍覽館中之豐富藏書，反復修改《爾雅正義》，使其日臻完善。故此書之撰寫，實與《四庫全書》之纂修相始終。

此外，四庫館歷來被視為「考據學家之大本營」。晉涵躋身其中，得以終日與戴震、周永年、程晉芳諸人切磋論學。魯九皋（1732～1794）曾致函周永年曰：

〔註3〕林良如：〈邵晉涵之金石學〉，《邵晉涵之文獻學探究》，頁97～106。
〔註4〕朱文治：〈邵丈二雲學士《南江詩鈔》題詞〉，《繞竹山房續詩稿》，卷11，頁2，總頁200。
〔註5〕于敏中：《于文襄公（敏中）手札》（據國立北平圖書館1933年印本影印），載沈雲龍主編：《近代中國史料叢刊》（臺北：文海出版社，1968年）第22輯，頁25。
〔註6〕邵晉涵：〈爾雅正義序〉，《爾雅正義》，頁3～4，總頁36。
〔註7〕邵晉涵：《南江文鈔》，卷8，頁1～18，總頁475～483。

> 客夏聞二雲得入四庫館中，後閱邸抄，乃知足下同與茲選。比
> 見莒畹與臺山書，爲述足下自館中寓書，極陳所見藏書之富，友朋
> 講論之樂，念之神往。伏以足下平日本博學強識之士，今更讀秘書，
> 而又日與一時賢豪遊，其胸中所蓄積，將來又可涯量耶。〔註8〕

「莒畹」指李文藻，「臺山」指羅有高，晉涵昔日寓居京師，常與諸人相過從。
觀此書信，可想見諸儒於四庫館中切磋論學之盛況。

晉涵自徵入四庫館，遍覽中祕藏書，與館中諸儒切磋論學，所受乾嘉考
據學風之浸染，確實更爲強烈。然自幼家傳鄉習，浙東學術之蘊蓄本深。又
與章學誠深入論學，熟讀邵廷采之著作，浙東學術之精神，久已深入於心。
進入四庫館後，浙東學術之精神並未消磨，反而藉纂修《四庫全書》而得以
顯現。今人杜維運所謂「有待發覆的大問題」，〔註9〕本節願試發其覆。

一、纂輯《舊五代史》

邵晉涵最爲人所稱道者，乃薛居正（912～981）《舊五代史》之纂輯。
失傳數百年之史部要籍，藉邵氏一人之手，得以重現人間，厥功甚偉。纂輯
此書之方法、得失，前人論之已詳。然纂輯此書之緣起，尚未經人道過。周
春（1729～1815）《耄餘詩話》曰：

> 乾隆乙亥、丙子間，先兄手輯《舊五代史鈔》，上冊卷一梁，卷
> 二、卷三唐，下冊卷四晉，卷五漢，卷六周。丁丑之秋，下冊燬於
> 火，殘缺不全。乙酉計偕北上，攜余同行，遇邵二雲晉涵於山左旅
> 店，道及此書，時並未知《永樂大典》中所有也。又及余《爾雅補
> 注》四卷，因西莊言，增訂《廣疏》三十卷。二雲之用力於兩書，
> 實自先兄發之。〔註10〕

謂其兄周蓮於乾隆二十年（1755）便已輯出《舊五代史鈔》六卷。乾隆三十
年（1765），兄弟二人赴京趕考，於山東旅店中偶遇邵晉涵，遂道及此書。以
今考之，晉涵享盛名者，除特旨徵入四庫館外，便是《舊五代史》之纂輯與
《爾雅正義》之撰寫，周春將兩書啓發之功皆歸於其兄名下，不無掠美之嫌。

〔註8〕 魯九皋：〈與同年周靜函書〉，《魯山木先生文集》（據道光十一年刻本影印），
　　　　載《清代詩文集彙編》第378冊，卷4，頁32，總頁76。
〔註9〕 杜維運：《中國史學史》，頁846。
〔註10〕周春：《耄餘詩話》（據清抄本影印），載《續修四庫全書》第1700冊，卷2，
　　　　頁11，總頁11。

且吳騫〈周予桐舍人補輯薛《五代史》殘本書後〉曰：

> 溝里沙陀戰血腥，五朝遺事太零星。阿誰爲語青門客，補史元
> 來別有亭。（原注：餘姚邵二雲太史從《永樂大典》輯錄薛《五代史》，
> 今有刻本，以之比較，頗多遺漏，惜其未見此書也。）〔註11〕

吳氏題下自注「松靄大令屬」，明言受周春之請而題詩，然注中謂晉涵「未見此書」。可見周蓮彼時僅隨口提及《史鈔》，並未將之示與晉涵。且即使晉涵已目睹周氏之稿，對其日後纂輯薛史，亦影響極微。其一，薛史雖不傳，史部目錄中並未失載，晉涵斷不至因周氏之啓發方知有薛史之名。其二，此書主要從《永樂大典》中輯出，周春明言「時並未知《永樂大典》中所有」，此書佚篇之主要來源，當時周氏並未知曉。茲將此事錄出，聊備學林掌故而已。

《舊五代史》之纂輯，實與浙東儒哲黃宗羲、全祖望頗有關聯。全氏曾撰〈新舊五代史本末寄趙谷林〉，中曰：

> 薛本在國初，黎洲先生尚有之，仁和吳志伊檢討著《十國春秋》，
> 曾借之而未得。南雷一水一火之後，遺籍不存百一，予從其後人求
> 之，不可得矣。近有捃摭《冊府元龜》、《資治通鑑》中語成一編，
> 託言南雷故物，是麻沙坊市書賈之習氣也。〔註12〕

薛史自金元之際，已稱罕見，有明以降，民間難覓其書，等同亡佚，惟黃宗羲號稱藏有是書。晉涵早年與宗羲玄孫黃璋同受業於周助瀾之門，得聞梨洲遺事頗詳，當已熟知此事。且全氏謂時有書賈作僞，謊稱宗羲舊物，以此推測，宗羲藏有薛史之傳聞，浙東人多已熟知。晉涵素於搜集文獻極爲用心，早年既已熟知黃氏藏有《舊五代史》，惜其堙沒無存，徵入四庫館後，自當留意尋覓。全氏文中又曰：

> 梁、唐、晉、漢、周之書，薛居正所纂者，當時謂之《新編五
> 代史》，見於〈宋太祖本紀〉。歐陽兗公書出，則謂薛本爲《五代史》，
> 而歐公爲《新五代史》，見於洪景盧、馬端臨所稱。近讀《永樂大典》，
> 則凡其引用《五代史》者，皆歐公本，而引薛本者，曰《新修五代
> 史》，蓋沿最初之名也。

〔註11〕 吳騫：《拜經樓詩集》（據嘉慶八年刻增修本影印），載《續修四庫全書》第1454
冊，續編卷2，頁6，總頁140。

〔註12〕 全祖望：〈新舊五代史本末寄趙谷林〉，《鮚埼亭集外編》，卷43，頁2，總頁
195。

如本書第二章所述，晉涵通讀《鮚埼亭集》全稿，不晚於乾隆三十九年
（1774）。而《舊五代史》於乾隆四十年（1775）七月編定完竣，進呈御覽。
可知晉涵纂輯薛史之時，全氏此文當已寓目。文中指出，《永樂大典》中存
有薛史佚篇，對於是書之纂輯，具有明確提示。

　　總之，晉涵纂輯薛史，發端於黃宗羲藏有此書之傳聞，啟發於全祖望《永
樂大典》存有佚篇之提示。晉涵承浙東文獻之傳，藉纂修《四庫全書》之機
緣，令失傳數百年之正史，得以重現人間，不僅為薛氏之功臣，更堪稱浙東
學術之健將。

二、纂輯宋遺民著述

　　邵晉涵在四庫館中纂輯佚書，並非隨意採擇，以此誇多炫博，嘩眾取寵。
曾撰〈國朝姚江詩存序〉曰：

> 余考南宋詩人，若汐社、月泉唫社，見於人間厪數篇爾。余從
> 《永樂大典》裒其散見者，而後高恥堂、連百正諸君子方成專集。
> 迺知古人文章，忠孝精神，固有歷久不可湮滅者。要由其名氏紀乎
> 記載，而後後之人始知措意而訪求其書，非然者，即鄉鄙且不復曉
> 其姓字，無論著述矣。〔註13〕

所謂「名氏紀乎記載」，後人「始知措意而訪求其書」，頗可考見其纂輯旨趣
之所在。邵氏纂輯佚書，實為按圖索驥，而非盲人摸象。根據史傳記載與己
身見聞，先選定具有「忠孝精神」之著作，再看《永樂大典》中有無佚篇，
若有，則將之裒輯成編。非漫無目的、敷衍塞責之流可比。

　　所謂「汐社」、「月泉吟社」，係南宋遺民謝翱（1249～1295）、吳渭等創
立於浙東之文學團體。觀晉涵此序，可知高斯得《恥堂存稿》、連文鳳《百正
集》兩書，實由其纂輯成編。審其文義，除高、連兩書外，南宋遺民之別集，
晉涵似多所纂輯，惜無從考證。高斯得，字不妄，邛州蒲江人，紹定二年（1229）
進士。宋亡，隱居湖州而卒。《四庫全書總目》論其《恥堂存稿》曰：

> 斯得能以忠孝世其家。其立朝謇諤盡言，惟以培養國脈、搏擊
> 奸邪為志。本傳載所論奏凡十餘事，多當時切要。……於宋末廢弛
> 欺蔽之象，痛切敷陳，皆凜然足以為戒。……憫時憂國之念，一概
> 託之於詩。……如〈西湖競渡〉、〈三麗人行〉諸首，俱拾〈奸臣傳〉

〔註13〕邵晉涵：〈國朝姚江詩存序〉，《南江文鈔》，卷6，頁17，總頁442。

之所遺。……徵宋末故事者，是亦足稱詩史矣。〔註14〕

可知斯德其人，實爲忠誠謀國之士，《恥堂》之作，多關乎國事，實爲可資考史之書。晉涵纂輯之書，大多屬於此類，欲藉此表彰撰者之「忠孝精神」。

晉涵對宋遺民詩文之纂輯，與全祖望之啓發不無關聯。全氏曾撰〈跋《月泉吟社》後〉，文曰：

> 月泉吟社諸公，以東籬北窗之風，抗節季宋，一時相與撫榮木而觀流泉者，大率皆義熙人相爾汝，可謂壯矣。……而社中同榜之人，自仇近邨而外，多已湮沒不傳。向微是書之存，則直與陵谷同清淺，不亦危哉。其間有可疑者，第三名高宇，爲抗州西塾梁相字必大，而十三名魏子大，亦武林九友會梁必大，……竟連名而疊出。豈當日隱語廋辭，務畏人知，不憚謬亂重複以疑之耶？抑歲久流傳，或有訛誤，近世雕本未及是正耶？是皆當俟之好古者之攷證者也。〔註15〕

全氏所跋之書，即吳渭《月泉吟社》一卷，錄有連文鳳等人之詩作。跋文謂吟社中之諸位遺民，名字錯訛，久遠難徵，須詳加考證。受全氏之啓發與激勵，晉涵遂對南宋遺民之著作勤加搜羅，悉心考訂，盡力表彰。

章學誠撰〈周書昌別傳〉，論及彼時四庫館之風氣，文曰：「館臣多擇其易爲功者，遂謂搜取無遺逸矣。」〔註16〕《永樂大典》之體例爲「用韻統字，以字繫事」，設立若干「事目」，將採自群書之文獻抄錄於事目之下。事目下所收文獻，或爲一部完整著作，或爲一篇完整文章，或僅爲文章之一段、一句。學誠所謂「易爲功者」，便指那些整部收錄於某一事目下之著作。如宋儒劉清之曾撰《戒子通錄》一書，後亡佚。據《永樂大典目錄》，卷一萬二百九十九、一萬三百上聲二紙韻「子」字下有「戒子通錄」，可知劉氏書即抄錄於此兩卷之中。〔註17〕諸如此類，館臣只需從《大典》相應各卷中將其抄出，稍加編排校訂，便可號稱輯出一部佚書。而邵晉涵、周永年所從事之輯佚工作，往往需檢閱數百卷乃至數千卷《大典》，方可遂功。兩者相較，難度迥異，更可見晉涵纂輯考訂之功。

〔註14〕紀昀等：《四庫全書總目》，卷164，總頁1404。

〔註15〕全祖望：〈跋《月泉吟社》後〉，《鮚埼亭集外編》，卷34，頁6，總頁85。

〔註16〕章學誠：〈周書昌別傳〉，《章氏遺書》，卷18，頁27，總頁406。

〔註17〕解縉等：《永樂大典目錄》（據道光間靈石楊氏刻《連筠簃叢書》本影印），載《永樂大典》（北京：中華書局，1986年）第10冊，卷27，頁17b，總頁310。

　　總之，邵晉涵在四庫館中纂輯諸書，意在寓史家深意於文獻之中，與浙東學術之精神甚爲相契。

第二節　提要稿本之分撰

　　邵晉涵爲四庫館諸書所撰「提要」，今尚存三十七篇，《南江文鈔》題曰「四庫館書提要稿本」。計經部四種，包括《易說存悔》、《洪範口義》、《洪範統一》、《敷文鄭氏書說》；史部二十八種，包括二十四史（《三國志》、《舊五代史》除外），外加《史記集解》、《史記正義》、《兩朝綱目備要》、《通鑑前編》、《通鑑綱目前編》、《趙端肅奏議》；子部一種，即《續名醫類案》；集部四種，包括《盤洲集》、《性情集》、《臨安集》、《勉齋遺集》。

一、稿本、定本之差異

　　邵氏「稿本」經總纂官諸人反復刪改，最終收入《四庫全書總目》，除〈趙端肅奏議提要〉外，其餘皆爲《總目》所著錄。然兩本相較，竟無一篇完全相同。諸篇差異之程度，可分爲三類：其一曰廢棄重撰，計九篇；其二曰半同半異，計七篇；其三曰大致相同，計二十篇。

邵晉涵「《四庫》提要稿」與《四庫全書總目》差異表〔註18〕

序號	著錄書名	差異程度	差　異　要　點
01	易說存悔	半同半異	兩本皆主「傳以翼經」之說，但稿本針對「宋儒好言圖位」立言，定本則針對「朱子之舊說」發論，且刪稿本「此書兼取互體」一小段。
02	洪範口義	半同半異	稿本論劉敞、歐陽修諸儒解經「始各標己見」，定本改論後世說《洪範》者附會災異、象數之非，且刪稿本「南宋諸儒之學實導源於此……瑗之德行可傳，其書益可寶貴」。
03	洪範統一	大致相同	定本增「所著書五種皆不傳」一小段，於篇末增「生當分朋講學之時，而超然不預於門戶，是難能也」。

〔註18〕本節所引邵氏「提要稿」（以下簡稱「稿本」）之原文，皆據《南江文鈔》卷12，所引《總目》（以下簡稱「定本」）之原文，除另加說明者外，皆據《武英殿本四庫全書總目提要》（臺北：臺灣商務印書館，1983年，據殿本影印）。

04	敷文鄭氏書說	廢棄重撰	此篇殿本無，見於浙本《總目》。〔註19〕稿本作「鄭朴撰」，輯自《永樂大典》；定本則作「《鄭敷文書說》一卷，鄭伯熊撰」，來源爲「兩淮馬裕家藏本」。〔註20〕稿本全篇就書論書，無甚發揮；定本則論鄭氏承永嘉之學，呂祖謙諸人奉以爲宗。
05	史記	廢棄重撰	稿本力辨「遷自言繼《春秋》而論次其文」爲不誣，盛稱三家注之善。定本則但考十篇之亡佚與補撰，辨後人之竄亂，析版本之源流。
06	史記集解	大致相同	定本調整行文次序，且將稿本之「採經傳百家，刪其游辭，取其要實，詞約而義博」、「終當以毛本爲最善」，分別改爲「援據浩博」、「終勝明人監本也」。
07	史記正義	大致相同	稿本作「三十卷」，定本作「一百三十卷」。稿本篇首有「題曰《正義》，殆欲與《五經正義》並傳矣」一小段，定本刪之，並刪「然即一字之誤，亦有可疑誤後人者」諸議論語。
08	漢書	半同半異	稿本力辨所謂「《漢書》眞本」絕不可信，定本多因之。稿本論校書好言宋本之非，班書可「輔經而行」；定本則改辨班固無「受金」與「竊據父書」之事。
09	後漢書	廢棄重撰	兩本之考證處，結論皆異。稿本力辨多分門類之得失，及李善、劉昭注之善；定本則專論後世將諸〈志〉視爲范曄原書之非。
10	晉書	半同半異	稿本論是書於舊史「有刪除而無舛誤」，「刪節未當」、「不明於史家義例」；定本謂「其所褒貶略實行而獎浮華，其所採擇忽正典而取小說」，且刪「諸〈志〉頗爲完備」一段。
11	宋書	大致相同	定本刪稿本「其史體多擬班固」一小段，且於篇末增「足見明以來之刻本隨意竄改，多非古式」。
12	南齊書	大致相同	定本調整行文次序，刪稿本「惜其敘次無法」一語，於篇末增「今裒合諸本，參核異同」一小段。
13	梁書	大致相同	稿本有「論修史者以專門紹述爲盛業，思廉傳其世學，見聞較近」一語，定本改爲「思廉承藉家學，既素有淵源」。
14	陳書	大致相同	稿本論〈姚察傳〉，有「殆思廉用以表明其家學」一語，定本刪之，增「不用〈序傳〉之例」一小段，並增論將姚察與江總合傳「尤屬自污」。

〔註19〕紀昀等：《四庫全書總目》，卷11，頁90～91。

〔註20〕《四庫書目考異》於「《尚書全解》四十卷」後注曰：「杭刻、粵刻、湖刻《簡目》及揚刻、粵刻《總目》，此處均有《鄭敷文書說》一卷，閣中實無此書。」見陳垣：《四庫書目考異》，載《陳垣全集》第3冊，卷1，頁21～22。

15	魏書	大致相同	稿本力辨是書非穢史，定本多因之，但刪「千載而下，可以情測也」一語；定本並刪「自崔浩以修史被謗獲禍，後遂釀爲風氣」一小段，改論魏、齊時代相近。
16	北齊書	大致相同	稿本有「固知其不足發揮事業矣」一語，定本改爲「是其文章萎苶，節目叢脞，固由於史材史學不及古人，要亦其時爲之也」。
17	周書	大致相同	稿本有「深有合於史家闕疑傳信之義」一語，定本改爲「固不可概斥爲疏略」，並刪「義例之善，有非《北史》所能掩者」一小段。
18	隋書	半同半異	稿本以爲「詔修十志時《晉書》尚未告成」，定本則以爲「惟其時《晉書》已成」。稿本有「意存龜鑒」、「以婉辭存直道」各一段，定本皆刪之。
19	南史	大致相同	稿本有「且《南史》體製之乖裂，不必繩以遷固之義法也，即據《北史》以參證，而知其疏舛矣」，定本改爲「書成一手而例出兩岐，尤以矛陷盾，萬萬無以自解者矣」。
20	北史	大致相同	稿本論按姓分卷，有「其意似仿《史記》之有世家」、「蓋見唐人方重譜學」兩小段，並有「於事須互見者當云詳見某傳」、「宋人尤爲推重」兩段，定本皆刪之。
21	舊唐書	半同半異	定本刪《通鑑》「專取《舊書》」、分卷比類「多具深意」兩段。稿本篇末曰「今監本所據即聞人詮本也」，「參核考定，尚有待耳」，定本改述清高宗列是書於正史一事。
22	新唐書	廢棄重撰	稿本辨「事增文省」，駁是書增省之不當，定本持論與之迴異。稿本論刪增舊傳之善，惜歐、宋不能「載事務實而不輕褒貶，立言扶質而不尚掃撟」，定本則改歎「出一手則精力難周，出眾手則體裁互異」。
23	五代史記	廢棄重撰	定本作「新五代史記」。稿本力辨取材之不富、書法之不審、掌故之不備。定本則盛贊義例之謹嚴、文章之高簡，惟「事實則不甚經意」。稿本論徐無黨注「亦史注之別體」，定本但曰「頗爲淺陋」。
24	宋史	大致相同	定本增入「大旨以表章道學爲宗，餘事皆不甚措意」一語，刪稿本「汴京之破，失載王履之奉使盡節」一句。稿本篇末謂「惟諸論尚無甚偏駮，創立〈周三臣傳〉，亦可爲後來修史之法」，定本刪之。
25	遼史	半同半異	稿本論是書「敷衍成文，取盈卷帙」；定本則增入「考遼制書禁甚嚴」一段，及「特以無米之炊，足窮巧婦」數語，且於考證處補入大量碑刻材料。

26	金史	大致相同	定本增《大金弔伐錄》一段，及「今以內府所藏元板校補，仍爲完帙」一句，且刪稿本「前後書法亦無偏護曲黨，承麟受命於倉猝而猶稱爲末帝」、「傳贊亦多平允」兩小段。
27	元史	大致相同	定本增「《元史》之舛駁不在於藏事之速，而在於始事之驟」一段，並增刪除〈藝文志〉之非、明太祖改修之命兩事；刪稿本「唐宋官修之史必先定其體例」一小段，及「泰定、天曆之間多徇曲筆」數語。
28	明史	廢棄重撰	稿本述明人鄭曉、王世貞諸人所撰之舊史，論志、表、傳之「酌前史而得其宜」；定本則引〈進書表〉以述編纂之始末，繼而考志、表、傳之「稍變其例者」。
29	兩朝綱目備要	大致相同	稿本以不載史彌遠廢立濟王事爲「當日史官拘於忌諱」；定本改爲「其事未經論定，故闕所疑」，並於篇末增奉清高宗之命「詳爲核正」一段。
30	通鑑前編	大致相同	稿本以考「尹氏卒」一條爲「論古亦有特識」之證，定本則以爲「尤爲附會」，並增入「在講學諸家中猶可謂究心史籍、不爲游談者矣」一句。
31	通鑑綱目前編	大致相同	稿本有「蓋明人專用心於八股，目未曾見全經」之語，定本改爲「蓋有明一代八比盛而古學荒，諸經注疏皆以不切於時文庋置高閣」。
32	續名醫類案	廢棄重撰	稿本考其採書，以爲「誇多炫博」；定本論其內容，以爲「不免蕪雜」、「編次無法」。稿本曰「與自執偏私、昧於古法者異」，定本改爲「較諸空談醫理，固有實徵、虛揣之別」。
33	盤洲集	大致相同	稿本有「其組織之麗出於天然」，定本刪之，並改「無南宋冗蔓習氣」爲「亦尚存元祐之法度，尤南宋之錚錚者」。
34	性情集	廢棄重撰	稿本曰「巽詩詞清拔，不沿元人纖靡之習」，「有明一代之詩好摹擬漢魏而厭薄兩宋，其風氣已仿乎此矣」。定本則曰「巽詩格不高，頗乏沉鬱頓挫之致」。
35	臨安集	大致相同	稿本有「古文詞亦與詩相稱，操縱有法度，不蹈元末冗長之習」一句，定本改爲「古文雖非所擅長，而謹守法度，亦無卑冗之習」，並刪「詩文其餘技也」一語。
36	勉齋遺集	廢棄重撰	定本作「《勉齋遺稿》。稿本論〈三官廟記〉「極辨世俗廟祀之非，議論平正切實，頗近儒者之言」。末有「弘治以前詩文無贗古之習」一小段。定本皆略之，全篇僅三行。

上表旨在統括全體之特徵，故力求其簡；下文意在列舉重要之差異，故欲盡其詳。稿本、定本之重要差異，可分爲兩類述之。

（一）兩本針對同一問題而立論不同

①論《漢書》顏師古注，稿本曰：

> 顏師古注唐人稱爲班固忠臣，惜其祇聚諸家舊注而定其折衷，不能旁徵載籍以推廣其義。然後人考正《漢書》者俱不能出顏氏之範圍，則謂之忠臣也亦宜。

定本曰：

> 師古註條理精密，實爲獨到。然唐人多不用其說……殆貴遠賤近，自古而然歟？要其疏通證明，究不愧班固功臣之目，固不以一二字之出入病其大體矣。

②論《宋書》諸志，稿本曰：

> 至其諸志之追述前代，亦猶班固《漢書》增載〈地理〉，上敘九州，創設〈五行〉，演明洪範，用以補《史記》之闕。史家之義應爾也。

定本曰：

> 若其追述前代，晁公武《讀書志》雖以失於限斷爲譏。然班固《漢書》增載〈地理〉，上敘九州，創設〈五行〉，演明洪範，推原溯本，事有前規。且魏晉並皆短祚，宋承其後，歷時未久，多所因仍。約詳其沿革之由，未爲大失，亦未可遽用糾彈也。

③論《隋書》之〈經籍志〉，稿本曰：

> 蓋唐人重詞章而輕經術，其端已見於此，固不能紹劉向、班固之絕業耳。

定本曰：

> 然後漢以後之藝文，惟藉是以考見源流，辨別眞僞，亦不以小疵爲病矣。

④論《新唐書》之事增文省，稿本曰：

> 陳振孫又謂：事增文省，正《新書》之失。以今考之，皆不明史法者也。夫後人重修前史，使不省其文，則累幅難盡，使不增其事，又何取乎重修？故事增文省，自班固至李延壽莫不皆然……不得以此爲誇詡，亦不得轉以此爲詆諆。

定本曰：

> 劉安世《元城語錄》則謂：事增文省，正《新書》之失。而未明其所以然，今即其說而推之。史官記錄具載《舊書》，今必欲廣所未備，勢必蒐及小說而至於猥雜；唐代詞章體皆詳贍，今必欲減其文句，勢必變爲澀體而至於詰屈。安世之言，所謂中其病源者也。

⑤論《新唐書》盡去制誥之辭，稿本曰：

> 《新書》之失，在增所不當增，省所不當省爾。夫唐大誥、《唐六典》爲一代典章所繫，今紀、傳既盡去制誥之辭，而諸志又不能囊括《六典》之制度，徒刺取卮言小說以爲新奇，於史例奚當乎？

定本曰：

> 若夫《史》《漢》本紀多載詔令，古文簡質，至多不過數行耳。唐代王言，率崇縟麗，駢四儷六，累牘連篇。宋敏求所輯《唐大詔令》多至一百三十卷，使盡登本紀，天下有是史體乎？祁一例刊除，事非得已，過相訾議，未見其然。

⑥論《新五代史》之義例，稿本曰：

> 修與尹洙同學古文，法《春秋》之嚴謹。洙撰《五代春秋》，雖行文過隘，而大事不遺。修所撰帝紀，較《五代春秋》已爲詳悉矣，然於外蕃之朝貢必書，而於十國之事俱不書於帝紀，豈十國之或奉朝貢、或通使命者而反不得同域外之觀乎？所恨於修者，書法之不審也。

定本曰：

> 大致褒貶祖《春秋》，故義例謹嚴；敘述祖《史記》，故文章高簡。而事實則不甚經意。

⑦論《明史》之〈藝文志〉，稿本曰：

> 〈藝文志〉祇載明人之著作，而不考古書存亡之源委。以明代祕書盡亡，無從取徵也。

定本曰：

> 〈藝文志〉惟載明人著述，而前史著錄者不載。其例始於宋孝王《關中風俗傳》，劉知幾《史通》又反覆申明，於義爲允。唐以來

弗能用，今用之也。

⑧論清人修《明史》，稿本曰：

> 惟聖朝光宅區夏，加禮前代，存其典章；表彰勝國忠臣，一視
> 同仁。恩施浩蕩，爲曠古所未有。儒臣得親承睿謨，勒成信史，昭
> 示方來，豈非幸哉！

定本曰：

> 若夫甲申以後仍續載福王之號，乙酉以後仍兼載唐王、桂王諸
> 臣，則頒行以後，宣示綸綍，特命改增。聖人大正至公之心，上洞
> 三光，下照萬禩，尤自有史籍以來所未嘗聞見者矣。

（二）稿本之重要觀點為定本所刪削

①論《史記》之義例，稿本曰：

> 義則取諸《公羊春秋》。辨文家質家之同異，論定人物，多寓文
> 與而實不與之意，皆公羊氏之法也。遷嘗問《春秋》於董仲舒，仲
> 舒故善公羊之學者。遷能伸明其義例，雖未必盡得聖經之傳，要可
> 見漢人經學各有師承矣。

②論《史記》三家注，稿本曰：

> 遷引六經之文間易以訓詁，皆本西漢諸儒之舊說。裴駰引徐廣
> 《音義》，多識古文奇字，復取經傳訓釋以爲《集解》，扶微學而闡
> 隱義，賴以不墜。是遷能述經典之遺文，而駰能存先儒之軼說，考
> 諸經古義者必歸焉，不僅史法爲後人所遵守也。貞、守節復推廣《集
> 解》所未備而申以辨論，如謂《夏本紀》失載有窮、后羿之事……
> 互引眾說以折衷其是非。視顏師古之注《漢書》專宗班氏者，爲一
> 變焉。

③論校《漢書》好言宋本，稿本曰：

> 後人校書者好言宋本，祗求紙版之古，不顧文義之安，皆此類
> 也。

④論《漢書》可輔經而行，稿本曰：

> 漢制近古，固此書敘次縝密。故鄭康成、干寶引以注經，而經
> 師如服虔、韋昭皆爲《漢書》注。蓋實有可輔經而行者。

⑤論《後漢書》多分門類，稿本曰：

> 東漢尚氣節，此書創爲〈獨行〉、〈黨錮〉、〈逸民〉三傳，表彰

幽隱，搜羅殆盡。然史家多分門類，實濫觴於此。夫史以紀實，綜其人之顛末，是非得失灼然自見，多立名目奚爲乎？名目既分，則士有經緯萬端、不名一節者，斷難以二字之品題舉其全體；而其人之有隱慝與叢惡者，二字之貶轉不足以蔽其辜。宋人論史者不量其事之虛實而輕言褒貶，又不顧其傳文之美刺而爭此一二字之名目爲升降。輾轉相遁，出入無憑，執簡互爭，腐毫莫斷，胥范氏階之屬也。

　　然范氏所增〈文苑〉、〈列女〉諸傳，諸史相延，莫能刊削。蓋時風眾勢日趨於文，而閨門爲風教所繫，當備書於簡策，故有創而不廢也。

⑥論《後漢書》李賢、劉昭注，稿本曰：

　　李賢注參用裴駰、裴松之之體，於音義則省其異同，於事實則去其駢拇。徵引之廣博，訓釋之簡當，爲史注之善者……劉昭注尤詳悉於累朝掌故，薈萃羣說，爲之折衷。蓋能承六朝諸儒羣經義疏之學而通之於史，以求其實用，亦可見其學之條貫矣。

⑦論《隋書》之〈五行志〉，稿本曰：

　　至以隋煬帝之告誡虞世南爲言不從之咎，則深有見於人事合天之義。意存龜鑑，非漢儒妄談災異者所及，亦可見純臣之用心矣。

⑧論《隋書》「以婉辭存直道」，稿本曰：

　　唐臣紀隋事，見聞親切，故敍次詳贍。於越王侗之遜位，堯君素之授命，能以婉辭存直道，尤見秉筆之公。固當稱爲六代之佳史矣。

⑨論《北史》仿《史記》之世家，稿本曰：

　　其意似仿《史記》之有世家。然史之有世家也，世守封土，事盡一朝，故先後相承，詞無枝葉。若六朝大族興替隨人，而朝市變遷，事非一姓，封爵既異，情事迥殊，不得以《史記》世家爲比。

⑩論《舊唐書》「見聞較近」，稿本曰：

　　然即其繁猥之辭尋其脈絡，猶見當時情勢。《通鑑》紀咸通後事亦專取《舊書》，豈不以其見聞較近哉。

⑪論《新五代史》取材不富，稿本曰：

夫史家以網羅放失爲事，故曰「其軼時時見於他說」，又曰「整
齊舊聞」。李延壽南、北《史》於舊史外時有增益，斯其爲可貴也。
修則不然，取舊史任意芟除，不顧其發言次第；而於舊史之外所取
資者，王禹偁之《闕文》、陶岳之《史補》、路振之《九國志》三書
而已。所恨於修者，取材之不富也。

⑫論《金史》傳贊平允，稿本曰：

傳贊亦多平允。張中孚之事仇，崔立之反復，明著其辭爲炯戒，
豈非明向背之義，識興廢之原者歟？

二、稿本之刪改者略考

欲究筆削之因，當先考刪改之人。一般以爲，四庫館臣受命撰寫各書之
提要，初稿完成後上交總纂（紀昀、陸錫熊），後者增刪潤色之，次第進呈御
覽（附於各書之前）。而編纂《四庫全書總目》之工作與此同步進行，總纂藉
助諸協勘總目官之助，反復修改諸篇提要，將其逐步編纂成書。

歷來皆認爲《總目》定本成於紀昀之手，因其既見於朱珪、阮元、江藩
諸人之稱述，又可與紀氏所撰《紀文達公遺集》、《閱微草堂筆記》諸書覆按。
〔註21〕近來方有人對此大加質疑，然其所論似不足以服人。〔註22〕茲據乾隆
一朝之諭令、奏疏，〔註23〕分三階段勾勒《四庫全書總目》之編纂過程，以
證筆者所言之不誣。

（一）開始編纂

其一：

《永樂大典》內所有各書……分別應刊、應抄、應刪三項。其
應刊、應抄各本，均於勘定後即趕繕正本進呈。將應刊者即行次第
刊刻，仍均仿劉向、曾鞏等目錄序之例，將各書大旨及著作源流詳
悉考證，詮疏崖略，列寫簡端，並編列《總目》，以昭全備。即應刪
者，亦存其書名，節敘刪汰之故，附各部《總目》後……至各書詳

〔註21〕參見郭伯恭：《四庫全書纂修考》（上海：上海書店，1992 年），頁 213～214。
〔註22〕司馬朝軍：《〈四庫全書總目〉編纂考》（武漢：武漢大學出版社，2005 年），
頁 78～94。
〔註23〕以下所引諸條，依次見於中國第一歷史檔案館編：《纂修四庫全書檔案》（上
海：上海古籍出版社，1997 年），頁 74、145、228、1292、1603、1714、2374。

檢確核，撮舉大綱，編纂《總目》，其中繁簡不一，條理紛繁，必須斟酌綜覈，方不致有參差罣漏。臣等公同酌議，查現在纂修翰林紀昀、提調司員陸錫熊，堪膺總辦之任。（乾隆三十八年閏三月十一日，辦理四庫全書處奏摺）

此為四庫館開館伊始之奏疏。首先，可見各書提要之撰寫、《總目》之編纂實與四庫館修書工作同步進行。其次，可知官方對各篇提要之撰寫有基本要求，即「將各書大旨及著作源流詳悉考證」（列入存目者需「節敘刪汰之故」）。最後，可知編纂《總目》為四庫館諸項工作中難度較大者，而紀昀、陸錫熊之獲任總纂，似乎與編纂《總目》有直接關係。

其二：

辦理四庫全書處將《永樂大典》內檢出各書，陸續進呈……而撰述提要，粲然可觀，則成於紀昀、陸錫熊之手。（乾隆三十八年八月十八日，上諭）

此為提要初稿經由紀昀、陸錫熊二人修改之明證。

其三：

辦理四庫全書處進呈《總目》……各條下俱經撰有提要，將一書原委撮舉大凡，並詳著書人世次爵里，可以一覽了然……至現辦《四庫全書總目提要》，多至萬餘種……（乾隆三十九年七月二十五日，上諭）

考《總目》定本收錄之各書提要，共計一萬零二百餘篇，而此處曰「多至萬餘種」。可知提要初稿中之絕大部分，早在乾隆三十九年（1774）七月便已撰寫完成。

（二）基本完成

其四：

《四庫全書總目提要》現已辦竣呈覽，頗為詳核，所有總纂官紀昀、陸錫熊著交部從優議敘，其協勘查校各員，俱著照例議敘。（乾隆四十六年二月十六日，上諭）

其五：

至《總目提要》業於上年辦竣進呈，荷蒙聖訓指示，令將列聖欽定諸書及御製、御批各種，分冠本朝著錄各書之上，毋庸概列部首。現在亦已將體例遵奉改正，另行排次，仍編成二百卷，裝作二

十函……（乾隆四十七年七月十九日，永瑢等奏摺）

可見，《總目》於乾隆四十六年（1781）即已「辦竣」。至次年，《總目》完成體例之改正，編成二百卷之規模。而紀昀、陸錫熊皆參與纂修工作。

其六：

《四庫全書總目》二百卷……發下另繕正本四分，於現在繕錄。因有各館未成之書，尚須續纂提要，依類歸入，是以未經陳設，現在上緊催辦。（乾隆四十八年三月十八日，軍機大臣呈片）

據陳垣（1880～1971）先生考證，《四庫全書》之第一部雖於乾隆四十七年（1782）繕寫完成，然有幾十種書尚在趕辦中，上條所引亦可見一斑。此外，在其後數年中，《四庫全書》曾被反復抽換與校改，〔註24〕諸書之提要，自然亦隨之改寫變動。

（三）定稿刊刻

其七：

臣於乾隆五十一年奏請刊刻《四庫全書總目》，仰蒙俞允，並繕寫式樣，呈覽在案。續因紀昀等奉旨查辦四閣之書，其中提要有須更改之處，是以停工未刻。今經紀昀將底本校勘完竣，隨加緊刊刻畢工。（乾隆六十年十一月十六日，曹文埴奏摺）

《總目》於乾隆六十年（1795）由武英殿刊刻成書。此摺爲《總目》由紀昀定稿之明證。此外尚有一旁證，即陸錫熊於乾隆五十一年（1786）九月外放福建學政，〔註25〕自然不可能參與後續之修改定稿工作。

可見，雖陸錫熊與諸位協勘總目官曾參與提要初稿之刪改工作，然《總目》梓行前實由紀昀改定。故初稿刪改之責，終當歸諸紀昀。

三、差異之原因述評

稿本、定本之巨大差異，前人多已言之。惟差異之原因，尚乏深論。

（一）全書體例之權衡

稿本撰於《四庫》開館之初，定本成於《總目》編定之後，匯單篇以成全書，必受體例之約束。《總目》卷首有〈凡例〉二十條，其最後一條曰：

〔註24〕陳垣：《編纂四庫全書始末》，《陳垣全集》第 7 冊，頁 480～491。
〔註25〕同上，頁 485。

是書主於考訂異同，別白得失，故辨駁之文爲多。然大抵於眾說互殊者權其去取，幽光未耀者加以表章。至於馬班之史，李杜之詩，韓柳歐蘇之文章，濂洛關閩之道學，定論久孚，無庸更贅一語者，則但論其刊刻傳寫之異同，編次增刪之始末，著是本之善否而已。〔註26〕

明乎此，則稿本〈史記提要〉、〈後漢書提要〉之通篇廢棄，與〈漢書提要〉之僅採其半，便不足怪。因所涉之書皆屬「定論久孚」之作，紀昀認爲只需考其流傳，辨其版本，無需論其義例，評其得失。此外，《總目》重在考辨「眾說互殊」、「幽光未耀」者，稿本中與此相關之文字，如諸史著錄之異，《魏書》「穢史」之冤，多被定本保留。反之，與此無關者，則有被刪之虞。

（二）政治環境之影響

《總目》既屬「官書」，政治用意自較他書爲多，忌諱之處亦較他書爲嚴。邵晉涵仕宦於當朝，自不至觸犯大忌諱，然細微之處，不若總纂謹慎。其中如〈宋史提要〉、〈明史提要〉諸篇之刪改，將於下節詳述之。茲再舉一例。稿本〈漢書提要〉中論及校書者「好言宋本」之非，爲定本所刪。考《文淵閣四庫全書》本之《前漢書》，其卷首恰有清高宗一詩，中有自注曰：「內府舊藏宋槧《前漢書》，爲天祿琳瑯之冠。茲因校勘《四庫全書總目》，復閱及之，更覺其精妙罕匹。」〔註27〕邵氏「好言宋本」之論雖非針對高宗之詩，然旨趣終有不同，故紀昀刪之。

（三）考證精疏之較量

乾嘉時考據學大盛，四庫館臣尤好爲之，若能指出他人之疏，可謂樂事一樁。紀昀學問既博，又有協堪總目官之助，於稿本之考證處亦多有刪改。稿本誠不能無誤，其疏漏之處，固然有爲定本所訂正者。如稿本〈新唐書提要〉謂「事增文省」一語出自陳振孫《直齋書錄解題》，然追本溯源，陳氏此語實引自《元城語錄》，故定本改之。然稿本之疏，亦有爲定本所因襲者。如稿本謂《晉書》中無〈郭琦傳〉，定本因之，然翻檢《晉書》，此傳正見於卷九十四之〈隱逸傳〉中。定本刪改之處，固然有後出轉精者，然亦有轉爲

〔註26〕紀昀等：《武英殿本四庫全書總目提要》第 1 冊，卷首 3，頁 12a～13，總頁 39～40。

〔註27〕清高宗：〈御製題宋版前漢書〉，班固：《前漢書》，載《景印文淵閣四庫全書》第 249 冊，總頁 1。

疏漏者。如定本於〈隋書提要〉「據劉知幾《史通》所載，撰紀傳者爲顏師古、孔穎達」之後，增入一段小注：

> 案：《集古錄》據穎達墓碑，謂「碑稱與魏鄭公同修《隋書》，而〈傳〉不著。」蓋但據《舊唐書》言之，未考知幾書也。〔註28〕

以今考之，歐陽修（1007～1072）《集古錄》所謂「〈傳〉不著」者，乃指《新唐書》而言，而《舊唐書》〈孔穎達傳〉中明有「又與魏徵撰成《隋史》」之語。凡此之類，被余嘉錫（1884～1955）譏爲「欲以突過前人，而不知其說之非也」。〔註29〕總之，定本對於稿本考證處之刪改，可謂得失互見。

（四）史學觀點之不同

紀昀平生之精力集中於《四庫全書總目》一編，然《總目》乃官書，固不能盡紀氏學術思想之全部。若考紀氏之史學，當重《史通削繁》一書。是書乃紀氏刪節《史通》而成，考其自序，當撰於乾隆三十七年（1772）。紀氏於原文之上施以眉批，其中頗多討論史法之處，遇原文與己意相契者，則於其側加以圓圈。茲以《史通削繁》爲主，觀紀、邵二人史學觀點之異同，尋稿本、定本差異之根源。

其一曰史之斷限。劉知幾嘗曰：「《史記》者載數千年之事，無所不容，《漢書》者紀十二帝之時，有限斯極。」〔註30〕紀氏加圈於此語之側，深以爲然，蓋謂《漢書》以下諸史，既屬斷代爲書，其表、志亦當嚴格以本朝爲限，不應追述前代史事。邵晉涵則謂史之斷限，當視具體情形而定，若前史確有疏漏，後史理應補其未備。明乎此，則無怪乎稿本以《宋書》諸志之追述前代爲「史家之義應爾」，而定本改爲「未爲大失」，可知紀氏終不以「追述前代」爲然。至於諸史之〈藝文志〉，紀氏以爲應專錄一代之典籍，不當考前史之著錄。《史通》〈書志篇〉便持此論，故紀氏批曰：「此言有理，故《明史》竟用此例。」〔註31〕明乎此，則無怪乎稿本以「明代祕書盡亡，無從取徵」釋《明史》〈藝文志〉之專記一代，而定本卻改爲「於義爲允」，可知紀氏以爲〈藝文志〉本當如此也。

〔註28〕 紀昀等：《武英殿本四庫全書總目提要》第 2 冊，卷 45，頁 53a，總頁 27。
〔註29〕 余嘉錫：《四庫提要辨證》（北京：中華書局，2007 年）第 1 冊，頁 195。
〔註30〕 紀昀：《史通削繁》（據道光十三年兩廣節署刻本影印），載《續修四庫全書》第 448 冊，卷 1，頁 38，總頁 23。
〔註31〕 同上，頁 24b，總頁 16。

其二曰史之曲直。劉知幾嘗曰：「夫世事如此，而責史臣不能申其強項之風，勵其匪躬之節，蓋亦難矣。」〔註32〕又曰：「史氏有事涉君親，必言多隱諱。雖直道不足，而名教存焉。」〔註33〕前段論直書之難，後段論曲筆之義。凡此數語，紀氏皆施以圈點，並批曰：「此亦臣子之大義。」〔註34〕紀氏以爲，直書與否，不僅取決於史家之品質，亦繫乎時代之情勢。大抵而言，與當代政權相關聯之史事，史家甚難直書，故曲筆之處亦不應深責。邵晉涵則堅持直書之義，深以曲筆爲恥，故在〈元史提要〉中責宋濂諸人「泰定、天曆之間多徇曲筆」。邵氏對因直書而獲罪之史家表示同情，對加害者表示譴責，於〈魏書提要〉中曰：「自崔浩以修史被謗獲禍，後遂釀爲風氣。」其之所以力辨「穢史」之冤，並非僅爲魏收一人，乃爲直書者發聲。且謂即使情勢上必須有所權宜，史家亦應在心中秉持直道，遂於〈隋書提要〉中曰：「於越王侗之遜位，堯君素之授命，能以婉辭存直道，尤見秉筆之公。」凡此之類，皆爲紀昀所刪改。

第三節　學術心態之影響

《四庫全書》之纂修，對邵晉涵之學術心態影響甚大，其中實有頗可玩味者。即以《舊五代史》之纂輯而言，雖使邵氏贏得盛譽，亦足以令其惶惶不安。

一、文字之忌諱

乾隆一朝文網甚嚴，《四庫》所收諸書，文字多有忌諱，不獨《舊五代史》一書。然此書刪改之處，比比皆是，較他書爲多。陳垣先生《舊五代史輯本發覆》曰：

> 其最可注意者，爲胡虜夷狄等字，莫不改易或刪除也。……第一次所改爲總纂及纂修官之事，占十之六，第二第三次所改，爲總校及分校官之事，占十之四，然發縱指示者，恐仍在總裁也。〔註35〕

〔註32〕紀昀：《史通削繁》，卷2，頁23b，總頁49。

〔註33〕同上，頁26a，總頁51。

〔註34〕同上。

〔註35〕陳垣：〈序〉，《舊五代史輯本發覆》，載《勵耘書屋叢刻》（北京：北京師範大學出版社，1982年，據1937年北平輔仁大學刊本影印），頁2，總頁1499。

書中凡虜、戎、胡、夷狄、犬戎、蕃、酋、僞、賊、犯闕、漢諸字，莫不刪改殆盡，甚至因改動字句而致記載失實。晉涵作爲此書之纂輯者，恐需承擔首次刪改之任務。

傅增湘（1872～1949）曾力辨清輯本文字忌諱之不合情理，蓋有四端：其一，四庫開館修書之日，滿清立國已百餘年，畛域之見，當久已泯除。其二，爲尊者諱，諱建州可也，諱女眞猶可也，茲乃諱及契丹、沙陀，殊不可解。其三，世宗、高宗兩朝，頻下明詔，禁止臣下避諱夷、狄諸字，執筆諸人，何以仍極力規避？其四，編輯之事，主之者爲邵二雲，其於史例之違戾，事實之矯誣，寧有不知？何以躬冒不韙？正因如此，傅氏推測，館臣過度忌諱刪改，實有「深意」所在：

> 乾隆中葉，海宇安和，文治勃興，號爲極盛之世。人君方憪然肆於民上，騁其雄猜之略，以塗飾天下之耳目。而孰知隱伏於士大夫之衷曲者，固沈摯而不可磨滅如是耶？其外之虔恭愈甚，斯其內之厭棄也益深。君子觀人心之未亡，而知國事尚有可爲也。〔註36〕

以今觀之，傅氏謂忌諱源自清高宗之「雄猜」，不無道理。然認爲館臣故意過度刪改，以此蘊藏內心之厭惡，表露清廷之罪愆，晉涵等人若目睹此言，恐將哭笑不得。

考清朝文字之獄，十九皆發生於乾隆一朝，雖其中多有隱曲，大半與政治鬥爭有關，以文罪人，多爲借題發揮。〔註37〕然讀書人但見諸人因筆墨文字而喪命，至於其中隱曲，如何得知？爲免禍端，只得處處謹愼小心，亦勢所必然。文字忌諱之風，乃至愈演愈烈，則傅氏所論「不合理」之四端，以彼時政治環境觀之，皆屬合理。觀邵氏《南江文鈔》一編，全書難覓夷、狄、胡、虜之字，可見其謹愼避禍之意。

二、清高宗對《舊五代史》之過問

纂輯《舊五代史》之時，清高宗曾親自過問。于敏中致陸錫熊書曰：「《舊五代史》進呈後，昨已蒙題詩……昨召見，極獎辦書人認眞，並詢係何人所

〔註36〕傅增湘：〈舊五代史輯本發覆序〉，載陳垣：《舊五代史輯本發覆》，頁1～2，總頁1492～1494。

〔註37〕乾隆二十年（1755）之胡中藻案，便是一例。參金性堯：《清代筆禍錄》（上海：上海遠東出版社，2012年），頁65～68。

辦，因奏二雲採輯之功……」〔註38〕蒙皇帝讚許纂修認真，可謂幸事一樁。

不料數日後，清高宗突然問道：「金章宗專用《歐史》係何意，或因《薛史》措辭有礙大金否？並查明覆奏。」〔註39〕滿族爲女眞之後裔，清朝之前身稱「後金」，故而朝野上下對金朝極爲尊敬。完顏氏建立之金朝，崛起於北宋末年，不應與五代史事相涉。然清高宗詢問之下，纂修諸人深感不安，邵晉涵實首當其衝。于敏中另有一函曰：

> 二雲復感甚，念念，囑其加意調攝，不但不宜早出，並當囑其慎起居飲食，俟元氣全後，方可無虞。此時並不必急於看書，即《舊五代史》有奉旨指詢之處，亦與彼無涉，不必慮也。〔註40〕

可見面對清高宗之詢問，晉涵因恐懼而生病，故于敏中表示關心，並叮囑陸錫熊對其好言寬慰。纂輯《舊五代史》本是一件極單純之學術活動，卻因清高宗一句不經意之詢問，遂生出許多波瀾。四庫館臣所受之政治壓力，於此可見一斑。

王鳴盛於乾隆四十五年（1780）撰〈跋五代史纂誤〉，中曰：

> 吾友邵編修在館中搜得薛居正《舊五代史》，聞其已繕錄清本，行將進御。因先呈總裁掌院相國于公，公留閱未竟。己亥冬，于公卒，書遂浮沈不可復得，誠恨事也。予家居，聞此書將有刻本流傳，翹企待之。今秋錢進士塘自都下歸，爲述如此，可禁悵然。然他日若晤邵編修，宜再訪之。〔註41〕

錢塘（1735～1790）爲錢大昕之姪，所述之事或來自晉涵口說。然晉涵是年擔任廣西鄉試正考官，秋時尚在桂林，故錢氏或得自坊間傳聞，亦未可知。然纂輯《舊五代史》之曲折，於此可見一斑。

今觀邵氏之筆墨文字，其中未有一語提及《舊五代史》之纂輯，豈無隱衷？且《南江文鈔》中所收「《四庫》提要稿」，囊括廿二史，獨缺《三國志》、《舊五代史》兩篇，陳書暫且不論，薛史之「提要」，斷無不出於晉涵手之理。其所以見削於文集之外，或因邵氏對高宗之詢問心存餘悸，擔心日後爲人所構陷。

〔註38〕于敏中：《于文襄公（敏中）手札》，頁83。
〔註39〕同上。
〔註40〕同上。
〔註41〕王鳴盛：〈跋五代史纂誤〉，載陳文和主編：《嘉定王鳴盛全集》（北京：中華書局，2010年）第11冊，頁442。

三、提要稿之刪改與迴護

纂修《四庫全書》對於邵晉涵學術心態之影響，尚不止《舊五代史》一事，今再摘出數事，以見其詳。

其一，晉涵為《宋史》所撰之「提要稿」，引沈世泊《宋史就正編》指摘《宋史》之疏漏，前後數十條皆為《四庫全書總目》所採用，唯「汴京之破，失載王履之奉使盡節」一條，〔註42〕為紀昀所刪。蓋破汴京者乃金朝，原稿不僅提及王履之事，且目之為「忠義之士」，紀昀拘於忌諱而刪之。此外，紀氏復於原處補入「林同題壁自盡」一條。〔註43〕林同乃南宋人，滅南宋者為元，自然與清無涉。合此處之刪、補並觀，其背後之微義昭然若揭。

其二，章學誠曾曰：「時議咸謂前史蕪蕪，莫甚於元人三史。」〔註44〕所謂元人三史，指《宋史》、《遼史》、《金史》。晉涵為三書撰寫「提要」，譏《宋史》曰：「其於通行學官之書，同修之史，尚不及引證，其參差之蹟，闕遺之事，又豈可枚舉乎？……姑取以備一代之史而已。」〔註45〕譏《遼史》曰：「當日史臣見聞既隘，又迫限時日，無暇旁搜，而局於三史並行之議，敷衍成文，取盈卷帙。」〔註46〕可謂極盡指摘之能事。然獨於《金史》一編，評價甚高，其中緣由，似可玩味。平心而論，三史自有高下之分，然細玩其文字，不無溢美迴護之辭。文曰：「金人重典章，修法制，《實錄》以時纂輯。中原文學，彬彬稱盛，撰著之書，多有裨於史事。」〔註47〕金人史官之制，《實錄》之纂，皆取法於宋。靖康之變，中原士大夫多南渡江浙，所謂「中原文學」云云，金朝僅得其名，南宋方得其實。史官之完備，文學之稱盛，與金而不與宋，實為溢美之辭。又曰：「惜其列傳尚多疏舛，……蓋其時南北隔絕，史臣各紀所聞，難於畫一。」〔註48〕觀「列傳疏舛」一語，乃通篇唯一指摘《金史》之辭，然猶以「各紀所聞」解之，不無迴護之意。可見晉涵因忌憚當朝，竟連元人所修之《金史》一併忌憚，遂於「提要」之中多存溢美迴護之辭。

〔註42〕邵晉涵：〈宋史提要〉，《南江文鈔》，卷12，頁48a，總頁590。按：沈書今不存，邵氏「提要」中所引用者，當採自《永樂大典》。

〔註43〕紀昀等：《四庫全書總目》，卷46，頁413。

〔註44〕章學誠：〈邵與桐別傳〉，《章氏遺書》，卷18，頁7，總頁396。

〔註45〕邵晉涵：〈宋史提要〉，《南江文鈔》，卷12，頁48b～49a，總頁590～591。

〔註46〕邵晉涵：〈遼史提要〉，《南江文鈔》，卷12，頁50a，總頁591。

〔註47〕邵晉涵：〈金史提要〉，《南江文鈔》，卷12，頁52a，總頁592。

〔註48〕同上，頁53，總頁593。

其三，晉涵爲《明史》撰寫之「提要」曰：

> 先是，明人撰集故事者，……鄭曉《吾學編》、鄧元錫《明書》、
> 薛應旂《憲章錄》、何喬遠《名山藏》，始有志於正史。……至王世
> 貞《史料》，始據《實錄》以考正諸家之失，……然於眾論之參差，
> 莫能折衷。〔註49〕

上述鄭曉諸人之作，皆見於乾隆朝之《禁毀書目》，或抽毀，或全毀。如此
敏感之文字，自然被總纂刪除。且稿本對於明人舊作之追溯，顯然將削弱清
廷創修《明史》之功，與保存勝朝文獻之勞。無怪乎《總目》定本僅提及王
鴻緒（1645～1723），連爲此書耗費畢生精力之萬斯同且避之不談。晉涵對
明代史料極爲熟諳，對於萬斯同之《明史稿》尤爲喜愛，將其比之爲《舊唐
書》。明代文獻之熟諳，僅稍見諸「提要」之中，便被總纂刪削。

第四節　《邵氏史記輯評》書後

《邵氏史記輯評》十卷，題曰「餘姚邵晉涵二雲先生定本」，上海會文堂
書局印行。書前有俞喦序一篇，撰於民國八年（1919）五月，則是書之印行，
亦當在此時也。此書僅有會文堂印本存世，且流傳甚稀，臺島僅東海大學圖
書館藏有一部，中原所藏稍富，亦不過寥寥幾部而已。

邵二雲卒於嘉慶元年（1796），此書印行於二雲歿後百餘年。今日捧讀是
書，當先考其來歷，以防書賈作僞欺人。俞喦序曰：

> 比中年，至中溪，張君行素五丈持《史記》一編見贈，曰：「此
> 餘姚邵二雲先生手定本也，洪楊變後，於蠹城舊書肆中得之。」……
> 喦攜是書三十年，雖舟車逆旅不釋。……茲爲校刊邑志事客滬，
> 屬會文堂書局，與湯君滌先述所志。湯君贊同，願印行以公諸世。

〔註50〕

俞喦字皋雪，紹興新昌人，序中所云「蠹城」，亦指紹興。據序，知張行素
於洪楊之亂後購得二雲舊藏，並於 1889 年前後贈予俞喦。俞氏珍藏三十餘
年後，交會文堂主人湯壽銘（字滌先，亦紹興人）整理印行，以廣流傳。此
書既得之於二雲故鄉，又因後輩崇敬鄉賢而印行之，其來歷當無問題。

〔註49〕 邵晉涵：〈明史提要〉，《南江文鈔》，卷12，頁57，總頁595。
〔註50〕 俞喦：〈敘〉，載邵晉涵：《邵氏史記輯評》（上海會文堂書局民國八年印本），
　　　　卷首，頁1～3。

俞序又曰：「邵二雲先生又取鄧氏本再爲評定，丹黃塗抹，解釋洮汰，有自成爲邵氏之本者。」〔註51〕所謂「鄧氏本」，乃指明人鄧以讚之《史記輯評》。以讚字定宇，南昌新建人，隆慶辛未（1571）進士，《明史》有傳。鄧書二十四卷，今存萬曆四十六年（1618）刻本，未見他刻。則二雲所批點之本，俞品所珍藏之本，當即此萬曆刻本也。據序及正文，知二雲曾藏有鄧書一部，於其上圈點批閱，非欲撰成一書。

二雲讀史之札記，僅見於《南江札記》卷四，其中論及《史記》、《漢書》、《三國志》者，僅寥寥數條而已。且就此數條而言，實爲何焯（1661～1722）《義門讀書記》之原文，邵秉華整理乃父遺作時未加深考，遂將之收入《札記》。〔註52〕《邵氏史記輯評》所批點者，凡本紀八、表七、書四、世家十五、列傳六十一，共計九十五篇。每篇皆節取原文，於其旁加以圈點，並於其上施以眉批。細考各篇之眉批，多關乎史事與史法，茲爲撮其大要，以見二雲史識、史才、史學之一斑。

二雲論史事，每於盛衰存亡之際，觀國政之成敗得失。如論暴秦之亡，則曰：「怨深則三戶足以亡秦。」〔註53〕論項羽之失，則曰：「能以私意分封，是爲宰不平公案。」〔註54〕言劉邦之約法三章，以爲「數言定天下，此眞天子氣，何處更有龍成五采？」〔註55〕述范雎之遠交近攻，以爲霸業定於此一言。〔註56〕至於〈封禪書〉中諷漢武帝「因求仙而封禪，因封神而窮兵」，〔註57〕可謂洞悉其禍根。〈信陵君列傳〉中感慨「無忌去而魏輕，還而魏重，……無忌死而魏亡，賢者之於國家何如哉？」〔註58〕亦爲眞知灼見。

至於人物賢愚之臧否，頗多卓識，視之爲「判官斷案」，亦不爲過。如評趙武靈王曰：「觀主父始末規畫，止於強國，人臣之才略有餘，帝王之度量不足。」〔註59〕譏楚懷王曰：「此時戲楚王如偶人，非說爲善也，楚王自

〔註51〕俞品：〈敘〉，《邵氏史記輯評》，卷首，頁2a。
〔註52〕陳光榮：〈《南江札記》收有他人之作〉，《古籍整理研究學刊》第 3 期，1991 年 6 月，頁11～12。
〔註53〕邵晉涵：《邵氏史記輯評》，卷1，頁17a。
〔註54〕同上，頁21a。
〔註55〕同上，頁27a。
〔註56〕同上，卷5，頁21a。
〔註57〕同上，卷2，頁14a。
〔註58〕同上，卷5，頁13a。
〔註59〕同上，卷3，頁13a。

利昏耳。」〔註60〕又如論李斯曰：「讀〈李斯傳〉未半，知必滅門矣，何必上蔡泣黃犬哉。」又曰：「以秦亡結〈李斯傳〉，見秦之亡由李斯，趙高何足責哉？」〔註61〕論蒙恬曰：「輕百姓力易見也，阿意興攻難見也。深文定案，使賢者不能以才與攻自解其罪，此史家眼力高處。」〔註62〕

至於論史法之處，益多精妙之句。二雲論史書文字，最重「筆力」。其對〈孔子世家〉不甚滿意，以爲「採經摭傳，不見太史公筆力」，〔註63〕而於〈伯夷列傳〉則盛讚之，以爲「妙在雜引經傳，較若出諸己，而縱橫變化，莫測其端」。〔註64〕史家撰述，其史料固應勤加網羅，然其文字必出於會心，此二雲「筆力」之大旨。具體而論，如謂「一篇收束，絕無緊要語，而神采精勁」，〔註65〕「此太史公簡健句，而獨委悉如畫」，〔註66〕「子貢說吳伐齊、救魯、止越之言，滾滾如萬丈洪濤，不啻傀儡之在掌中矣」，〔註67〕諸如此類，不勝枚舉。

其論史料之採擇、史書之謀篇，亦多卓識。如〈趙世家〉述武靈王父子俱死事，二雲批曰：「前敘事已詳，又括而論之，此史法也。」〔註68〕於〈管晏列傳〉批曰：「前後述管仲自言凡兩見，而敘事即在其中矣，此太史公傳記一法也。」〔註69〕又曰：「只載越石父及御者二事，見晏子仁而下人，此又太史公傳記一法也。」〔註70〕凡此之類，直如「史書撰寫法」之課堂講義，初學讀之，獲益匪淺。

此外，尚有兩事頗可玩味，茲因閱及是書，略加闡發。

其一曰華夷之辨。清廷文網特嚴，二雲所輯之《舊五代史》，其中胡、虜、夷、狄諸字，多爲館臣所竄改。觀二雲《南江文鈔》，全書難覓胡虜之字，可見其謹慎避禍之意。然或因壓抑過久，所謂「華夷之辨」云云，得以稍稍流露於閱書眉批之中。此書中談及胡虜者，如文帝拜周亞夫爲中尉，批

〔註60〕邵晉涵：《邵氏史記輯評》，卷4，頁26b。
〔註61〕同上，卷7，頁1～7。
〔註62〕同上，卷7，頁9b。
〔註63〕同上，卷3，頁18a。
〔註64〕同上，卷4，頁1b。
〔註65〕同上，卷2，頁22a。
〔註66〕同上，卷3，頁40a。
〔註67〕同上，卷4，頁14b。
〔註68〕同上，卷3，頁13a。
〔註69〕同上，卷4，頁3a。
〔註70〕同上，頁4a。

曰：「眾心益肅，全是一片滅胡雄心所在。」〔註71〕言及匈奴至冒頓而與中國為敵，批曰：「古今華夷一大關目。」〔註72〕皆頗可玩味。此外，二雲嘗論歐陽修《新五代史》曰：

> 修與尹洙同學古文，法《春秋》之嚴謹。洙撰《五代春秋》，雖行文過隘，而大事不遺。修所撰帝紀，較《五代春秋》已為詳悉矣，然於外蕃之朝貢必書，而於十國之事俱不書於帝紀，豈十國之或奉朝貢、或通使命者，而反不得同域外之觀乎？所恨於修者，書法之不審也。〔註73〕

所謂「外蕃」，指北方契丹諸族，世代與中原為敵，夷狄之謂也。所謂「十國」，指南方江浙閩蜀諸地，華夏之謂也。彼時南方諸地雖割據一方，然唐時已入華夏版圖，且中原動盪，彬彬文化，賴之以存，目為華夏，誰曰不然。二雲深譏歐書略十國而詳外蕃，實暗含華夷之辨。

其二曰《春秋》書法。二雲論史，素重直書之義，深以曲筆為恥。然纂修《四庫》，深受政治壓力之影響，激盪之下，遂提出「以婉辭存直道」之說。所撰〈隋書提要〉曰：「於越王侗之遜位，堯君素之授命，能以婉辭存直道，尤見秉筆之公。」〔註74〕魏徵（580～643）諸人以唐臣修《隋書》，於代興之際，雖不能直書無隱，然用委婉之辭，蘊真實之史，無愧於史家秉筆之公。細考之下，此說本於《春秋》而闡發。

所謂「《春秋》書法」，原指夫子筆削《春秋》之義例，實蘊含「奉天法周」之理想。《公羊傳》謂夫子作《春秋》，為尊者諱，為親者諱，為賢者諱。世或以為疑，謂聖如夫子，亦難守直筆之義。然君親之諱，本於尊禮，乃不得不諱。且夫子「諱而不飾」，未嘗文飾其過，顛倒是非，每於隱約之中見其實，故直在其中矣。〔註75〕二雲「以婉辭存直道」之說，實本於此。所撰〈史記提要〉曰：

> 遷自言繼《春秋》而論次其文，後之學者疑辨相屬。以今考之，……義則取諸《公羊春秋》，辨文家質家之同異，論定人物，多

〔註71〕 邵晉涵：《邵氏史記輯評》，卷3，頁42b。
〔註72〕 同上，卷8，頁41a。
〔註73〕 邵晉涵：〈五代史記提要〉，《南江文鈔》，卷12，頁44b，總頁588。
〔註74〕 邵晉涵：〈隋書提要〉，《南江文鈔》，卷12，頁34b，總頁583。
〔註75〕 參汪榮祖先生之說。見《史傳通說》（北京：中華書局，2003年），頁28～30，217～219。

寓文與而實不與之意，皆公羊氏之法也。〔註76〕

所謂「文與而實不與」，即《春秋》書法之具體而微，二雲於《史記》批語中有所揭示。如論〈封禪書〉曰：「此書直記事，而其失自見，不用貶詞，可爲史法。」〔註77〕論〈袁盎晁錯列傳〉曰：「紀鄧公一段，明錯無罪，此子長用意處。」〔註78〕史家書寫當朝史，勢必有所掣肘，二雲所摘出之數條，亦可供今日效法也。

〔註76〕邵晉涵〈史記提要〉，《南江文鈔》，卷12，頁1，總頁567。

〔註77〕邵晉涵：《邵氏史記輯評》，卷2，頁11a。

〔註78〕同上，卷8，頁16b。

第六章　枕有遺書痛未成
——晚年之治學與著述

　　乾隆四十七年（1782），首部《四庫全書》纂修繕寫完成。邵晉涵仍任翰林院編修，清貧著書，授徒自給。至乾隆五十六年（1791），方升任左春坊左中允。洪亮吉有詩曰：

　　　　苦憶餘姚邵夫子，授徒卻待勘經回（原注：君兼石經、國史二
　　　　館，下直即復授徒）。殊師肯啖公羊餅（原注：君善《穀梁》學），
　　　　絕業誰營《爾雅》臺。〔註1〕

晉涵晚年任國史館提調，並受命校勘《乾隆石經》。所校之經，主要爲《春秋》三傳。每日從國史、石經兩館下直，轉即授徒。

　　嘉慶元年（1796）春，晉涵始擢升翰林院侍講學士，兼文淵閣直閣事。六月十五日，邵晉涵卒，得年五十四。臨終時，族侄邵葆祺伴隨左右，有詩記曰：

　　　　徵君海內久傳名，一代人原應運生。史筆懶裁唐六館（原注：
　　　　嘗辭國史館提調，不就），經神直溯漢東京。室無長物嗟何戀，枕有
　　　　遺書痛未成（原注：所著《孟子述義》及《宋志》，俱未就編）。從
　　　　此講帷傷冷落，雙膝髸下暮烟橫。〔註2〕

〔註1〕洪亮吉：〈歲莫懷人二十四首〉，《卷施閣詩》卷15，《洪亮吉集》，頁805。
〔註2〕邵葆祺：〈哭二雲叔父〉，《橋東詩草》（據同治十二年大興邵氏刻本影印），載
　　　　《清代詩文集彙編》第498冊，卷8，頁6，總頁715。按：題下原注「六月
　　　　十五日」。洪亮吉〈邵學士家傳〉謂「六月二十五日卒於邸第」，據此詩，晉
　　　　涵當卒於十五日。

葆祺親見晉涵之歿，所述當最爲可信。觀晉涵晚年之境遇，雖較四方覓食之章學誠稍優，然亦無閒暇可言。官程私課，人事蹉跎，分功已多。又體羸善病，遂至奄忽下世，《孟子述義》、《宋志》諸書，皆未成編。

　　邵晉涵爲一代史才，又身居太史之位，竟難成馬班之業，美志不就，令人歎息。然掇拾其零章斷簡，傳承文獻之職志，經世致用之精神，躍然紙上。晉涵實無愧於浙東學術之重要傳人。

第一節　邵、章晚年學術之異同

　　今人敘及邵晉涵、章學誠之論學，多不注重考證時間。觀兩人之交往始末，僅於同客朱筠幕下時，得以朝夕相處，從容論史。其餘時間，多南北離合，難獲深入論學之機會，只得訴諸書信往來。然今日所見之材料，僅有《章氏遺書》中與邵論學諸函，細考其撰寫時間，皆在乾隆五十二年（1787）以後。此時兩人已漸入暮年，凡治學之宗旨、方法與領域，皆已確立不移，通信論學，或可糾訛指謬，恐難以對彼此產生重大影響。茲對兩人晚年之論學稍加討論。

　　乾隆五十四年（1789），學誠撰就〈原道〉一篇，末附晉涵評語曰：

　　　　是篇初出，傳稿京師，同人素愛章氏文者，皆不滿意。謂蹈宋人語錄習氣，不免陳腐取憎，與其平日爲文不類，至有移書相規誡者。余諦審之，謂朱少伯（原注：名錫庚）曰：此乃明其《通義》所著一切，創言別論，皆出自然，無矯強耳。語雖渾成，意多精湛，未可議也。〔註3〕

五十七年（1792），學誠撰〈書教〉，篇末亦有晉涵評語曰：

　　　　紀傳史裁，參仿袁樞，是貌同心異。以之上接《尚書》家言，是貌異心同。是篇所推，於六藝爲支子，於史學爲大宗，於前史爲中流砥柱，於後學爲蠶叢開山。〔註4〕

後人閱此數語，遂謂邵、章兩人「論學具有共同思想」。〔註5〕以今考之，上述寥寥數語，恐難以證明兩人晚年學術思想之契合。

〔註3〕章學誠：〈原道下〉，《章氏遺書》，卷2，頁13，總頁27。按：本節所述章學誠各篇著作之撰寫時間，皆據胡適著、姚名達訂補《章實齋先生年譜》。

〔註4〕章學誠：〈書教下〉，《章氏遺書》，卷1，頁19，總頁10。

〔註5〕羅炳良：《章實齋與邵二雲》，頁6。

　　首先，兩段評語之內容，多為推崇讚美之語，較少涉及具體學術觀點。以〈原道〉而論，時人之所以多不滿意，正如學誠族侄廷楓所說：「諸君當日祇為陳腐，恐是讀得題目太熟，未嘗詳察其文字耳。」〔註6〕晉涵無非較諸人所閱更加細緻，「諦審」之下，遂謂不當以宋儒空談性命之作視之。至謂〈原道〉乃《文史通義》全書宗旨所在，「意多精湛」云云，並無具體所指。總之，〈原道〉中之評語，僅能證明晉涵並不排斥天人性命之探討，較時人更能平心熟讀此文。至於〈書教〉之評語，乾隆五十七年（1792），學誠致書晉涵曰：

> 近撰〈書教〉之篇，所見較前似有進境，……《紀事本末》本無深意，而因事命題，不為成法，則引而伸之，擴而充之，遂覺體圓用神，《尚書》神聖制作，數千年來可仰望而不可接者，至此可以仰追。……天誘僕衷，為從此百千年後史學開蠶叢乎？〔註7〕

晉涵評語中所謂「貌同心異」、「貌異心同」、「蠶叢開山」云云，皆據學誠函中所言概括而成。學誠於信中道及〈書教〉之主旨，晉涵於評語中重述其言，並大加稱讚，僅此而已。

　　其次，兩段評語之撰寫背景，或與章學誠之「期待」密切相關。本書第四章所提及之章與邵論戴一札，頗可玩味。文曰：

> 來書於戴東原自稱「〈原善〉之書，欲希兩廡牲牢」等語，往復力辨，決其必無是言。足下不忘死友，意甚可感。然謂僕為浮言所惑，則不然也。……惟僕知戴最深，故勘戴隱情亦最微中，其學問心術，實有瑕瑜不容掩者。……至於「兩廡牲牢」等語，本無足為戴輕重，僕偶舉為〈原道〉諸篇非有私意之旁證耳。〔註8〕

學誠〈原道〉撰於乾隆五十四年（1789），故此函當作於是年。所謂「欲希兩廡牲牢」，指戴震對其〈原善〉諸篇自視甚高，謂具有廓清儒學之功，當享孔廟之祭獻。函中攻戴之語，諸如「戴氏筆之於書，惟闢宋儒踐履之言謬爾」，「其筆金玉而言多糞土」云云，〔註9〕其主旨所在，本書首章已言之甚詳。或謂邵、章論戴，分歧甚大，然細玩函中文字，兩人晚年對戴震之評價，

〔註6〕章學誠：〈原道下〉，《章氏遺書》，卷2，頁14a，總頁28。
〔註7〕章學誠：〈與邵二雲論修《宋史》書〉，《章氏遺書》，卷9，頁20，總頁182。
〔註8〕章學誠：〈答邵二雲書〉，《章學誠遺書·佚篇》，頁645。
〔註9〕同上。

似無根本不同。對此，學誠言之甚明，同年所作〈與史餘村〉曰：

> 僕爲邵先生言：「戴氏學識，雖未通方，而成家實出諸人之上。
> 所可惜者，心術不正，學者要須慎別擇爾。」邵先生深以僕爲知言。
> 〔註10〕

次年所作〈家書〉曰：

> 宋儒之學，自是三代以後講求誠正治平正路。第其流弊，則於
> 學問文章、經濟事功之外，別見有所謂道耳。……宋學流弊，誠如
> 前人所譏。今日之患，又坐宋學太不講也。往在京師，與邵先生言
> 及此事，邵深謂然。〔註11〕

學誠攻戴，謂其將乾嘉考據學引入歧路，令後學鄙薄朱子，以致忽視躬行實
踐、經世致用之旨。晉涵既對彼時之學風表示擔憂，則對學誠攻戴之用意，
自當表示讚同。其所「往復力辨」者，乃戴氏並無「欲希兩廡牲牢」等自負
之語，因東原既歿，不願以惡名加諸死友。且意在規勸學誠，不應動輒將戴
震之「劣跡」、「妄言」大加渲染，挑起意氣之爭，使攻戴之本意反爲所掩。

　　既然邵、章皆對彼時之學風表示擔憂，且對於晉涵之規勸，學誠在致史
餘村信中已承認所言「非莊論也」，〔註12〕何以仍長篇累牘，與邵力辨戴震之
學問心術？以今觀之，章氏實有深意所在。〈答邵二雲書〉曰：

> 足下嘗許僕爲君家念魯身後桓譚，僕則不敢讓也，今求僕之桓
> 譚，捨足下其誰與？雄譚並時而生，於古未有，可無名言高論，激
> 發後生志氣，而顧嘿嘿引嫌，不敢一置可否，其不惜哉！〔註13〕

《丙辰箚記》中亦提及此事，文曰：

> 桓譚與揚雄同時，稱謂「身後桓譚」，乃桓於雄死之後表之
> 耳。……世多誤稱余與〈邵二雲書〉言「雄譚並時而生，千古希覯」，
> 亦誤也。〔註14〕

謂函中「雄譚並時而生」一語，時人多懷疑用典不當，故作札記辨之。可知
學誠曾將此函廣泛傳閱，否則眾人之疑從何而來？既然如此，則此信並非爲
晉涵一人而寫，實欲藉此向學界表明批戴之立場與觀點。且向眾人宣佈，邵

〔註10〕章學誠：〈與史餘村〉，《章學誠遺書·佚篇》，頁643～644。
〔註11〕章學誠：〈家書五〉，《章氏遺書》，卷9，頁71，總頁208。
〔註12〕章學誠：〈與史餘村〉，《章學誠遺書·佚篇》，頁643。
〔註13〕章學誠：〈答邵二雲書〉，《章學誠遺書·佚篇》，頁645～646。
〔註14〕章學誠：《丙辰箚記》，《章氏遺書》，外編卷3，頁5b，總頁865。

乃吾之學術知己，願其表達出「激發後生志氣」之名言高論。至於責備邵「不敢一置可否」，所指爲何？表面觀之，即批戴一事，引申言之，則指章氏之學術要旨。此函用意甚明，期待邵與其一道批判戴震，即便不願公然批戴，作爲學術知己，至少也應對其立論要旨有所表彰。晉涵爲〈原道〉、〈書教〉書寫評語，大加讚賞，或與此相關。

乾隆五十五年（1790），學誠致書晉涵，文曰：

> 足下《爾雅正義》，功賅而力勤，識清而裁密，僕謂是亦不朽矣。抑性命休戚之故，亦有可以喻者乎？……足下既疏《爾雅》，則於古今言語能通達矣。以足下之學，豈特解釋人言，竟無自得於言者乎？……足下於文漫不留意，立言宗旨，未見有所發明。此非足下有疏於學，恐於聞道之日猶有待也。〔註15〕

謂晉涵尚未「聞道」，誠爲逆耳之忠言，然兩人此時之學術差異，於此表露無遺。《爾雅正義》刻成於乾隆五十三年（1788），次年又重校一過，此時正廣贈諸友。學誠對此書頗爲輕視，函中所謂「不朽」云云，實爲客套之語。嘗對人曰：「已刻《爾雅正義》，只是邵氏皮毛。」〔註16〕方見章氏本意。邵氏撰《正義》，歷時近二十載，苦心經營，實爲一生精力所萃，然學誠竟以「皮毛」視之，二人學術旨趣之不同，毋庸多言。

至於函中「立言宗旨」之說，實與十九年前客居安徽時所論「著述成家」無異。彼時晉涵頗契此說，於所撰「《四庫》提要稿」中多有闡發，然始終未撰就專門著述。其重修《宋史》之役，於「立言宗旨」頗爲留意，然進展緩慢，故學誠常致書規勸。對於學誠之規勸，晉涵不置可否。然觀其乾隆三十七年（1772）致學誠書曰：「僕自少讀書，中無條貫，不能爲原始要終之學。性好古訓，惟思攎拾佚文，求經師相傳之訓。」〔註17〕雖不無自謙，亦可考見其學術旨趣所在。

邵、章晚年之論學，既有相契之處，復多差異之點。兩人於浙東學術之精神蘊蓄甚深，對彼時考據學風之偏頗，皆表示擔憂，然邵之反應不及章強烈。晉涵對闡發天人性命之作，亦能平心熟讀，不加排斥。兩人之學術差異，則表現爲方法與內容之不同。邵氏重考據，致力於群經新疏、諸史考異，晚

〔註15〕章學誠：〈與邵二雲論學〉，《章氏遺書》，卷9，頁16，總頁180。

〔註16〕章學誠：〈又與朱少白〉，《章學誠遺書·佚篇》，頁642。

〔註17〕邵晉涵：〈與章實齋書〉，《南江文鈔》，卷8，頁11，總頁480。

年力撰《爾雅正義》、《孟子述義》、《宋志》諸書；章氏重義理，致力於史學義例、校讎心法，以《文史通義》爲畢生精力所萃。

第二節　〈邵與桐別傳〉之檢討

　　嘉慶五年（1800），章學誠因目廢不能書，口授大略，由長子貽選執筆，撰就〈邵與桐別傳〉。此傳與章氏學術同一命運，近代以來，方爲人所重。且因邵晉涵之著述難覓其詳，〈別傳〉更爲學者所珍視，梁啓超曾曰：「故欲研究二雲，當以實齋所作〈邵與桐別傳〉爲基本資料。」〔註18〕然此文之撰就，頗有值得探討之背景。

　　其一，此傳針對洪亮吉、錢大昕之文而作。〈別傳〉曰：「餘姚邵氏歿，名流多爲傳狀碑誌，余自度文筆未足抗也。」〔註19〕晉涵身後之碑傳，有洪亮吉〈家傳〉、錢大昕〈墓誌銘〉、王昶〈墓表〉三篇，章氏所目睹者，即洪、錢所撰之兩篇。至於〈墓表〉一篇，因撰於嘉慶八年（1803），此時自未獲睹。諸傳之要點已詳述於本書〈緒論〉之中，洪、錢對邵晉涵學術之敘論集中於博洽、經訓、漢詁三端，〈別傳〉則側重於守約、史裁、宋學，與之針鋒相對。學誠視晉涵爲一生之學術知己，自詡知之甚深，於〈別傳〉道出洪、錢所「未知」者，亦合於情理。惟既已獲睹洪、錢之文，思有以與之抗衡，則〈別傳〉屬筆之時，甚難從容敘述，平心議論。

　　學誠晚年之學術心態，本書首章言之甚明，其最大擔憂，實爲考據學風之偏頗。洪、錢文中關於考據學之文字，顯然對學誠觸動甚大。洪亮吉曰：「及四庫館之開，君與戴君又首膺其選，由徒步入翰林。於是⋯⋯向之空談性命及從事帖括者，始駸駸然趨實學矣。」〔註20〕錢大昕曰：「自四庫館開，而士大夫始重經史之學，言經學則推戴吉士震，言史學則推君。」〔註21〕皆將《四庫全書》之纂修視爲考據學興盛之關鍵因素，大加讚美，且視晉涵爲考據學家之典範。學誠則曰：

　　　　方四庫徵書，遺書秘冊，薈萃都下，學士侈於聞見之富，別爲風

〔註18〕梁啓超：〈覆餘姚評論社論邵二雲學術〉，《飲冰室合集》，文集之42，頁40。
〔註19〕章學誠：〈邵與桐別傳〉，《章氏遺書》，卷18，頁5，總頁395。
〔註20〕洪亮吉：〈邵學士家傳〉，《卷施閣文甲集》卷9，《洪亮吉集》，頁192。
〔註21〕錢大昕：〈日講起居注官翰林院侍講學士邵君墓誌銘〉，《潛研堂文集》，卷43，頁23，總頁178。

氣。講求史學，非馬端臨氏之所爲整齊類比，即王伯厚氏之所爲
考逸搜遺。……然觀止矣，至若前人所謂決斷去取，各自成家，
無取方圓求備，惟冀有當於《春秋》經世，庶幾先王之志焉者，
則河漢矣。〔註22〕

謂諸儒埋頭於考據之中，忽視著述成家、經世致用之宗旨，終將流於偏頗。
洪、錢所津津樂道之整齊類比、考逸搜遺，正爲學誠所擔憂與不滿。學誠又
曰：「余嘗語君，史學不求家法，則貪奇嗜瑣，但知日務增華，不過千年，將
恐大地不能容架閣矣。君撫膺嘆絕，欲以斯意刊定前史，自成一家。」〔註23〕
謂邵氏深契其說，亦對四庫館考逸搜遺之學風有所不滿。晉涵史學之發展，
邵、章學術之異同，前文敘之已詳，學誠所述，恐難得邵氏之實。然〈別傳〉
與〈浙東學術〉撰自同時，其對於章氏「心理背景」之揭示，較〈浙東學術〉
一文更爲明顯。

　　其二，此傳作於章學誠與邵晉涵次子秉華交惡之後。學誠致朱錫庚書曰：
即如足下屢促僕爲〈邵先生傳〉，……然能言其意而無徵於實，
則文空而說亦不爲人所據信，故從其家問遺書。……邵氏次君，自
命讀父書者，遇僕求請，輒作無數驚疑猜懼之象，支離掩飾，殆難
理喻。僕初猶未覺，後乃至於專書不報，姚江赴杭至郡，又過門不
入，僕甚疑駭。久乃得其退後之言，直云僕負生死之誼，盜賣畢公
《史考》，又將賣其先人筆墨，獻媚於謝方伯，是以不取於僕。嗟乎，
斯豈人口中語哉！孺子何知，遂至於此！〔註24〕

學誠曾於畢沅幕中主持《史籍考》之編纂，前後數年，稿本略具。畢氏歿後，
章欲卒成其書，於嘉慶三年（1798）赴杭州，藉謝啓昆（1737～1802）之力
補訂《史籍考》。邵秉華謂學誠將原屬畢氏之書歸於謝氏名下，以此獻媚謝氏，
對其人品大加懷疑，以至彼此交惡。

　　此事對章學誠觸動極大，委屈憤怒之餘，乃深思其中之緣由。章氏曰：
「聞其結交近日一種名流，所謂好名爭勝、門戶忮忌之輩，陰教導之。世風
至此，我輩更何言哉！」〔註25〕又曰：「學者風氣，……江浙之間，一二聞

〔註22〕章學誠：〈邵與桐別傳〉，《章氏遺書》，卷18，頁7，總頁396。
〔註23〕同上。
〔註24〕章學誠：〈又與朱少白〉，《章學誠遺書・佚篇》，頁642。
〔註25〕同上。

見所及，實爲世道人心憂慮。」〔註26〕章氏將問題之癥結指向世風日下、人心不古。復加深思，世風之日下，實根源於學風之偏頗。因彼時諸人挾考據以自重，既捨棄義理而不講，乃至連同立身處事之大節，一併忽視，遂流於好名爭勝。正因如此，學誠對於考據學之擔憂，更爲強烈。〈邵與桐別傳〉屬筆之時，章氏已是風燭殘年，慮及世風、學風之偏，乃至連摯友之子亦爲風氣所誤導，必感慨再三。

悲痛之餘，思有以救挽，〈浙東學術〉、〈別傳〉兩文之撰，皆與此種心態密切相關。兩文交相爲用，〈浙東學術〉爲理論綱領，將浙東學術之源流與特徵和盤托出，與乾嘉考據學針鋒相對；〈別傳〉則爲個案與論據，視邵晉涵爲浙東學者之典範，遂將其置於考據學家之對立面。

其三，〈別傳〉屬筆前，學誠曾請朱錫庚撰寫〈節略〉。錫庚爲朱筠之子，曾受業於晉涵。嘉慶二年（1797），學誠致書錫庚曰：「爲邵君開〈節略〉之事，能俯如所請否？亦示知之。」〔註27〕所謂「節略」，即將邵氏遺事詳加網羅，按年編排，爲日後作傳提供基本依據。學誠之請，錫庚當已應允。故另一函曰：

> 邵先生行事細碎，宜即動手記之。即如受洪書而不報，此雖不便明記，亦可暗指其事，而形其雅量也。其與弟相喻甚深，必有弟轉不及知而與足下道及者，是亦可識，而且爲弟所必欲聞而斟酌以入文也。〔註28〕

特別指出，〈節略〉應留意兩類材料之網羅：其一，邵氏與考據學者之辯難。所謂「受洪書而不報」，函中曾提及此事，文曰：

> 以洪君之聰明知識，欲彈駁弟之文史，正如邵先生所云：「此等拳頭，只消談笑而受，不必回拳，而彼已跌倒者也。」（原注：彼駁邵之《爾雅》，方長篇大章刻入《文集》，以爲得意，而邵之議論已如此。）〔註29〕

洪亮吉曾撰〈釋大別山一篇寄邵編修晉涵〉、〈又與邵編修辯《爾雅》斥山書〉諸文，對邵晉涵之學術觀點有所指摘，既致函邵氏，復將其刻入《卷

〔註26〕章學誠：〈又與朱少白〉，《章學誠遺書·佚篇》，頁642。
〔註27〕章學誠：〈又與朱少白書（一）〉，《章氏遺書》，補遺，頁28a，總頁1368。
〔註28〕章學誠：〈又答朱少白書（一）〉，《章氏遺書》，補遺，頁23b～24a，總頁1366。
〔註29〕同上，頁23a，總頁1366。

施閣文集》。〔註30〕據學誠所言，邵對洪之指摘頗不以爲然，故並未回函與之論辯。其二，邵氏對章氏學術之闡發與表彰。此即函中所謂「相喻甚深」者，學誠對此類材料尤爲渴求。

　　章氏之所以關注「受洪書而不報」等材料，欲藉此說明，彼時考據學者多懷好名爭勝之心，挾考據以自重，雖自以爲得意，而不知其疏漏實多。至於渴求邵、章「相喻甚深」之材料，用意甚明，實欲挾邵以自重。如〈別傳〉中曰：

　　　　余著《文史通義》，不無別識獨裁，不知者或相譏議。君每見余書，輒謂如探其胸中之所欲言。……君乃深契如是，古人所稱昌歇之嗜，殆有天性，不可解耶。〔註31〕

此外，章貽選之按語曰：

　　　　先師深契家君專家、宗旨之議，故於《宋史》主於約馭博也。《爾雅正義》既成，自謂此書苦心，不難博證，而難於別擇之中能割所愛耳。〔註32〕

此即所謂「相喻甚深」者。章氏晚年深感孤寂，其人不爲時所重，其說亦不爲人所信。〈別傳〉屬筆之時，學誠已預感行將就木，遂寫明邵氏與己之契合隱微、相喻甚深，以見吾道之不孤，且藉此自重其言。

　　總之，章學誠撰〈邵與桐別傳〉，頗有深意所在。首先，此傳與〈浙東學術〉一文交相爲用，視邵晉涵爲浙東學者之典範，爲〈浙東學術〉之論點提供佐證。其次，欲挾晉涵以自重，故傳中多述及邵對己說之讚賞。正因如此，〈別傳〉中所描述之邵晉涵，成爲考據學家之對立面，獨與章學誠契合隱微、相喻甚深。

第三節　《南都事略》與《宋志》

　　乾隆三十七年（1772），邵晉涵已開始考訂《宋史》，爲重修作準備。其後二十年間，考訂重修之役，時斷時續，然從未放棄。晉涵欲先考訂南宋史事，仿王稱《東都事略》之體例，撰成《南都事略》。而後通考兩宋之史，改寫《宋史》全書，撰成《宋志》一編。兩書皆草創未成，今已難覓片紙。

〔註30〕洪亮吉：《卷施閣文甲集》卷7，《洪亮吉集》，頁164～172。
〔註31〕章學誠：〈邵與桐別傳〉，《章氏遺書》，卷18，頁7a，總頁396。
〔註32〕同上，頁9a，總頁397。

晉涵對《宋史》之考證，與重修《宋史》之計劃，今人言之已詳。〔註33〕
惟重修《宋史》之緣起，與《南都事略》、《宋志》不克成書之原因，尚乏深
論，茲首發其微。

一、重修《宋史》之緣起

前文曾提及，邵氏重修《宋史》之役，與錢大昕之鼓勵不無關聯。今細
考之下，啟發晉涵者，尚不止大昕一人。其重修《宋史》之志，實根源於浙
東文獻之傳。浙東儒哲黃宗羲、全祖望，皆曾有重修《宋史》之意。

全祖望撰〈梨洲先生神道碑文〉，中曰：「公嘗欲重修《宋史》而未就，
僅存《叢目補遺》三卷。」〔註34〕復撰〈答臨川先生問湯氏《宋史》帖子〉，
謂明人重修《宋史》者，有湯顯祖（1550～1617）、王惟儉、顧炎武三家。湯
氏書尚未脫稿，長興潘昭度得之，延請艾南英、曾異撰（1590～1644）、徐世
溥（1608～1657）諸人詳加考訂，網羅宋代野史至十餘簏，然卒未成書。其
後王惟儉所撰亦歸潘氏。明亡後，湯、王兩書稿本，連同先前網羅之大量史
料，盡歸於潘氏之婿嘉興呂及甫。時黃宗羲講學於浙西，呂氏請其續加考訂，
宗羲欣然應允，訂正〈曆志〉一篇。兩人並約定，將呂氏所藏十餘簏史料悉
數交與黃氏，供其纂成《宋史》全書。因呂氏遽歿，未踐此約。〔註35〕正因
如此，宗羲重修《宋史》之役，終未能卒業。全祖望對此深為惋惜，嘆曰：「是
書若經黃徵君之手，則可以竟成一代之史。」並曰：

> 某少讀《宋史》，歎其自建炎南遷，荒謬滿紙。欲得臨川書以為
> 藍本，或更為拾遺補闕於其間。荏苒風塵，此志未遂。〔註36〕

所謂「臨川書」，即指潘昭度請人續訂之湯顯祖稿本，及業已搜羅之大量史
料。蓋全氏欲繼承黃宗羲之志，以重修《宋史》慨然自任。且明言重修《宋
史》，當從南宋史實入手，以前人稿本為基礎，網羅史料，拾遺補闕，惜亦
未遂其志。

〔註33〕參見羅炳良：〈邵晉涵對《宋史》的考證與重修〉，《章實齋與邵二雲》，頁225
～236；林良如：〈重修《宋史》之計劃〉，《邵晉涵之文獻學探究》，頁119～
130。

〔註34〕全祖望：〈梨洲先生神道碑文〉，《鮚埼亭集》（據嘉慶九年史夢蛟刻本影印），
載《續修四庫全書》第1429冊，卷11，頁12a，總頁53。

〔註35〕全祖望：〈答臨川先生問湯氏《宋史》帖子〉，《鮚埼亭集外編》，卷43，頁5，
總頁196。

〔註36〕同上。

　　晉涵早年與黃宗羲玄孫黃璋同受業於周助瀾之門，得聞梨洲遺事頗詳，後又通讀全祖望《鮚埼亭集》全稿，深諳謝山學術。乾隆四十三年（1778）纂修《餘姚志》，中有黃宗羲傳一篇，文曰：「欲補《宋史》之遺，存《目錄》三卷。」〔註37〕又於〈經籍〉中著錄「《宋書補遺》三卷」，注曰：「全祖望曰：公欲修《宋史》而未就，僅存《叢目補遺》。」〔註38〕益可證邵氏熟知黃宗羲重修《宋史》之始末。晉涵宗仰浙東先賢，見黃、全皆欲重修《宋史》而未遂其志，遂慨然繼之。吳衡照（1771～？）《蓮子居詞話》曰：「餘姚邵二雲擬作南宋朝《事略》，以續《東都事略》，本黃梨洲重修《宋史》志也，書未成而卒。」〔註39〕謂晉涵重修《宋史》本於黃宗羲之志，確為卓識，惜尚未道及全祖望啓發之功。

　　且重修《宋史》之首要條件，在於兩宋史料之完備，舉凡雜史、方志、金石、筆記、別集之類，皆應網羅殆盡。黃氏之所以欲重修《宋史》，蓋因獲睹呂氏家藏之湯、王稿本及大量史料，慮及文獻難得，若不及時纂修成書，旋將散失無存。全氏亦「欲得臨川書以為藍本」，所慮蓋與黃氏同。浙東地區向有收藏文獻之傳統，浙東儒哲亦常懷護持文獻之職志，兩者相輔而行。邵晉涵參與《四庫全書》之纂修，所見兩宋史料，又遠非黃、全所及。其中除業已纂輯成編之《續資治通鑑長編》、《建炎以來繫年要錄》諸書，尚有大量零散史料，存於《永樂大典》之中。晉涵恰逢其會，勢必勤加網羅，藉之考訂、重修《宋史》，以免坐視珍貴文獻散失堙沒。邵氏曾為畢沅考訂《續資治通鑑》，今觀畢書之「考異」，其中尚有兩條與晉涵相關。其一曰：「邵二雲云：《永樂大典》所載《宋史》，亦作翰林副使。」〔註40〕其二曰：「邵二雲言：《永樂大典》載宋人〈復李全官爵制〉云……」〔註41〕益可證晉涵留心於《永樂大典》中兩宋史料之網羅。觀其用意所在，與黃、全護持文獻之苦心，可謂一脈相承。

〔註37〕邵晉涵等：《（乾隆）餘姚志》，卷32，頁2b。

〔註38〕同上，卷35，頁14a。按：「宋書補遺」當為「宋史補遺」之訛，注中所引全氏文可證。

〔註39〕吳衡照：《蓮子居詞話》（據嘉慶間刻本影印），載《續修四庫全書》第1734冊，卷1，頁1b，總頁2。

〔註40〕畢沅：《續資治通鑑》（據嘉慶六年馮集梧等遞刻本影印），載《續修四庫全書》第343冊，卷11，頁4a，總頁131。

〔註41〕畢沅：《續資治通鑑》，載《續修四庫全書》第346冊，卷176，頁24b，總頁167。

二、不克成書之原因

《南都事略》、《宋志》兩書之草創未成，其背後實有微意可尋。

（一）學術風格之影響

邵晉涵受乾嘉樸學浸染甚深，重修《宋史》之役，即從搜羅佚文、考訂異同入手。乾隆三十七年（1772）冬，晉涵曾致函朱筠，中曰：「近又取《東都事略》與《宋史》對勘，核其詳略同異，先成《考異》一書，為將來作《宋志》稿本。」〔註42〕惟《東都事略》一編，尚不能滿足晉涵考訂《宋史》之需要。同年致程晉芳函曰：「《宋史》亦時為校勘，事迹牴牾，無論元明人著述，即王氏《東都事略》，未敢信為實錄也。」〔註43〕《東都事略》乃王稱所撰，稱生長於南宋中葉，距北宋之亡僅數十年，且筆削成書，係子承父志，克紹家學，遠非野史筆記之流可比。然晉涵對王氏書猶未敢輕信，必欲網羅眾說，詳加考訂。此時寓居皖地，羈旅之間，文獻不足，其嚴謹已如此。

其後徵入四庫館，遍覽中祕珍藏。觀晉涵之意，必欲將四庫館中之兩宋史料網羅殆盡，藉之考訂史實，反復研求，而後筆削成書。然文海浩瀚，一部兩萬餘卷之《永樂大典》，經數十位宿儒日夜搜討，窮數年之力，僅輯出佚書幾百種，尚多缺漏。僅憑一己之力，欲網羅一代之文獻，甚難遂功。且就其《爾雅正義》而論，書僅二十卷，便已耗費近二十年之心血。何況數百卷之《宋史》，又不知耗費多少心力。晉涵考訂《宋史》之初，便已預感茲事甚難，其致吳裕德函曰：「惟《宋志》功用浩繁，隨時編輯，要當期以白首。」〔註44〕惜乎至其歿時，《南都事略》、《宋志》兩書尚未成編。章學誠謂晉涵「於學無所不通，然亦以是累。志廣，猝不易裁」，〔註45〕惜其才高嗜博，美志不就，可謂深知甘苦之論。學誠屢勸其留心於立言宗旨，晉涵始終不置可否，蓋博洽之天性，考據之旨趣，終難改變。

（二）政治環境之制約

纂修《四庫全書》，對邵晉涵學術心態影響甚大。為免禍端，乃至處處謹小慎微。

首先，《宋史》為「欽定二十四史」之一，私家重修正史，恐有違功令。

〔註42〕邵晉涵：〈與朱筠河學士書（一）〉，《南江文鈔》，卷8，頁6，總頁477。
〔註43〕邵晉涵：〈與程魚門書〉，《南江文鈔》，卷8，頁1b，總頁475。
〔註44〕邵晉涵：〈與吳衣園書〉，《南江文鈔》，卷8，頁4，總頁476。
〔註45〕章學誠：〈邵與桐別傳〉，《章氏遺書》，卷18，頁6b，總頁396。

江藩曾論及錢大昕重修《元史》之事曰：「因搜羅元人詩文集、小說、筆記、金石、碑版，重修《元史》。後恐有違功令，改爲《元詩紀事》。」〔註46〕觀此一例，其餘亦可想見。晉涵將欲撰之兩書命名爲《南都事略》、《宋志》，考其苦心所在，實欲規避「宋史」之名。然無其名而有其實，亦難免爲人所構陷，故重修《宋史》之事，甚難從容爲之。

乾隆五十七年（1792），章學誠代畢沅擬定致錢大昕書，論及《續資治通鑑》之體例，中曰：

> 邵與桐較訂頗勤，然商定書名，則請姑標《宋元事鑑》。言《說文》「史」訓記事，又《孟子》趙注亦以天子之事爲天子之史，見古人即事即史之義。宛轉邊避，蓋取不敢遽續《通鑑》，猶世傳李氏謙稱爲《長編》爾。〔註47〕

邵晉涵建議畢氏將書名定爲「宋元事鑑」，而非「續資治通鑑」，實有深意所在，非僅爲效法李燾（1115～1184）之「長編」，以示謙遜。其一，司馬光（1019～1086）以宋人修《通鑑》，上接《春秋》，止於五代，理固宜然。畢沅以清人續《通鑑》，乃止於元，有明一代，付之闕如，與「通」史之義相違。標爲「宋元事鑑」，方名實相副。其二，《通鑑》之撰，始於宋英宗之敕令，終於宋神宗之賜名，論其性質，當屬官修。其後歷代帝王，多有披覽之興趣，清朝諸帝尤甚。清聖祖敕撰《御批通鑑綱目》五十九卷、《御批通鑑綱目前編》二十二卷、《御批續通鑑綱目》二十七卷，清高宗敕撰《御批通鑑輯覽》一百二十卷、《御定通鑑綱目三編》四十卷，皆頒示學宮，著爲功令。觀高宗《輯覽》一編，卷七十一以下，爲宋、元、明三朝之史，已含有續《通鑑》之性質。清廷既開續書之端，則民間當稍有規避，定名「續資治通鑑」，雖不至與朝廷功令大相違背，然易爲人所指摘。晉涵任職翰林，前後二十餘載，官修之書，多經其手，可謂深知其中甘苦。所擬「宋元事鑑」之名，觀其用意所在，可與「南都事略」、「宋志」相參證。然其說未被畢沅採納，蓋畢氏終不甘心失去「繼踵溫公」之雅名。晉涵曾應畢沅之邀，爲其審閱校訂《續資治通鑑》，並將考訂所得加以整理，撰成《宋元事鑑考異》一編。此書今雖不存，要之可見邵氏對「宋元事鑑」之名持之甚堅。

〔註46〕江藩：《國朝漢學師承記》，卷3，頁50。
〔註47〕章學誠：〈爲畢制軍與錢辛楣宮詹論《續鑑》書〉，《章氏遺書》，卷9，頁13a，
　　　總頁179。

　　其次，宋、金兩朝對峙，重修《宋史》，難免涉及金朝史事。晉涵纂輯《舊五代史》時，便因清高宗「措辭有礙大金否」之詢問而恐懼致病。其動筆重修《宋史》之際，思及高宗之語，當頓覺汗流浹背。

　　昔董秉純致書蔣學鏞，談及刊刻全祖望《鮚埼亭集》事，文曰：

> 今聖天子在上，是是非非，昭如日星，何所來无妄之災，何所容讒諝之口。……論者徒以先生表揚明季遺民及死事諸公，爲犯朝廷之忌諱，此大謬不然也。……此不特不足與言先生之文，先已昧本朝聖聖寬宏之大度，眞愚闇之尤。……李匯川亦每每如此，并有爲僕惶恐之語。皆見理未眞，信道不篤，雖盡愛護之心，無當於珍惜之實者也。〔註48〕

董氏爲刊刻《鮚埼亭集》四方奔走，當時諸友，多以避禍相勸。董氏於函中雖言之鑿鑿，然終乾隆一朝，僅刻出《經史問答》十卷；至於《鮚埼亭集》內、外編，皆遲至嘉慶朝，方由他人刻出。個中緣由，頗可玩味。時人但見大批讀書人因文字稍有「違礙」而人頭落地，則所謂「聖聖寬宏之大度」，終流於空話。

　　故邵晉涵重修《宋史》之役，雖前後經營二十載，然僅停留於零散史實之考訂，究其原因，固然爲其學術風格所累，恐亦爲政治環境所限。

〔註48〕董秉純：〈答蔣柳汀論謝山先生文集書〉，《春雨樓初刪稿》，卷4，頁15，總頁57。

第七章　傳承文獻之職志

第一節　留心文獻

邵晉涵晚年任國史館提調，乾隆六十年（1795），領銜進呈去歲之《起居注冊》，並奏曰：「臣等叨居兩史，愧乏三長，謹排事以敘時，茲成編於隔歲。」〔註1〕此不過例行公事，毋庸深論。

惟所輯《皇朝大臣諡迹錄》四卷，則頗可玩味。此書今存鳴野山房抄本，現藏南京圖書館。丁丙（1832～1899）跋曰：

> 諡法攷不一編，第載某官某名某諡，及某年所予此。自藩王、額駙、民公、侯伯、子男、大學士、尚書、侍郎、學士、左都御史、內大臣、總督、巡撫、將軍、提督、總兵、都統參領、八旗世職、殉難道，凡一百九十餘人，各敘仕履事實。晉涵具有史才，書亦流傳甚少，自可存也。〔註2〕

書中輯錄清朝自開國至乾隆初年一百九十餘位大臣之事跡，因諸臣皆獲清廷之諡號，故曰「諡迹錄」。每傳先述傳主出處，次敘仕宦經歷，末記卒與諡。諸傳敘事較簡，無史論。

此書乃晉涵任職國史館時所撰，與《起居注冊》不同，並非受命纂輯，係個人著述。觀其用意所在，實欲網羅國史，以備當朝典章之一格。書中所

〔註1〕邵晉涵：〈恭進乾隆五十九年起居注摺〉，《南江文鈔》，卷1，頁7b，總頁334。

〔註2〕丁丙：《善本書室藏書志》（據光緒二十七年錢塘丁氏刻本影印），載《續修四庫全書》第927冊，卷13，頁18a，總頁313。

錄或有未備，所述或有錯訛，然保存當朝文獻之用意，藉此書表露無遺。

　　浙東學術重「文獻之傳」，非專指勝國文獻，亦包含當朝文獻。錢穆所謂「重現代、尊文獻」之精神，〔註3〕正可於此處觀之。是書乃晉涵主動撰述，名曰「皇朝大臣謚迹錄」，可見其對於清朝之認同與歸屬。故而前人所謂「民族思想」云云，正可藉此書駁之。

　　至於明朝史事，晉涵亦勤加搜討。據朱文藻（1735～1806）《碧谿詩話》所載，齊召南（1703～1768）未顯時，嘗遇名臣于謙（1398～1457）託夢，謙謂之曰：「景泰帝易儲事，吾嘗具疏力諫，不從。後人不知，遂妄加疑議。今皇史宬中吾疏具在，公他日當檢出示人，以雪吾冤。」後齊氏與修《通鑑綱目三編》，親至皇史宬，遍尋于謙力諫之奏疏，終不得。其後清廷纂修《四庫全書》，需翻檢《永樂大典》，乃開皇史宬。邵晉涵習聞齊召南遺事，親至皇史宬，搜訪于謙奏疏，亦未得。然檢得明時通政使司進本檔冊，載「景泰某年某月日，于某一本，爲太子事」，可爲于謙具疏力諫之明證。〔註4〕所載于謙託夢之事，難以盡信。然晉涵於皇史宬中搜求奏疏，欲爲于謙昭雪，其事亦見於阮元〈于忠肅公廟題壁記〉，當爲實錄。〔註5〕觀此一事，可知晉涵搜討明朝史事之不遺餘力。

　　晉涵對於浙東文獻，尤爲留心。曾爲陶元藻（1716～1801）《全浙詩話》作序曰：「先生所錄止於兩浙，何也？曰：桑梓敬慕之義也。先正有言：君子居其鄉，則一鄉之文獻以傳。又謂坐視前哲詩文淪佚，是爲忍人。」〔註6〕以保存鄉邦文獻爲職責所在，不忍坐視前賢著述之散佚，浙東「文獻之傳」，實根源於此。

　　張廷枚曾編撰《國朝姚江詩存》十二卷，晉涵序之曰：

　　　　吾友張君羅山世居餘姚，……錄本朝餘姚詩人詩，搜採幽微，
　　稽其爵系而載之，綴以《詩話》，編爲十二卷。持諗余曰：……國初
　　耆舊，若呂蓼園、譚曼方、邵得魯、朱楚嶼諸君子，四方士大夫往

〔註3〕錢穆：《中國近三百年學術史》，頁32。

〔註4〕轉引自阮元：《兩浙輶軒錄》，載《續修四庫全書》第1683冊，卷22，頁18b，總頁691。

〔註5〕文曰：「元在京師，聞餘姚邵學士云：嘗見明景泰間通政司舊冊內，署『某月日于某一本爲太子事』，惜其年月未能記憶。」見阮元：〈于忠肅公廟題壁記〉，《揅經室集》（據道光間阮氏文選樓刻本影印），載《續修四庫全書》第1479冊，二集卷7，頁14，總頁158。

〔註6〕邵晉涵：〈全浙詩話序〉，《南江文鈔》，卷6，頁27，總頁447。

往推重其風節，遺文零落，不盡流播。其詩廑有傳者，尤不可不亟為著錄也。……命曰《詩存》者，蓋兼取以人存詩、以詩存人之義云爾。〔註7〕

張氏網羅明遺老呂章成、譚宗、邵以貫、朱舜水（1600～1682）諸人之詩，用意頗善。彼時文網甚嚴，欲網羅明代文獻，撰成紀傳、編年之書，風險極大，自無人敢為。即便以碑傳之文，將明人之事跡薈萃一編，如全祖望《鮚埼亭集》之撰，亦鮮見其書。張氏編撰《詩存》，欲以詩存人，藉詩作之抄錄彙編，附存遺老事跡，以此表彰其風節。

晉涵對於張氏「以詩存人」之苦心極為讚賞，不僅撰序表彰，亦曾協助編纂。岑振祖曾撰一詩，題曰：「鄭八逸之贈《姚江詩存》一冊，得見先曾伯祖青巖公、曾祖寄亭公、伯祖春江公諸詩，皆先子在日，錄呈邵二雲太史入選，感而有作。」〔註8〕岑氏乃元代詩人岑安卿（1286～1355）之後，「青巖」指岑巘，「春江」指岑兆松。可知岑氏諸人之詩，皆經晉涵之手，方得錄入《詩存》。

此外，晉涵利用任職四庫館之便，盡力協助友人抄錄、刊刻佚書秘籍，為保存文獻貢獻力量。霍維瓚（1746～1781）欲撰《姚江詩話》，晉涵曾為其抄錄孫應時（1154～1206）《燭湖集》、宋僖《庸菴集》諸書。〔註9〕乾隆四十六年（1781），鮑廷博（1728～1814）將張鎡（1153～？）《南湖集》刻入《知不足齋叢書》，所據底本，即晉涵從四庫館中抄出者。〔註10〕

第二節　纂修方志

乾隆四十三年（1778），邵晉涵受聘纂修《餘姚志》。嘗曰：「今年，邑人

〔註7〕邵晉涵：〈國朝姚江詩存序〉，《南江文鈔》，卷6，頁17，總頁442。按：《詩存》今尚未寓目，據法式善（1752～1813）所云：「《國朝姚江詩存》十二卷，張廷枚輯。……一卷至十一卷，黃宗羲以下一百五十五家，十二卷閨秀方外十家，皆餘姚人之作。刻於乾隆四十一年，邵晉涵、陶廷珍序之。」見法式善：《陶廬雜錄》（據嘉慶二十二年陳預刻本影印），載《續修四庫全書》第1177冊，卷3，頁27b，總頁636。

〔註8〕潘衍桐：《兩浙輶軒續錄》（據光緒十七年浙江書局刻本影印），載《續修四庫全書》第1687冊，補遺卷4，頁13，總頁322。

〔註9〕邵晉涵：〈霍尊彝遺詩序〉，《南江文鈔》，卷6，頁22，總頁444。

〔註10〕鮑廷博：〈刻南湖集緣起〉，張鎡：《南湖集》（據《知不足齋叢書》本排印），載《叢書集成初編》（上海：商務印書館，1936年）第2260冊，卷首，頁1。

請修志書，余不敏，承乏志事。」〔註11〕原書每卷皆題「知餘姚縣事唐若瀛修」，然知縣掛名，乃縣志通例，毋庸深論。卷首有「同修姓氏」，其中邵守仁、汪師曾列爲「參訂」，兩人皆爲餘姚縣學之學官，而施毓暉、邵晉涵列爲「協纂」，或以此輕視晉涵纂修之功。

　　然細考之下，此書之發凡起例，必出自邵手。至於史料之採擇，列傳之分合，經籍之著錄，乃至文字之筆削，亦多經邵氏考訂。茲將此書之特色略加闡述，晉涵纂修之功，亦可藉此考見。

一、體例之權衡

　　《餘姚志》卷首列〈凡例〉一篇，論及其書之體例甚詳。謂今日之方志，實雜合諸體而成，按之於漢唐舊籍，各體自爲一書，不相混淆。其一曰圖經，專詳地理，未嘗兼及宦蹟，以《三輔黃圖》、《太康地記》爲代表。其二曰經濟，綜稽時務，爲出治之本，以《元和會計簿》、《縣務綱目》爲代表。其三曰人物，表彰前哲，爲史傳所採擇，以《陳留人物傳》、《汝南先賢傳》爲代表。其四曰掌故，博訪遐搜，廣見聞，備勸誡，以《江漢遺聞》、《錢塘遺事》爲代表。後代志書不明古人著述之源流，牽合編排，雜而無章。此書之纂，採「四體並存」之法，即雖將諸體合爲一書，然務使其原委井然，「於聯合之中，存區別之體」。〔註12〕

　　具體而言，卷一至五爲「圖經」，含建置、疆里、山川、津梁、古蹟五門，稱之曰「考」。卷六至十六爲「經濟」，含城池、衙署、湖陂、物產、田賦、災祥、風俗、學校、祠祀、職官、名宦十一門，稱之曰「略」。卷十七至三十四爲「人物」，含選舉表、列傳、列女傳、寓賢傳四門。卷三十五至四十爲「掌故」，含經籍、藝文、墳墓、廟觀、叢談五門，稱之曰「錄」。諸體之命名，亦頗費考量，如「經濟」諸門之所以稱「略」，蓋因「仿《通志》之諸〈略〉，從今以溯古，所謂言其大略。」〔註13〕

　　「四體並存」之說在方志學史上極具特色，堪與章學誠「分立三書」之論相媲美。

〔註11〕邵晉涵：〈學校官田攷〉，《南江文鈔》，卷8，頁23b，總頁486。按：此文撰於乾隆四十三年八月。

〔註12〕邵晉涵等：《（乾隆）餘姚志》，〈凡例〉，頁1。

〔註13〕同上，頁2a。

「人物」一體歷來爲方志之重點，此書序列人物，採「不立名目」之法。〈凡例〉曰：

> 難者曰：舊志人物分門類，今併爲「列傳」，可乎？應之曰：正史不當多設名目，姑勿深論。修一縣之志，而遽列某爲名宦，某爲文苑，某爲儒林，其可爲定論哉？存其人之可傳者，不加揚榷，是宋人舊志之例也。〔註14〕

即僅立「列傳」之名，依次採錄歷代先賢之事跡，不分立名臣、循吏、儒林等名目。卷二十〈嚴光傳〉後之按語曰：

> 史傳多設標題，始於范蔚宗，強事辨章，涸爲聯屬，撥拾參差，進退莫據。而沈約、魏收諸人，皆沿其陋，抑何其不審於前史之法也。……若夫勸懲攸繫，予奪微權，綜覈傳文，生平具在，多立名目奚爲乎？名目既分，則士有包洪併纖、經緯萬類、不名一節者，與夫迹似心違、前與後不相符合者，斷難以二字之品題賅其全體。況夫名之所在，爭之所由起也，重儒林則文苑爲輕矣，進道學則儒林又其次矣，子孫請乞，權貴刪移，執簡互爭，腐毫莫斷，胥蔚宗階之屬也。〔註15〕

不立名目之說，晉涵於「《四庫》提要稿」中持之甚堅，其論《後漢書》曰：

> 史家多分門類，實濫觴於此。夫史以紀實，綜其人之顚末，是非得失灼然自見，多立名目奚爲乎？名目既分，則士有經緯萬端、不名一節者，斷難以二字之品題舉其全體。而其人之有隱慝與叢惡者，二字之貶轉不足以蔽其辜。宋人論史者不量其事之虛實而輕言褒貶，又不顧其傳文之美刺，而爭此一二字之名目爲升降，輾轉相遁，出入無憑，執簡互爭，腐毫莫斷，胥范氏階之屬也。〔註16〕

細玩以上兩段文字，可知《餘姚志》〈嚴光傳〉之按語，必出自晉涵之手。所論要點有二：其一，史以紀實，傳名之立，當以傳主之生平事實爲依據，即所謂「因事命篇」。若先立名目，而後將人物分列其下，無異於削足適履。其二，多立名目，易啓後人輕言褒貶之端。名目之品題升降，無異於判官斷案，空言議論者最喜爲之。晉涵素持此論，茲藉《餘姚志》之纂修，方得以見諸

〔註14〕邵晉涵等：《（乾隆）餘姚志》，〈凡例〉，頁3a。
〔註15〕同上，卷20，頁2a～3b。
〔註16〕邵晉涵：〈後漢書提要〉，《南江文鈔》，卷12，頁15，總頁574。

施行。且縣志之纂，多受省志、府志之制約與影響。以《（雍正）浙江通志》、《（康熙）紹興府志》觀之，皆於人物之中廣立名目。晉涵獨持異議，並將之貫徹施行，實爲難能可貴。

二、史料之採擇

《餘姚志》所採史料頗具特色，從中可考見邵晉涵傳承文獻之職志。

其一，採用清代浙東史家之著述。以「列傳」而言，卷二十五之管州、夏淳、范引年、柴鳳諸傳，採自黃宗羲《明儒學案》。卷二十三之陳嘉猷，卷二十四之胡東皋、宋冕、牧相，卷二十五之王守仁，卷二十六之胡鐸、陳克宅、孫堪、孫陞、張逵、陳墡、張岳、翁大立，卷二十九之孫鑛、孫繼有、孫如游、黃尊素，以上諸傳，皆採自萬斯同《明史稿》。卷三十一之邵以貫傳，採自全祖望《鮚埼亭集》。其中《明史稿》、《鮚埼亭集》諸書，彼時流傳甚稀，非博洽如晉涵者，斷難涉獵，故諸傳必經其手方得採入志中。

晉涵於乾隆四十二年（1777）纂修《杭州府志》時，始借閱吳騫所藏《明史稿》，極爲喜愛。此時萬稿恰在手邊，故《餘姚志》中採錄頗多。萬稿較張廷玉等之《明史》更爲詳審，且褒貶筆削更符合浙東史家之立場，故晉涵樂於採用。卷二十六〈陳墡傳〉之按語曰：

> 《浙江通志》陳墡入〈介節傳〉，舊《縣志》入〈文苑傳〉，俱不書其疏劾嚴嵩。惟萬斯同《史稿》載其疏略，……墡立朝之大節，始得顯著於世。〔註17〕

萬稿之可貴，於此可見一斑。此外，陳嘉猷、胡東皋、宋冕、陳克宅、孫陞、孫鑛六傳，爲《明史》定稿所刪，賴萬稿而獨存。

其二，採用四庫全書館、國史館中之史料。卷三十五〈經籍〉中著錄《燭湖集》十卷，其下按曰：「《燭湖集》今尙存於《永樂大典》中，並附見其父介、兄應求、應符詩。」〔註18〕此時《四庫全書》尙未纂修完竣，《永樂大典》中之佚書，外間無從得見，故此條記載必出自晉涵手。

尤可玩味者，卷三十收錄明末殉節諸臣，其中姚成、王先通、吳道正、姜一洪、熊汝霖、孫嘉績、鄭遵謙、王翊、邵一梓、沈之泰、黃志先、邵之驊、楊在諸傳，皆採自《勝朝殉節諸臣事蹟》。卷末按語曰：

〔註17〕邵晉涵等：《（乾隆）餘姚志》，卷26，頁10b。
〔註18〕同上，卷35，頁30a。

乾隆四十年冬，奉恩旨表章明末諸臣，史館編纂《勝朝殉節諸
臣事蹟》，薈萃進呈。仰蒙欽定，分別專諡、通諡及從祀於鄉者。於
是餘姚如熊汝霖、鄭遵謙、王翊等俱邀賜諡，餘各仍其原官，從祀
忠義祠。〔註19〕

今僅見《勝朝殉節諸臣錄》十二卷，據其書前所附上諭、奏摺，與上引按語
所言實爲一事。〔註20〕以今觀之，《諸臣事蹟》當屬「長編」性質，係爲《諸
臣錄》之編纂準備材料。邵氏曾有言曰：「四十年冬，詔表彰明末殉節諸
臣，……晉涵備員纂修官，得先讀溫諭，具書於冊。」〔註21〕可知曾參與《諸
臣事蹟》之編纂，對其中掌故知之甚深。晉涵於乾隆四十年（1775）冬回鄉
守制，離開四庫館、國史館時，似將《諸臣事蹟》副本攜歸，遂能將之採入
《餘姚志》中。《餘姚志》卷三十〈王先通傳〉之按語曰：

　　《明史稿》備載南都從祀勳臣姓名，又言諸侯伯多以拷掠死。
　蓋南都從祀，濫及於襄城伯李國楨，固不能盡信爲殉節。而死若先
　通，慷慨死難，見王思任〈紀事〉，讀其些詞，千載猶有生氣。而群
　從子弟先後視死如歸，洵不愧文成之後矣。表而出之，毋使與國楨
　諸人同類而譏之也。〔註22〕

王先通乃陽明曾孫，崇禎十三年（1640）襲封新建伯。甲申之變，京師破，
下城與敵巷戰，被執，對敵大罵，爲敵割舌剖心而死。晉涵錄其大節，表其
忠烈，毋令其芳跡與李國楨諸人之醜行一同堙沒，用意甚善。

今將志中所徵引之《諸臣事蹟》與《諸臣錄》對觀，差異有二：首先，
王先通、姜一洪、孫嘉績、邵一梓、沈之泰、黃志先、邵之驊七人，未見於
《諸臣錄》。其次，《諸臣事蹟》所載遠詳於《諸臣錄》。如王翊傳，《諸臣錄》
曰：「兵部尚書兼右副都御史王翊，餘姚人。魯王航海，聚眾四明山，兵敗被
執，不屈死。（原注：見《明史》及《輯覽》）」〔註23〕僅寥寥數語而已。按之
於《諸臣事蹟》，翊傳長達兩頁，備述其生平始末。〔註24〕據此，可知《諸臣
事蹟》之史料價值，遠非《諸臣錄》所及。且《諸臣事蹟》因係國史館所纂

〔註19〕邵晉涵等：《（乾隆）餘姚志》，卷30，頁15b。
〔註20〕清高宗敕撰：《勝朝殉節諸臣錄》，載《景印文淵閣四庫全書》第456冊，卷
　　　首，總頁394～404。
〔註21〕邵晉涵：〈劉忠介公像贊〉，《南江文鈔》，卷8，頁40，總頁494。
〔註22〕邵晉涵等：《（乾隆）餘姚志》，卷30，頁3b～4a。
〔註23〕清高宗敕撰：《勝朝殉節諸臣錄》，卷4，頁22a，總頁465。
〔註24〕邵晉涵等：《（乾隆）餘姚志》，卷30，頁12b～14a。

資料集，從未被任何文獻著錄，亦未見他書所徵引，十分珍稀。晉涵因纂書之便，將其攜歸浙東，復藉修志之機，將其採入方策，傳承文獻之志，於此表露無遺。

第三節　詩具史筆

嘉慶元年（1796）六月，邵晉涵去世，次子邵秉華在數月後便將其詩集編定。據秉華曰：「今薈萃篋中所存草稿，自少年以及中歲所作，合計古今體詩得若干首，謹分年排次，釐爲十一卷。」〔註25〕秉華雖謂乃父之詩「不自收拾，隨手散去」，然短短數月之內，便將其按年編定，或因晉涵在世時，已自行整理詩作。秉華曰：

> 與里中諸子唱和，爲詩操筆立成，文不加點，名章秀句，領袖一
> 時。洎領鄉薦，舟車南北，見聞日擴，問學益充。發爲歌詩，與山川
> 名勝相輝映。……比成進士，研精經史，不欲以詩人見長。〔註26〕

可知晉涵之詩，大多爲進士及第前所作。

晉涵論詩，推崇杜甫（712～770）、韓愈（768～824）、李商隱（813～858）、杜牧（803～852）諸家，性不喜觀黃庭堅（1045～1105）詩。嘗手批杜集、韓集一過，可見其性情之所近。故其詩作「多出入於韓、杜間，而無江西派生硬及四靈派瑣碎之弊。」〔註27〕晉涵曾論曰：

> 郤卿子曰：「詩者，中聲所止也。」情動於中而宣之爲聲，聲
> 之所感不同，胥能類其小大，比其終始，俾宮商相應，若畫采成
> 文，繩其德以協於中。後世之言詩者，競爲新聲，以投一時之嗜
> 好。〔註28〕

又曰：

> 余嘗謂詩之原出於天籟，天懷有獨摯，其詩皆有可傳。惟性情
> 糅雜以塵垢者，縱終身學之無益。〔註29〕

可知晉涵論詩，強調抒發內心眞摯之情，而性情之涵養陶冶，又根源於學識

〔註25〕邵秉華：〈南江詩鈔跋〉，載邵晉涵：《南江詩鈔》，卷末，頁 1b，總頁 668。
　　　按：此跋撰於嘉慶元年臘月初七。
〔註26〕同上，頁 1a，總頁 668。
〔註27〕同上。
〔註28〕邵晉涵：〈寶嚴堂詩鈔序〉，《南江文鈔》，卷 6，頁 25a，總頁 446。
〔註29〕邵晉涵：〈霍尊彝遺詩序〉，《南江文鈔》，卷 6，頁 21b，總頁 444。

之深厚。故而推崇杜甫、韓愈諸人之作，對於江西派之「掉書袋」，四靈派之「苦吟」，頗不以爲然。朱文治有詩論邵曰：「倚馬千言善唱酬，豪華難得氣清遒。鼎彝拂拭非時物，古色斕斑本選樓。」〔註30〕晉涵之詩，沉潛經史之學，抒寫眞摯之情，在清代詩壇中，當佔有一席之地。本節不欲探討晉涵詩中清遒之氣，而對其詩作中蘊含之「史筆」，則尋繹再三。

古人詩中多有詠史之作，詩具史筆，藉詩歌之體裁、技巧敍述史事，每令歷史圖像更爲具體，歷史書寫更加傳神。且史論、史評蘊含其中，詩人之史識，亦可藉此考見。〔註31〕晉涵自幼家傳鄉習，對鄉邦文獻、明代史事頗爲熟稔，將之探綴成詩，既可補文獻之不足，又可表見其史識之所在。茲將邵氏蘊含史筆之詩作薈萃一編，略加疏證，以備其史學之一格。

一、〈姚江櫂歌〉

邵晉涵早年撰〈姚江櫂歌〉一百首，今存七十三首。該詩見於《南江詩鈔》卷一，今以詩集中前後諸篇之創作時間推測，知其約作於乾隆三十年（1765）前後。諸詩雜詠餘姚之山水名勝、歷代先賢。

其中有敍及耆舊先賢之著述、事跡者，如曰：

> 菊磵疏寮俯綠波，巢痕猶指舊煙蘿。杜鵑花發清明近，齊唱江湖第一歌。（原注：宋詩人高翥，字菊磵，所居爲信天巢。其〈寒食詞〉載《江湖集》，至今士女皆能歌之。）〔註32〕

謂南宋「江湖派」詩人高翥（1170～1241）之詩作，數百年後仍爲家鄉男女所吟誦。又曰：

> 全家生計漁舠上，識字纔教記姓名。識得黎貞三字訓，便稱漁浦小書生。（原注：《三字經》爲南海黎貞所作，趙考古自瓊山攜歸，以授村塾。別見《廣東新語》。）〔註33〕

趙考古即明初儒者趙謙。《三字經》之作者，歷來有王應麟與區適子兩說。晉涵據其見聞，提出第三種說法，即黎貞所作。且將《廣東新語》注出，並存

〔註30〕朱文治：〈邵丈二雲學士《南江詩鈔》題詞〉，《繞竹山房續詩稿》，卷11，頁2，總頁200。
〔註31〕參汪榮祖先生之說。見〈槐聚說史闡論五篇〉，《史學九章》（北京：生活・讀書・新知三聯書店，2006年），頁196～203。
〔註32〕邵晉涵：〈姚江櫂歌一百首〉，《南江詩鈔》，卷1，頁23，總頁615。
〔註33〕同上。

異說，更可見其學風之嚴謹。〔註34〕又曰：

> 晴看稚子浴春江，倒映澄波雉堞雙。不信錢江通九曲，海風千
> 里度嚴瀧。（原注：陽明先生以言事忤劉瑾，為二校尉掖投錢塘江，
> 耳中但聞風雨颯沓，波濤澎湃，若有神人相之而行。比覺，則已達
> 武夷矣。詳見《春渚紀聞》及《弇州史料》。）〔註35〕

《春渚紀聞》為北宋何薳（1077～1145）所撰，與明朝史事無涉，或為晉涵偶
誤。至於王世貞（1526～1590）之《弇州史料》一百卷，乃明史專書，然細
檢全書，亦未見晉涵所述之事。又曰：

> 樓頭雲影拂青霄，曾聽仙人度玉簫。江上至今波五色，空明疑
> 建赤城標。（原注：瑞雲樓，陽明先生降祥處也，見《少室山房集》。）
> 〔註36〕

採自明儒胡應麟（1551～1602）之《少室山房集》。兩詩記陽明軼事，雖語涉
神異，要之出於敬仰鄉賢之忱。

其中亦有述及后妃、列女者，如曰：

> 丹鳳曾傳上九霄，河洲新樂應雲韶。夠尼爭向蘭江集，好待天
> 孫度鵲橋。（原注：明萬曆王皇后事，見《勝朝彤史拾遺》。記冊立
> 時，有喜鵲數萬集於江橋。）〔註37〕

毛奇齡之《勝朝彤史拾遺》，為其在明史館中所擬史稿，故所載事跡，較《明
史》〈后妃傳〉為詳。又曰：

> 山中女兒歌采春，偶因春社禮明神。花裙蠻髻休相笑，恐有當
> 年搏虎人。（原注：姚孝女擊虎事，見《明史》。）〔註38〕

所述孝女姚氏之事，見於《明史》〈列女傳〉：「母出汲，虎銜之去。女追擊虎
尾，虎欲前，女掣益力，尾遂脫，虎負痛躍去。」〔註39〕虎口救母，可謂大
孝大勇，足令觀者動容。

此外，尚有一首頗可玩味之作，詩曰：

〔註34〕《廣東新語》：「其童蒙所誦《三字經》，乃宋末區適子所撰。」見屈大均：《廣
　　　　東新語》（據康熙間水天閣刻本影印），載《續修四庫全書》第734冊，卷11，
　　　　頁15a，總頁624。

〔註35〕邵晉涵：〈姚江櫂歌一百首〉，《南江詩鈔》，卷1，頁25b，總頁616。

〔註36〕同上，頁28b，總頁617。

〔註37〕同上，頁27b，總頁617。

〔註38〕同上，頁26a，總頁616。

〔註39〕張廷玉等：《明史》（北京：中華書局，1974年），卷301，頁7693。

　　　　南浦萋萋芳草新，聞扶社老到江濱。癸辛舊事君知否，須問
　　龐眉百歲人。（原注：陳治安〈社老詩〉注，姚江多百歲老人。）
　〔註40〕

元初，周密（1232～1308）寓居杭州癸辛街，撰《癸辛雜識》六卷。故詩中「癸
辛舊事」之句，可謂一語雙關，既指宋末遺聞，又指明末辛巳、癸未間諸事。
然欲問勝國遺事，何必求教於百歲老人，浙東文獻之傳，自非他邦所及。

　　觀以上數詩，可知晉涵採擇之廣，舉凡正史、雜史、筆記、文集之類，
皆據之敘述史事，考訂異同。且對於明代史料，尤為熟諳。宗仰鄉賢之忱，
表彰忠孝之意，皆見於詩作之中。林昌彝（1803～1876）《射鷹樓詩話》曰：
「詩有搜羅極博，可補方志所未備者。如朱竹垞〈鴛鴦湖櫂歌〉一百首、邵
二雲〈大明湖櫂歌〉一百首……，頗稱賅備。」〔註41〕大明湖在山東濟南，
或為「姚江」之誤，晉涵未必另有〈大明湖櫂歌〉之作。然若論「搜羅極博，
可補方志所未備」，〈姚江櫂歌〉可謂當之無愧。

二、〈明宮詞百首〉

　　晉涵另撰有〈明宮詞百首〉，敘述明朝歷代后妃之事跡，更可考見其史意
所在。自序曰：

　　　　昔唐仲初聯潢中苑，訪軼事於宮闈。宋禹玉司直北門，寫閑情
　　於禁掖。……掇其故實，被之新聲。借風雅以流連，參史竅之同異。
　　此昔人於以興懷，而宮詞所由成詠也。〔註42〕

謂宮詞之作，始於王建（約 767～約 830）、王珪（1019～1085）諸人。且創
作宮詞，非僅為流連風雅，亦當取徵史實。又曰：

　　　　僕畢佔初弄，閒瑟未諳。笑多病於東陽，感居貧於南阮。書縹
　　剩乙，間搜前代餘編。事考秘辛，漫識後宮芳躅。憶夢華於東國，
　　稀聞內后垂簾。留雜記於西京，間及才人進曲。〔註43〕

此詩在《南江詩鈔》中，置於乾隆三十七年（1772）客游安徽所作諸篇之後。

〔註40〕邵晉涵：〈姚江櫂歌一百首〉，《南江詩鈔》，卷1，頁30b，總頁618。。
〔註41〕林昌彝：《射鷹樓詩話》（據咸豐元年刻本影印），載《續修四庫全書》第1706
　　　　冊，卷9，頁12b，總頁387。
〔註42〕邵晉涵：〈明宮詞百首〉，《南江詩鈔》，卷3，頁30a，總頁649。
〔註43〕同上，頁30，總頁649。

觀序中「憶夢華於東國」、「留雜記於西京」之句,可知當作於乾隆三十八年
(1773)前後。此時晉涵任職翰林,纂修《四庫全書》,遍覽中祕之藏,方得
從容網羅前代遺事。又曰:

> 　　知孝慈垂範之良,嘆太祖貽謀之善。洎乎末造,遂致多端。專
> 房祗愛乎玉環,橫海早歌夫彩鶤。錦帆遠逝,商傳玉樹之花。金斗
> 橫陳,士賦芝房之草。後庭華靡,俱載耳談。天子風流,頗滋口實。
> 興言及此,感慨繫之。〔註44〕

可知〈明宮詞〉之作,意在藉後宮之興衰沉浮,觀朝政之成敗得失。雖歌詠
後庭之華靡,無異於通觀有明之全史,感慨繫之,理固宜然。又曰:

> 　　茲因探覽之餘,偶發咏歌之興。梧生多節,體用編年。珠可備
> 忘,義傳記事。……如其別裁偽體,請以俟大雅之材。或者傳習舊
> 聞,庶可附稗官之末。〔註45〕

僅稍加感慨,便聲明係「偶發咏歌之興」,用詞含蓄婉轉,可見其謹小慎微。
全詩以時間先後編排,每首之後未加注釋,難以考見其所據之史料。觀晉涵
用意所在,恐出於謹慎。因涉及明史之著述,多見於清廷之《禁毀書目》,遂
將文獻出處盡數刪削,以免招致禍端。

　　茲摘錄幾條可考見者。如述太祖高皇后(1332~1382)曰:「曳地垂垂大
練衣,湘裙六襉映朝輝。披庭也自憎羅綺,卻取珠簾換布圍。」〔註46〕盛讚
其勤儉垂範之賢。又曰:「深宮話舊淚潸然,麥飯溽沱繼昔賢。賤妾承恩勞繡
絻,南征諸將最堪憐。」〔註47〕謂高后以夫婦之守貧賤,諷勸太祖無忘君臣
之同艱難,其護持功臣之德,誠可盛讚。然進而思之,宋濂(1310~1381)
諸人並無大過,何以賴高后之苦求,方免遭大辟?則太祖之刻薄寡恩,亦表
露無遺,此誠史家之深意所在。述英宗錢皇后(?~1468)曰:「寂處離宮蹙
翠鬟,步檐頻首望鉤陳。願將玉臂金條脫,迎取陽和氄帳人。」〔註48〕英宗
囚於漠北,錢后傾中宮貲佐迎駕,夜哀泣籲天,倦即臥地,乃至損一股、一
目。〔註49〕詩中明寫錢后之哀思,暗諷英宗之失政,極為生動傳神。至於述

〔註44〕邵晉涵:〈明宮詞百首〉,《南江詩鈔》,卷3,頁30,總頁649。
〔註45〕同上。
〔註46〕同上,頁31a,總頁649。
〔註47〕同上。
〔註48〕同上,頁32a,總頁650。
〔註49〕張廷玉等:《明史》,卷113,頁3516。

憲宗萬貴妃（1430～1487），則曰：「臙脂洗盡換戎裝，鞅鞯前驅過錦坊。倚馬倍教天子愛，不須重與貼花黃。」〔註50〕萬氏善迎帝意，常著戎服，寥寥數語，道盡其機警狡黠。

晉涵〈與吳春嚴書〉曰：「見索宋、遼、金、元、明〈宮詞〉，僕已悔其少作矣。牽率之詞，不足閱也。」〔註51〕「吳春嚴」當爲「吳香嚴」之訛，指吳閬，字汎浦，號香嚴，嘉定人，撰有《十國宮詞》五卷，錢大昕於嘉慶二年（1797）爲之作序。〔註52〕觀函中所述，可知晉涵曾撰有宋、遼、金、元、明五朝〈宮詞〉，惜今只存〈明宮詞〉百首。對吳閬求閱之請，晉涵委婉拒絕，不願輕易將〈明宮詞〉諸篇示人。

三、〈讀《桃花扇樂府》次張無夜先輩韻〉

晉涵另有〈讀《桃花扇樂府》次張無夜先輩韻〉九首，約撰於乾隆四十二年（1777）前後。〔註53〕張無夜名世犖，錢塘人，乾隆九年（1744）舉人，其學以禪爲宗，撰有《南華模象記》八卷。〔註54〕所謂《桃花扇樂府》，即孔尚任（1648～1718）之《桃花扇》，因係劇本，故稱「樂府」。

孔氏書中所述南明史事，多爲戲說，不足爲憑。此詩雖以「讀《桃花扇》」爲題，實爲借題發揮。細玩其中文字，可考見晉涵對南明史事之熟諳，以及史識之卓絕。今摘錄其中六首，其一曰：

　　青絲白馬渡江來，凍雪山頭暮雀哀。苦恨中山留愛女，凝妝猶自

　　待人催。（原注：福王出奔時，有進奉女二人，未及攜去。）〔註55〕

所記或出自傳聞，然對於福王朱由崧（1607～1646）沉迷酒色之痛惜，則溢於言表。又曰：

　　桐城公子老歸禪，舊事南中盛管絃。西粵夢迴滄浪轉，清溪桃

〔註50〕邵晉涵：〈明宮詞百首〉，《南江詩鈔》，卷3，頁32b，總頁650。

〔註51〕邵晉涵：〈與吳春嚴書〉，《南江文鈔》，卷8，頁3，總頁476。

〔註52〕吳閬：《十國宮詞》（據嘉慶間刻本影印），載《四庫未收書輯刊》（北京：北京出版社，1997年）第4輯第20冊，總頁432。

〔註53〕此詩置於〈明宮詞〉之後，故創作時間不早於乾隆三十八年（1773）。另據邵晉涵〈沈匏尊詩序〉曰：「憶昔年居武林，見張先輩無夜〈擬詩〉三十首。」（《南江文鈔》，卷6，頁29a，總頁448。）晉涵於乾隆四十二、四十三年客居杭州，纂修《杭州府志》，故知此詩當作於是時。

〔註54〕紀昀等：《四庫全書總目》，卷147，總頁1257。

〔註55〕邵晉涵：〈讀《桃花扇樂府》次張無夜先輩韻〉，《南江詩鈔》，卷4，頁2a，總頁655。

葉自年年。（原注：桃葉渡宴集，方密之爲之主。）〔註56〕

崇禎十年（1637），方以智（1611～1671）等大會東林黨後人於南京桃葉渡。
方氏後避難出家，法名弘智。又曰：

> 黑雲高壓緝雲城，窮海孤臣戀主情。等自貴陽書畫客，濁涇難
> 染渭流清。（原注：楊龍友初以貴陽姻婭不滿於人，後仕閩爲督師，
> 死事甚明。）〔註57〕

史家對於楊龍友（1596～1646）之評價，歷來褒貶不一。晉涵盛讚其守土抗
清之忠烈，謂不應因楊氏爲馬士英（約 1591～1646）姻親，便否認其歷史功
績。又曰：

> 竿木隨身浪子場，渡江遺話笑吳王。蕪湖贏得崑銅祭，一枕琉
> 璃寄恨長。（原注：阮大鋮在錢塘時，曾以伯嚭渡江自喻，見蕪湖沈
> 士柱〈祭阮司馬文〉。）〔註58〕

沈士柱（？～1659）之〈祭阮大司馬文〉，見於《明文海》卷一百四十。伯嚭
爲亡吳元兇，阮大鋮（1587～1646）以之自喻，可見早懷倒行逆施之志。晉
涵捻出此事，蘊含史家見微知著之深意。句末「寄恨長」云云，亦可見痛心
之至。又曰：

> 雪苑才名冠大梁，朱門不改舊青鴦。西山曾見移文否，未許侯
> 郎赴道場。（原注：朝宗歸商邱，仍舉雪苑文社。辛卯應鄉試，擬第
> 一人，以忌者中止。）〔註59〕

蓋化用孔稚珪（447～501）「北山移文」之典故，痛惜侯方域（1618～1655）
本係南明遺民，因參加清廷之科舉，終至晚節不保。又曰：

> 棲霞山接武夷青，龍舶難邀帝子靈。瑤草歸來同白首，石交空
> 怨阮懷寧。（原注：馬士英在浙中，頗以大成任事，已受惡名爲恨。）
> 〔註60〕

謂馬士英爲阮大鋮所累，以致聲名狼藉，士英對此亦頗爲悔恨。

〔註56〕邵晉涵：〈讀《桃花扇樂府》次張無夜先輩韻〉，《南江詩鈔》，卷4，頁 2b，
總頁 655。
〔註57〕同上。
〔註58〕同上。
〔註59〕同上，頁 3a，總頁 655。
〔註60〕同上。

第八章　經世致用之精神

第一節　研經治史之宗旨

　　乾隆末年，考據之學漸入歧路，淺學末流甚囂塵上，只講考據，不言義理，乃至完全忽視躬行實踐、經世致用之學術宗旨。因批判明末空談心性、淺學寡識而興起之「實學」，轉爲無關修養、不切實用之「虛學」。邵晉涵身處其中，未嘗不以學風之偏頗爲憂。今掇拾其著述文字，其中躬行實踐、經世致用之精神，一以貫之，實爲其一生學術宗旨之所在。

一、邵晉涵經學、史學宗旨表微

　　晉涵曾語吳裕德曰：「經正則庶民興，史熟則名臣出。」再三言之，珍爲金玉，願友人勿忘此語。〔註1〕經術本與治術合而爲一，故經正則庶民興；史學本歸於經世致用，故史熟則名臣出。研經治史之宗旨，舉此兩言即可蔽之。

　　邵氏論《周易》曰：「讀《易》者，非徒以辨玩爲也。……程《傳》言人事，於言動尤加謹焉。原始要終，歸於无咎。故欲寡過者，學《易》之本也。」〔註2〕謂儒者研《易》，非僅爲辨其象數，玩其文辭，其要當於言動之間，三省其身，日蓄其德，以歸於寡過无咎。復論《爾雅》曰：

　　　　至於成周，文章大備，訓詁日滋，元聖周公，始作《爾雅》，以
　　觀政辯言。……通貫六書，發揮六藝，聚類同條，雜而不越。敷繹聖

〔註1〕邵晉涵：〈與吳衣園書〉，《南江文鈔》，卷8，頁4，總頁476。
〔註2〕邵晉涵：〈周易辨畫序〉，《南江文鈔》，卷6，頁1b～2a，總頁434。

-145-

訓，則天地萬物之情著矣，揚於王廷，則宣教明化之用遠矣。〔註3〕
謂《爾雅》之作，始於周公，其宗旨爲敷繹聖訓、宣教明化。具體言之，王
者欲化民成俗，當先令民眾識字明理，《爾雅》一編，重辭累言，依聲得義，
其要在於字義之明。字義既明，復旁推於日用之間，凡宮室器用、歲時星辰、
州野山川、草木蟲魚，因其名而識其事，見其形，如此則民智漸開。邵氏又
曰：「《爾雅》〈釋親〉一篇，宗族、母黨、妻黨、婚姻，悉正其名，名正而分
定。」〔註4〕其名既正，因之以定其分，明其禮，「宣教明化」之意，於是乎
在。且儒者欲通經致用，當自研讀《爾雅》始：「通才達儒，依於《爾雅》，
傳釋典藝，沈潛乎訓詁，洞徹其指歸。故用日少而畜德多，三十而五經立矣。」
〔註5〕惟沉潛乎訓詁，方能洞徹其指歸，「敷繹聖訓」之旨，於是乎在。是爲
晉涵經學宗旨之大要。

　　章學誠曾於家書中曰：「邵欲別作《宋史》，吾謂別作《宋史》，成一家言，
必有命意所在。邵言：即以維持宋學爲志。」〔註6〕所謂「維持宋學」，非指
致力於天人性命之探討，實指留心於躬行實踐、經世致用之學術精神，此恰
爲宋儒所擅，而爲彼時考據學者所忽視。晉涵重修《宋史》之宗旨，〈邵與桐
別傳〉言之甚明：

> 宋人門戶之習，語錄庸陋之風，誠可鄙也。然其立身制行，出
> 於倫常日用，何可廢耶。士大夫博學工文，雄出當世，而於辭受取
> 與、出處進退之間，不能無簞豆萬鍾之擇。本心既失，其他又何議
> 焉。〔註7〕

兩宋三百餘年間，碩儒才士層出不窮，其文采之富，析理之精，固非他代所
及，然責之以辭受取與，則高下立判。晉涵爲宋儒立傳，略其學問文章，而
重其躬行實踐，蓋欲爲後人之修身處世提供借鑒。晉涵復從《永樂大典》中
纂輯宋遺民高斯得、連文鳳之詩文，以此表彰諸君子之「忠孝精神」。〔註8〕
觀其用意所在，實因諸人能於板蕩之際有所抉擇，卒得全其忠節，堪稱宋儒
躬行實踐之典範。此爲晉涵史學宗旨之大端。

〔註3〕邵晉涵：〈爾雅正義序〉，《爾雅正義》，頁1，總頁35。
〔註4〕邵晉涵：〈釋親廣義題詞〉，《南江文鈔》，卷8，頁38，總頁493。
〔註5〕邵晉涵：〈爾雅正義序〉，《爾雅正義》，頁1，總頁35。
〔註6〕章學誠：〈家書五〉，《章氏遺書》，卷9，頁71，總頁208。
〔註7〕章學誠：〈邵與桐別傳〉，《章氏遺書》，卷18，頁9，總頁397。
〔註8〕邵晉涵：〈國朝姚江詩存序〉，《南江文鈔》，卷6，頁17，總頁442。

二、心術宜正與考證宜勤

　　研經治史，皆欲以躬行實踐、經世致用為旨歸，斯意誠善。然欲遂其志，尚需從兩方面用功。

　　其一曰心術宜正。邵晉涵幼時秉承祖父庭訓，即以「辨志存誠」為先務，少慕劉宗周學行，遂以「意誠」為立身之本。對於「儒效」之說，闡發尤力。嘗曰：「儒者誦經學禮，比中而行之，非徒以美七尺之軀也。事行有益於理者立之，知識有益於理者為之，遇無豐嗇，所益必溥，故儒之效大。」〔註9〕儒之效大，因其端本於意誠，立所當立，為所當為，方能通經而致用。又曰：

　　　　俗之諭也，悍利從欲，旭旭然不知所之，謹曰：「效不必儒，儒
　　不必效。」使苟如俗儒之勞力勞知，辯說譬喻，齊給便利，而不當
　　民務，不法先正，不順禮義，則謂之無效也亦宜。〔註10〕

俗儒心術不正，為利欲所羈絆，縱使每日誦經學禮，終無「效」可言。乾隆四十五年（1780），晉涵任廣西鄉試正考官，效法其師錢大昕、朱筠，頗留心於科舉風氣之救挽。對諸生揣摩剽竊之習，大加批判：「乃或志在弋獲，捨聖賢經傳與夫漢唐宋元之訓釋於不講，而取世俗所謂揣摩之文摸擬剽竊，以為逢時之技。……學術不端，由於心術不正。」〔註11〕邵氏所以輕視科舉時文，即根源於此。諸生揣摩剽竊之習，實源於心術不正，心術既偏，欲其臨官撫民，通經致用，無乃大相徑庭。

　　其二曰考證宜勤。晉涵幼時蒙祖父教誨，致力於誦經、考史兩端。誦經旨歸「致用」，然當從精研漢唐注疏、考辨名物象數入手；考史重在「經世」，然當從考辨人物事跡、制度沿革入手。若忽視考據，必將隨意曲解，任情褒貶，與明末空談義理之流無異。其後受乾嘉樸學之浸染益深，而此論持之益篤。嘗曰：

　　　　治經必通訓詁，博稽制度，進求義理，以達諸躬行。……程朱
　　以明體達用之學發明經義，析理之精，遠勝漢唐，因言考事，殆所
　　謂身體而力行者歟？〔註12〕

將考據與義理等量齊觀，發端於考據，旨歸於義理。且謂宋儒學術之精要，當就躬行實踐一端觀之。晉涵任廣西鄉試正考官時，論及取士之標準曰：「求

〔註9〕邵晉涵：〈劉餘齋先生六十壽序〉，《南江文鈔》，卷7，頁3～4，總頁456。
〔註10〕同上。
〔註11〕邵晉涵：〈廣西鄉試錄序〉，《南江文鈔》，卷5，頁33b～34a，總頁428～429。
〔註12〕邵晉涵：〈庚子科廣西鄉試策問〉，《南江文鈔》，卷8，頁19，總頁484。

其留心經訓，與不悖先民矩矱者，慎而錄之。……尤願多士勗所未至，治經務求實用……」〔註13〕以留心經訓、讀書敦本爲基本錄取條件，而以經世致用相期望。

欲求史學經世，亦當以考證爲基礎。若考辨不精，事實不明，以之褒貶人物，議論得失，不僅令古人無邊受屈，且貽誤後人，所謂經世致用，又何從談起？晉涵曾論定諸史之得失高下，文曰：

> 司馬遷受《春秋》之學於董仲舒，……網羅放失，成一家言。後李延壽南北《史》、歐陽修《五代史》合數代爲一書，體近通史，然較之《史記》，名似而實殊。……司馬光《通鑑》，易紀傳爲編年，補遺辨誤，條理秩然，勒成考鑒資治之書，較《史記》體殊而義合。〔註14〕

謂司馬遷《史記》之所以克承《春秋》之學，成一家之言，其基礎在於「網羅放失」。司馬光《資治通鑑》之所以合於《史記》之義，成資治之書，其基礎在於「補遺辨誤」。歐陽修《新五代史》之所以遠不逮《史記》，非不合《史記》之「體」，乃不合其「義」，即經世致用之旨。又論《新五代史》曰：

> 爲此書，自謂得《春秋》遺意。……然朱子已譏其張居翰爲失實，陳師道譏其李思恭、思敬爲失考，又如……褒貶之不平，復爲李心傳諸人所譏議。至年月之參差，紀傳之複舛，吳縝《纂誤》已詳言之矣。以今考之，則前人所指摘，尚有未盡者。……所恨於修者，取材之不富也。……所恨於修者，掌故之不備也。〔註15〕

歐史雖欲克承《春秋》，然但觀其失實、失考、褒貶不平、年月參差、紀傳複舛、取材不富、掌故不備，則書中所自詡之「春秋筆法」，其價值可想而知。故《新五代史》之特色，僅在於「筆墨排奡，推論興亡之迹，故讀之感慨有餘情」。〔註16〕然以文視之，自無愧於一代名篇；以史視之，其所論興亡之迹，恐難以盡信。歐史所以未能繼承《春秋》經世之旨，因其既無太史公之網羅放失，又無溫公之補遺辨誤，僅留心於一二字之褒貶，所謂貌合神離，理固宜然。

〔註13〕邵晉涵：〈廣西鄉試錄序〉，《南江文鈔》，卷5，頁34，總頁429。
〔註14〕邵晉涵：〈庚子科廣西鄉試策問〉，《南江文鈔》，卷8，頁20，總頁484。
〔註15〕邵晉涵：〈五代史記提要〉，《南江文鈔》，卷12，頁44，總頁588。
〔註16〕同上，頁45a，總頁589。

第二節　社會現實之關注

經史研究之外，邵晉涵對於社會現實，亦頗爲關注。既關注吏治民生之事，復留心於社會風氣、人心善惡之轉移。

一、留心於吏治民生

邵晉涵曾有言曰：「自實學之衰，中無定識，致飾於外觀，遂使經術與治術判而爲二。」〔註17〕謂儒者應將經術與治術合而爲一，方爲內聖外王之正路。

於是，向好友汪輝祖（1730～1807）闡發「明律養人」之說曰：

> 法家以輔禮，制律者法也。審察於禮與法之相貫通，而後能明律，而後能養人。余讀《唐律疏義》，其傳義予比，實依於仁慈，而參合必以《唐六典》爲依據，何其明於禮意也。《明律》改用重典，峻文苛法，欲以齊民，惡覩所謂禮以養人者乎。後之治律者，能銓度於世輕世重，以劑於平，仁者之用心也。〔註18〕

「制律」指立法，法實輔禮而行，欲立善法，必依於仁慈，本於禮意。立法之本意在於養民，非爲戕民。「治律」指司法，謂司法者當本於仁者之心，體會禮與法之貫通，權衡於輕重之間，方能明律而養人。又曰：

> 刻者爲之，則傷恩而薄厚，昧者則坐視人之生死疾痛而不自省。州縣之長，盛服坐堂皇，吏抱文書，伍伯左右立，哆口叱訶，問以律，則懵然莫能知，憪然以爲不足知。其援律以定讞者，則爲幕賓。引成案以上下其手者，則爲吏胥。居其間頤指而氣使者，則爲奴僕。甚至奴僕、吏胥與幕賓連合爲一心，鈲文破律，戕虐民生，流弊靡究。嗚呼，是曷能望其知律意以養人乎哉。〔註19〕

彼時一批知府縣令，亦即當地司法部門之最高長官，或刻或昧，多不諳明律養人之道。所謂「刻」，即刻薄寡恩，以重刑責小過，與聖門「哀矜勿喜」之意背道而馳。所謂「昧」，即不明律令，不顧民生之疾苦，聽任其屬吏上下其手。當時刻者固有之，而昧者尤甚，故晉涵深以爲憂。

汪輝祖曾有言：「吾友邵二雲編修言：今之吏治，三種人爲之，官擁虛名

〔註17〕邵晉涵：〈姜星六時文序〉，《南江文鈔》，卷6，頁32，總頁449。
〔註18〕邵晉涵：〈送汪煥曾之官寧遠序〉，《南江文鈔》，卷6，頁41a，總頁454。
〔註19〕同上，頁41b，總頁454。

而已。三種人者，幕賓、書吏、長隨。誠哉言乎！」〔註20〕汪氏以孝親循吏著稱於世，與晉涵之啓發激勵，不無關聯。

晉涵纂修《餘姚志》，對縣中之學田考核尤詳，實有深意所在。其言曰：

> 學校官田者何，即《周禮》載師所稱士田是也。鄭氏眾曰：士田者，士之子耕而食之，非其人不得與。先王之所以待士者，至深厚矣。……因爲鉤稽學田，按之前明陳冢宰〈碑記〉及今現存檔冊，……悉登載志書，以杜欺隱而昭覈實。〔註21〕

謂學田之制，本於周官養士之遺意，與邑中諸生關聯甚大。故據前代文獻與政府檔冊詳加考核，將田畝字號備載於志中，以免爲胥吏所欺隱。又曰：

> 但學田者，學校官田也，今惟縣胥收其息，問其賦出，僅公款七十五兩有奇，聞其賦入，則茫無可稽也。噫，官司失守，習蠹朋興，害己去籍之術工，詭寄懸抵之弊作。官田具在，名存實亡，……可深慨也。……余故詳攷之，以竢後之官吾土者。〔註22〕

可知學田終究爲胥吏所侵佔，官司失守，學田之制，名存實亡。晉涵對此感慨再三，然無可奈何，只得寄望於繼任之地方長官。

二、留心於社會風氣、人心善惡之轉移

汪輝祖曾撰《越女表微錄》，邵晉涵序之曰：

> 女之從一而貞也，與夫子之孝於其親，臣之忠於其君，皆根於天性而不可移者也。先王知性之相近，而質有厚薄，習有淳漓，於是乎有勸懲之法，驅天下之染而爲不善者，敦勉以爲善。成周鄉物之舉，兩漢興孝察廉之詔，有志於化民成俗者，恒於斯厪厪焉。……彰善癉惡，不遺幽微，斯化民成俗之要道哉。〔註23〕

忠孝節烈，皆根源於天性，因後天之習染，遂淳漓相雜。王者立勸懲之法，表彰忠臣、孝子、列女，彰善癉惡，以期化民成俗。又曰：

> 後世好爲議論，自處於僞而疑人之僞，凡夫閭巷之孝養竭力，與夫硜硜守一節而不改者，率慮其非眞。其始嚴以待天下之善者，

〔註20〕 汪輝祖：〈用人不易〉，《學治續說》（據同治元年吳氏望三益齋刻本影印），載《續修四庫全書》第755冊，頁15，總頁344。

〔註21〕 邵晉涵：〈學校官田攷〉，《南江文鈔》，卷8，頁23，總頁486。

〔註22〕 同上，頁23～24，總頁486。

〔註23〕 邵晉涵：〈越女表微錄序〉，《南江文鈔》，卷6，頁11～12，總頁439。

> 其後習爲固然，而寬以待天下之不善者。嗚呼，人心風俗之不古，
> 若其不以此與。〔註24〕

人心不古，非但忠孝節烈難以復現，且因己所不能爲而恨他人爲之，動輒疑人之僞。乃至是非不明，善惡難辨，此種風氣，爲害甚巨。晉涵所論，可謂切中人情之隱微。

時人多有「通譜」之習，即本無血緣關係之家族，僅因同姓，便合修家譜，以此壯大聲勢，互相倚重。晉涵對此風批判尤力，曾曰：

> 余見通都大邑，多以聯譜爲戲。或一人之身而互引其祖孫父子
> 爲同輩，其有身躋膴仕，則相率奉以尊稱。及考其前後昭穆，有憮
> 然莫辨者。嗚呼，自周官奠世系之職廢，則宗法不立，宗法不立，
> 則民氣日漓，末俗相沿，遂相率而爲僞，通譜其一端也。〔註25〕

家譜之最大功用，在於辨昭穆，令子孫後代知其所從來，輩分賴之以明，宗法賴之以立。然時人以通譜爲戲，遇顯宦之家，強相比附。惟趨炎附勢，爲害尚在一時；昭穆莫辨，終將貽誤子孫後代。

吳玉綸（1732～1802）撰〈西施說〉，其言曰：「施之存亡，一女流本末耳。若從蠡與否，乃爲家國間名義所關，豈容不辨。」〔註26〕力辨吳亡後，西施並未歸於范蠡。非漫爲考證，欲藉此立名教之防。晉涵深契其說，於文後題曰：

> 《愼子》以毛嬙先施爲天下之姣，故樂府語多泛指。後人詩迺
> 云：「臺下臥薪臺上舞，可知同是不眠人。」又云：「別有深恩酬不
> 得，對君歌舞背君啼。」語雖新而意益鑿矣。……得此昶發朗辨，
> 卓然立名教之防。〔註27〕

西施之事，詩人多喜演繹附會，本無傷大雅。然若謂其心懷亡吳之志，既屬夫差，復歸范蠡，將至此女於何地？此事之有無，尚不必論，婦德之顯隱，當所必究。

晉涵居京師，常與紀昀相過從。紀氏好搜羅奇聞異事，所撰《閱微草堂筆記》，恰有一則故事得自邵氏。文曰：

〔註24〕邵晉涵：〈越女表微錄序〉，《南江文鈔》，卷6，頁11～12，總頁439。

〔註25〕邵晉涵：〈勞氏家譜序〉，《南江文鈔》，卷6，頁5，總頁436。

〔註26〕吳玉綸：〈西施說〉，《香亭文稿》（據乾隆六十年滋德堂刻本影印），載《續修四庫全書》第1451冊，卷7，頁3，總頁543。

〔註27〕同上。

一館吏議敘得經歷，需次會城，久不得差遣，困頓殊甚。上官有憐之者，權令署典史，乃大作威福，復以氣焰轢同僚，緣是以他事落職。邵二雲學士偶話及此，因言其鄉有人，方夜讀，聞窗櫺有聲。諦視之，紙裂一罅，有兩小手擘之，大纔如瓜子。即有一小人躍而入，綠衣紅屨，頭作雙鬐，眉目如畫，高僅二寸餘。掣案頭筆，舉而旋舞，往來騰踏於硯上，拖帶墨瀋，書卷皆污。此人初甚錯愕，坐視良久，覺似無他技，乃舉手撲之。……鍊形甫成，毫無幻術，而肆然侮人以取禍，其此吏之類歟。此不知實有其事，抑二雲所戲造，然聞之亦足以戒也。〔註28〕

可見縱是談狐說怪，亦頗有深意所在，欲藉此趣聞，諷勸本無眞才、眩人耳目之流。紀氏所謂「聞之亦足以戒也」，道出晉涵「戲造」奇聞之用意。

邵晉涵晚年仍任職於翰林院中，時和珅（1750～1799）任掌院學士，欲訪時望爲其子豐紳殷德（1775～1810）之師。或薦晉涵，然堅辭不就，珅以爲愧。晉涵遂乞休，珅曰：「吾非必相強，邵君何爲此悻悻。」〔註29〕

此事發生於乾隆五十四年（1789）前後，晉涵雖未失官，然畢竟得罪和珅，迴翔清署二十載，臨歿始升四品，與此事不無關係。彼時和珅權勢喧天，眾人能不阿諛奉承，已稱難得。晉涵於辭受取與之際，能堅守直道，一生學術之蘊蓄，皆彰顯於此事之中。謂晉涵克紹浙東，誰曰不然？

〔註28〕紀昀：《灤陽續錄》，《閱微草堂筆記》（據嘉慶五年北平盛氏望益書屋刻本影印），載《續修四庫全書》第1269冊，卷20，頁1，總頁340。

〔註29〕姚瑩：〈光祿大夫兵部尚書戴公墓誌銘〉，《東溟文集》（據同治六年姚濬昌安福縣署刻《中復堂全集》本影印），載《續修四庫全書》第1512冊，外集卷3，頁8b，總頁463。

結　語

　　自乾嘉以至今日，論及邵晉涵，莫不視之爲一代名儒。然循名責實，邵氏之重要著述，僅存《爾雅正義》一編，其餘札記、文集、方志之屬，尚不足以表見其學術之精微。著述不顯而身享盛名，其中緣由，頗可玩味。

　　追本溯源，邵氏生前之盛名，繫乎三端：其一，特旨徵入四庫館，自田間躋身翰林，已爲士林所榮，又恰與戴震共膺榮遇，更爲時人所樂道，遂有戴經邵史之比。其二，《舊五代史》之纂輯，堪稱四庫輯佚之冠，既蒙清高宗題詩讚賞，復列於二十四史之林。其三，《爾雅正義》之撰，實爲一生精力所萃，時人奉爲群經新疏之典範，文字訓詁之重鎮。觀洪亮吉、錢大昕、阮元諸人之稱述，細玩其主旨所在，皆將晉涵視爲考據學家之典範，雖盛讚其史學，亦側重考史而言。洪、錢所述，雖稍有渲染，尚覺名實相副。

　　惟章學誠獨持異議，自負知邵最深，歿前撰〈邵與桐別傳〉，既與其「浙東學術」之說交相爲用，復欲挾邵以自重。依其所述，邵遂成爲浙東學者之典範，考據學家之勁敵，章氏相喻甚深之學術知己。章撰此文，雖未得晉涵學術之實，然欲救挽考據學風之偏，用意頗善，且行將就木，縱使比附於邵，亦情有可憫。後人不解章氏本意，惟覺傳中所述之晉涵更堪玩味，遂喜聞其說。近代以來，章氏漸享大名，本欲挾邵以自重之〈別傳〉，反令邵因此而得「名」。此後百餘年間，論邵之文，皆難脫章氏窠臼。所謂名實難副，實根源於此。

　　然章氏之附會，後人之曲從，不足爲晉涵累。今日欲探尋邵氏學術之眞面目，固須力矯〈別傳〉之不實，卻不必以此罪邵，乃至否定其學術淵源與成就。邵氏之重要著述，今誠難覓其詳，然零篇殘章，尚可掇拾殆盡。將之

薈萃一編，雖難以詳觀其學術之整體規模，卻足以勾勒其成學歷程之大端，尋繹其學術宗旨之精要。

邵晉涵學術之形成與發展，歷經四個階段，前文述之已詳，茲略加概括。

（一）家傳鄉習。早年隨祖父邵向榮、族兄邵陛陛受業，且獲聞邵廷采學行甚詳。進學後，從遊周助瀾、汪沆之門，沉潛於經史之學。習聞王守仁、劉宗周、黃宗羲、萬斯同、全祖望之遺事，涉獵其著述，遂心生景仰。浙東學術之精神，蘊蓄已深。

（二）浸染樸學。中舉入都後，從遊錢大昕、朱筠之門，與戴震、段玉裁切磋論學，治學之方法與領域，漸趨向於訓詁考據。

（三）論學實齋。成進士後，始與章學誠同寓朱筠幕下，深入論史，重讀邵廷采之著述，注重「著述成家」與「史學義例」之闡發。

（四）徵入四庫。乾隆三十八年以後，任職四庫館，纂輯《舊五代史》諸書，寓史家深意於文獻之中；撰寫提要，申明浙東史家之觀點。然文字之忌諱，皇帝之過問，「提要稿」之刪改，影響其學術心態甚巨，實為《宋志》不克成編之重要原因。

縱觀邵晉涵一生之學術，就其方法而言，側重於文字訓詁、網羅佚文、考證異同；就其領域而論，側重於群經新疏、諸史考證。此確為客觀事實，無法否認。然傳承文獻之職志，躬行實踐、經世致用之精神，實為其一生學術宗旨之所在，與浙東學術之根本特徵相契合。就邵氏之學術規模與成就而言，其能否堪稱一代學林之重鎮，自可見仁見智；然就其學術之形成與發展而論，終無愧於浙東學術之重要傳人。

本書之結論，似覺平實無奇，未能眩人耳目。然經過一番重新梳理，邵晉涵與浙東學術之淵源，浙東學術與乾嘉考據之激蕩，以及邵氏學術宗旨之所在，方得以清晰呈現。

附錄一　邵晉涵現存著作簡表

書　名	卷數	刊刻、傳抄時間	版　本	備　注
餘姚志	40	乾隆四十六年（1781）	刻本	署名「唐若瀛修」，邵晉涵列名「協纂」。
杭州府志	100	乾隆四十九年（1784）	刻本	邵晉涵列名「總修」。
爾雅正義	20	乾隆五十三年（1788）	面水層軒刻本	附《釋文》3卷。另有乾隆五十四年（1789）三月重校本，道光九年（1829）廣東學海堂刻《皇清經解》本，咸豐十一年（1861）補刻《皇清經解》本。
廿三史提要底本	1	嘉慶六年（1801）	朱錫庚抄本	即「《四庫》提要稿」中正史諸篇。現藏臺北中央研究院傅斯年圖書館。
南江札記	4	嘉慶八年（1803）	面水層軒刻本	卷一《左傳》、《穀梁傳》，卷二「三禮」，卷三《孟子》，卷四諸史。另有光緒六年（1880）會稽趙氏刻《仰視千七百二十九鶴齋叢書》本，光緒十八年（1892）會稽徐氏鑄學齋刻《紹興先正遺書》本，光緒間長洲蔣氏刻《心矩齋叢書》本。
南江文鈔	4	嘉慶間	刻本	卷一、二應制文，卷三「提要稿」，卷四記、序。
舊五代史考異	5	嘉慶間	面水層軒抄本	現藏中國國家圖書館。
南江文鈔	12	道光十二年（1832）	胡敬刻本	增序跋、書札、傳狀、祭文、墓誌數十篇。

南江詩鈔	4	道光十二年（1832）	胡敬刻本	
韓詩內傳考	1	嘉慶、道光間	鳴野山房抄本	現藏浙江圖書館。
皇朝大臣謚迹錄	4	嘉慶、道光間	鳴野山房抄本	現藏南京圖書館。
四庫全書提要分纂稿	1	光緒十七年（1891）	會稽徐氏鑄學齋刻本	收入《紹興先正遺書》。
南江書錄	1	光緒二十九年（1903）	貴池劉氏刻本	收入《聚學軒叢書》。即「《四庫》提要稿」。
南江文鈔	1	光緒間	歸安姚氏刻本	收入《晉石厂叢書》。據嘉慶本《文鈔》卷三翻刻。另有民國二十三年海虞瞿氏鐵琴銅劍樓重修本。
邵氏史記輯評	10	民國八年（1919）	上海會文堂書局印本	

附錄二　邵晉涵遺文小集（附遺詩）

　　邵晉涵著述之彙編整理，向乏其人。2016 年，李嘉翼、祝鴻杰始將《爾雅正義》、《舊五代史考異》、《南江文鈔》、《南江詩鈔》、《南江札記》五種加以點校，卷末附之以碑傳序跋，編成《邵晉涵集》八冊，交由浙江古籍出版社印行，堪稱邵氏功臣。今觀其書，尚有兩事未盡：

　　其一，邵氏現存之著作，尚未搜羅完整。其中《餘姚志》《杭州府志》兩書，因非邵氏一人之專著，可暫不收錄；至於《韓詩內傳考》《皇朝大臣謚迹錄》《邵氏史記輯評》三編，向來罕爲人知，對考辨邵晉涵學術之形成與發展實有裨益，故應予以補錄。

　　其二，晉涵《南江文鈔》、《南江詩鈔》未收之遺文、遺詩，尚未裒輯成編。邵氏著述存世無多，難殘篇斷簡，亦有助於考見其生平行事、學術觀點，故應予以網羅裒輯。

　　余自撰寫碩士論文《邵晉涵史學形成之研究》之日起，即留心搜集邵氏遺文，積數年之力，始輯得遺文二十九篇。今將其略加校訂，依「記、序跋、書札、硃卷、壽序、碑傳」之次序編排，末附遺詩九篇，錄爲一編，以公諸同好。

　　　　　　　　　　　　　　　二〇一八年十月，於京師不足微書屋

城北捨櫬記 〔註1〕

　　捨材亦仁道之一端，吾邑此舉久廢，復之自乾隆三十五年間城北勵君景康、呂君天奇二君始。二君之言曰：噫！吾嘗過市而有斃丐焉，挨戶合貨棺殮，炎雪輒遷延數日不得棺，或敝席裏埋尸陀林，其免犬掊嚙者難已。又過尸陀林，見棺壞，骸骨暴露如亂麻。思若輩生前受諸苦煩惱，死後慘又如此，吾輩之心憫焉，然而不能獨爲善也。於是景、奇合捐，先辦捨材二十具，貯東門外六府廟以備急，乃貧無告者，亦稍稍來取。因甌向兩城鋪戶勸助，俟給去捨材一口，即赴願助者每家取錢拾文，計樂助者共一百數十餘家。其錢除仍備領去材費外，所餘之資，至年終彙計出存，生息陸續置產。不十年，共置得露、羽兩字號田二十八畝有奇，又置東城下樓房兩間。嗣後捨材得常繼應，每多至前後，僱工往各義家數十處督理，將好棺蓋茅，露骨拾塔。然則是役也，二君一念之善推之人，又推之人人，身不辭勞瘁，歷數十年寒暑而不倦，而其事遂善始而善後，可謂難矣。我以爲不可不勒諸石，以勸後之繼者。賜進士出身、翰林院編修、文淵閣校理、四庫館總纂、庚子科廣西正考官加三級邵晉涵撰，乾隆四十六年歲在重光赤奮若相月穀旦。

孝義家廟記 〔註2〕

　　粵惟我邵氏自洛陽遷浙，相厥基於臨安、會稽，靡有定所。逮我遠祖千八公定居餘姚青風里，敦德好修，用肇繫緒，演慶承麻，遂爲縣中望族。其由縣遷居孝義鄉，則權輿於亞一公，實爲千八公之孟房，推而上之，實爲洛陽邵氏之宗子也。亞一公潛德，人不盡知，而故老傳述，鄉之得名由於公，則公之行修於宗族鄉黨者可見。雲仍襲祉昌，衍蕃滋，於戲，豈不由祖德之貽哉！

　　縣中故有家廟，宅地爽塏，規制亦整秩。環孝義鄉而居者，自履端祗謁而外，限於城鄉，輒以不得歲時展禮爲憾。禮不云乎，以三爲五，以五爲九，

〔註 1〕 錄自朱蘭：《南江先生年譜初稿》，載朱炳編：《朱蘭文集》（杭州：浙江大學出版社，2015 年），頁 355～356。題下原注：「六府廟內同善堂舊址碑記。」此文另載周炳麟等：《〈光緒〉餘姚縣志》（光緒二十五年刻本），卷 13，頁 2，題爲〈施材碑記〉。

〔註 2〕 錄自邵日濂、邵友濂：《餘姚邵氏宗譜》（光緒十三年刻本），貽編卷 7，頁 5。

別子爲宗，古之制也。乾隆十六年，在明公俶舉其議，獨仔肩其事，創建孝義鄉家廟一所。基初經而公歿，垣墉丹艧，未竟所施。五十年秋，裒輯宗人，踴躍從事。於是庭除、廡舍、井湢胥備，振蠲宧奧，有苾其馨。圭撰穀旦，奉主入祠，靈佑所依，馮馮翼翼，穆穆蹌蹌，凡有事於堂階者，莫不致其恪恭專肅。退而雁敘，雝然瀜然，誠歸一本，遠近同源，優見質旁，諏興睦順。猗歟！非家廟之建，曷以鳩吾本支，而懋昭前業歟？夫孝義其本也。綿詩書之澤，廣仁讓之風，由一鄉而推之縣中，由縣中而推之於洛陽，上溯宋世大儒之學。繹聖訓以牖世，必自敦本始。子若孫傳於世世，尚其篤念哉。

《餘姚景橋魯氏宗譜》序〔註3〕

唐人重譜學，郡分其望，官修其書，條貫數千年而秩然有序。五代以降，家爲私譜，散出無紀，古人類姓辨族之法亡矣。余少讀《新唐書》〈世系表〉、鄭樵〈氏族略〉，頗疑其受姓源流多所傅會，後見《元和姓纂》，其援引古事，復多與二書牴牾，則知世譜之學，在唐人已難得其精覈，況於私門撰著之書乎。然私修之譜，亦有勝於官書者，各據見聞，整齊行列，不攀援貴冑以爲華，不膠合遠郡以爲廣，質而實，信而有徵，成一家言，斯其善也。

姻友魯君贊泉，奉其新修之譜來告余曰：「此先君子武京公之志也。先世自州判公卜居景橋，是爲南宋遷餘姚之始祖。綿先澤以鳩厥宗，環橋而居，數里無他姓。其不得已而他適者，不忘宗祧，皆有故居迴翔之慕。然家藏之譜傳於宋，再修於明，其闕而不續者二百餘年於茲矣。先君子怵然慮之，諮詢耆舊，釐定規條，未竟厥緒。予既與諸昆弟修繕祖祠，復念譜牒不修，無以承先志。詳稽旁考，遲久而始具稿本，付諸梓人，用籍手以延永澤，先君子之靈爽實式憑之矣。」余因是而知君之承基厚而貽謀遠也。

《周官》三族之制，漢儒六親之說，胥以奠昭穆而別等殺，合族十餘世而雲仍相嬗，相視如群從，蓋親親之誼本於天性然也，豈必官定其制而始相聯屬哉。余出遊四方，喜從故家大族訪問遺事，與史書志乘互相參考。其有篤念前猷、敘述家世悱惻動人者，必溫良孝惠、克保世而滋大者也。其瞀然莫辨，與夫矯誣臆決、不可窮詰者，必浮薄無行檢者也。君言行淳篤，好爲

〔註3〕 錄自丁鳳麟整理：《中國家譜資料選編・序跋卷》（上海：上海古籍出版社，2013年），上冊，頁511～512。原文載魯周春：《姚江景嘉橋魯氏宗譜》（1925年木活字本）。

德於鄰，勉承慈命，殷殷以尊祖敬宗爲事，殫數年之力以成此譜，存家言而著族望，垂裕之悠遠，其不在斯歟！是爲序。乾隆四十二年長至月，賜進士第、特徵《四庫全書》纂修官、翰林院編修邵晉涵頓首拜撰。

《沈氏重修家譜》序 [註4]

《周官》合族之制，以奠世系。太史公述得姓受氏源流，多據《世本》。漢儒若王符、應劭，胥能囊括姓氏，條著篇目。厥後私家之譜迭興，以門第相矜尚，寖失古意，然譜牒猶相沿不廢。迄唐末五季而諸家之譜盡失，於是古人辨姓類族之法蕩然矣。自宋以後，私家之譜，眉山蘇氏爲最著。至明而著姓莫不有譜，然惟崑山顧氏之譜、甬上萬氏之譜爲時人所稱道，近日則河間紀氏譜最稱簡而有法。私家記載，寖寖乎合古人述作之意矣。余以爲譜以紀一家之事，徵遠者蘄於確而屏絕皮傅，語近者宜於詳而勿涉誇張，則其書可以型家，可以匡俗，可以傳信，不徒取其文采之焜燿也。今四方州縣修志，恒苦於文獻無徵。誠令家修其譜，生卒、遷徙、位秩具於書，祠宇、冢墓具於書，碑銘、行狀、傳贊具於書，遺聞軼事、嘉言懿行具於書，事必覈實，語無舛漏，則備一家之文獻，合而爲一方之文獻，推而廣之，天下之文獻足徵矣。況夫譜牒既定，討論祖訓，以孝友婚睦相勗勉，施恩由近溯本，引源離然媲然，亹亹於保世而滋大。所謂人人親其親、長其長而天下平者，不端在是哉。

余同縣蘭風沈氏，故著姓，以詩書孝友世其家。其舊譜修於明嘉靖中，鄉先哲爲之序曰：沈以世居湖州，宋時有諱思者卜居龍舌，是爲遷居之始祖。其後叔莊公創修家譜，文龍公復修之，俱以遷居之祖爲始，而不攀援通顯以誣其先，附會疑似以欺其後。蓋沈氏舊譜徵遠之確如此。今踵而輯之，世更代易，曠隔已久，其間類多殘缺失次，使稍涉攀援附會，補綴成帙。夫誰知之而誰議之，延族之賢者詢謀僉同，一以舊章是率，無忝厥祖，用徵孝睦之驗焉。

余讀其譜，視舊較增，而必據見聞之覈實者，崇本篤後之思，溢於簡策，是所謂語詳而徵確者也，所謂可以型家匡俗而傳信者也。於以扶翼聖朝廣仁修讓之俗，砥行昌文，風俗懋美，追蹤於古昔合族奠繫之風，豈不偉哉！是

〔註4〕 錄自丁鳳麟整理：《中國家譜資料選編·序跋卷》，上冊，頁 563～564。原文載沈慶林：《續修蘭風沈氏宗譜》（1935年肅閒堂木活字本）。

為序。乾隆五十年歲次乙巳孟陬，賜進士出身、特徵《四庫全書》纂修官、文淵閣校理、翰林院編修、三通館總纂官、咸安宮總裁加二級邵晉涵謹序。

《補續漢書藝文志》序〔註5〕

班孟堅《漢書》因劉子駿《七略》作〈藝文志〉，西京書籍略見其梗概矣。後代史家遞相祖述，《隋書》、《舊唐書》、《文獻通考》作「經籍」，宋孝王《關東風俗傳》作「墳籍」，其名不同，其書一也。范氏《後漢書》本末及撰志，司馬彪《續漢書》有律曆、禮儀、祭祀、天文、五行、郡國、百官、輿服八志，而不及藝文，東京諸儒撰述泯焉無聞，良可深惜。

嘉定錢可廬先生精通經史，其說經之書，實事求是，得未曾有，其於兩漢、三國有《辨疑》一書，王光祿稱賞不置，以為突過三劉。今復有《補續漢書藝文志》二卷，予受而讀之，蓋取蔚宗本史所載，及書之見存於今代，引證於古書，著錄於別史，暨藏書家所錄者，輯為此編，以補司馬氏之闕漏。部分條析，悉依前書，於一代著述，固已搜採無遺，洋洋美備矣。不登上古之書者，依劉知幾之說，斷代為史，例不當載古人。且東漢時古書之存亡，亦非幾千百年以下所能審知也。乾隆五十三年三月，餘姚邵晉涵序。

《歷代疆域表》序〔註6〕

西厓，吾家香渚公所取而拔其尤者也。幼以慧聞，及弱冠，諸子百家，無不搜攬，而疆域之學，尤所深究。乾隆己酉，遇於都中，初見之，如舊相識。即出所著《歷代疆域表》，屬余序。

余顧之，不勝驚愕曰：疆域豈易言哉！自黃帝建九州，萬世不改，而其間有得之而日增者，有得之而日削者，離合損益，不能常其所治。秦并天下，以為萬世之業，不數年，皆為漢有。兩漢四百六年，歷遭莽、卓之變，傳至季漢，三分僅有其一。晉不三代，割據者十六國。隋不二世，分裂者十八雄。唐至五國，五鎮分爭其地。宋之世，遼、金、夏相為終始。天下之勢，參差難紀，已概見矣。而前五代既分南北，元魏又分東西，不但齊、周篡繼其後，而蕭詧之江陵，又犬牙於中。後五季五十三年，凡八姓，十三其主，不但契

〔註5〕錄自錢大昭：《補續漢書藝文志》（光緒十三年廣雅書局刻本），卷首。
〔註6〕錄自段長基：《歷代統紀表（附歷代疆域表、歷代沿革表）》（據原刻本影印），第13冊，頁1～8，載《萬有文庫》（上海：商務印書館，1937年）第2集。

丹侵得十六州，而晉陽之劉旻，西遼之耶律，又犄角於外。既縱橫之不齊，亦盛衰而無常。茲欲舉全代之輿圖而具載之，寔有難得其詳者。疆域豈易言哉！

　　及讀西厓《疆域表》，條而不紊，序而不亂，簡明詳該，瞭如指掌。自序云：「循常熟顧處士之舊文。」而顧以今之舒城爲舒，西厓則以爲龍舒。顧以漢之高平爲鎭原，西厓則以爲固原。顧以益與益都爲一邑，西厓則以爲兩縣。顧以曹魏接東漢，西厓以蜀爲正統。則西厓之所表，其文似顧，其義實非顧之所能及者。至其按代繪圖，一目瞭然，并於秦漢分置郡縣之始，據《春秋左傳》及《水經注》、歷代地理諸志，參考其由來，俾由漢以下，而晉、而隋、而唐、而宋、而元明，皆可推其建置沿革之舊，不尤詳且備哉！夫輿圖之考，代不乏人，不過即一朝一代而紀之。然晉之《地道記》殘闕不全，唐之《郡國志》但及元和八年以前，宋之《太平寰宇記》無雲、朔、幽、涿諸州，即王象之《紀勝》二百卷，祇南宋疆域，尙不能悉汴京一統之舊。況歷代之幅員，古今之沿革，錯綜互易，而欲如星辰之羅列，點定不移，必其博稽群書，經歷郡國，方能纖屑畢載，豈徒騁筆底之才華，心機之靈敏，所能仿佛其萬一哉！余初讀顧氏書，深服博洽，今讀西厓《疆域表》，實尤前人所未及者。余無以爲西厓序，第即他書之未及西厓詳且備者而較之，即所以序西厓也。勾餘二雲邵晉涵拜撰。

《周易辨畫》序〔註7〕

　　《周易辨畫》若干卷，姊丈連叔度先生之所著也。先生自江寧罷官，隱居於七棗莊，掩關讀《易》，閱數年而書成。求六爻之性情於六畫，辨六畫之時位以定〈繫辭〉，因〈繫辭〉之吉凶以會通全《易》。不求深以鈎奇，不泥迹而忘象，蓋《誠齋易傳》後僅見之書也。令子在淇，我之所自出，來京師，索余序。余適有冗羈，不暇以爲，因其歸也，題數言於卷首。

跋鈔本《古文尙書考》〔註8〕

　　惠氏《古文尙書考》，余最愛其〈辨正義〉四條，〈證孔氏逸書〉九條，

〔註 7〕錄自周天爵等：《(道光)阜陽縣志》(道光九年刻本)，卷20，頁35。
〔註 8〕錄自王獻唐：〈李南澗之藏書及其他〉，載《山東省立圖書館季刊》第1卷第1期，1931年，「論著」頁119～120。標題爲輯者所擬。

議論精當，爲竹垞、亭林所未逮。至下卷所述，則本前人而推廣之者也。鄭曉謂姚方興二十八字，「曰若」句襲諸篇首，「重華」句襲諸《史記》，「濬哲」掠《詩》〈長發〉，「文明」掠乾〈文言〉，「溫恭」掠頌〈那〉，「允塞」掠雅〈常武〉，「玄德」掠淮南子《鴻烈》，「乃試以位」掠《史》〈伯夷傳〉，其言與惠氏近。又旌德梅鷟撰《讀書譜》四卷、《尙書攷翼》一卷，予未之見。據陳第所引，如謂〈禹謨〉「克艱」本諸《論語》，「人心」、「道心」本諸《荀子》，〈咸有一德〉之「觀政」、「觀德」取諸《呂氏春秋》，〈說命〉「建邦設都」取《墨子》〈尙同篇〉，〈冏命〉「交修不逮」取諸〈楚語〉，此皆辨論之最有關係者。惠氏之書與之符合，而不言其出於梅氏，祇別載梅說九條，何歟？梅氏之外，聞又有姚際恒《古文尙書通論別僞例》十卷，錢煌《壁書辨疑》六卷，與閻氏《古文尙書疏證》後先並出，當備購其書，互相參考。屠維赤奮若重陽後二日，餘姚邵晉涵識。

跋鈔本《東南紀聞》〔註9〕

此書從《永樂大典》中錄出，不著撰人姓氏，蓋宋遺民所纂述也。中間有與《桯史》相同者，其爲鈔撮而成歟？抑各紀所聞歟？其紀史彌遠、嵩之之凶險，有出於諸家紀載之外者。當時東南遺老，痛心於彌遠叔侄者深矣。辛丑夏，館吏錄副本求售，因留之。癸丑五月，病初起，校閱一過。訛字不可盡乙，俟求別本正之。晉涵記。

跋鈔本《五代春秋》〔註10〕

薛氏《五代史》敘事詳核，而帝紀未免冗煩。尹師魯《五代春秋》書法謹嚴，歐陽《史》帝紀所仿也。論者多病其太簡，然於十國興廢，大事必書，視歐陽《史》之不載於紀者，爲得史法矣。傳寫多脫誤。鮑君以文以葉石君鈔本見示，因取盧紹弓先生校本對勘，參以舊時所見本，爲校正四十一字。至張顥作「灝」，漠谷作「幕」，薛、歐二《史》本有異同，今仍其舊云。邵晉涵識。

〔註9〕 錄自邵晉涵墨迹，見黃雲眉：《邵二雲先生年譜》（南京：金陵大學中國文化研究所，1933年，輯者自藏），卷首。標題爲輯者所擬。

〔註10〕 錄自邵晉涵墨迹，見黃雲眉：《邵二雲先生年譜》，卷首。標題爲輯者所擬。

跋鈔本《張文忠公文集》〔註11〕

乾隆四十二年春借汪氏振綺堂藏本映鈔。晉涵記。

柔兆涒灘辜月借振綺堂家藏《張文忠集》鈔本傭人影鈔，強圉作噩余月鈔畢，適有修志之役，未及校勘，深用爲愧。晉涵識於宗陽道院。

書張羲年〈三十初度自序〉後〔註12〕

非徒溫雅，乃別見孝悌之性。南豐所以高出諸家者，以其經術深也。天傭諸子不求諸經術而求諸樸遫，失之遠矣。作者留心治經，能不爲靡麗所惑。後山一瓣香，庶可以有託也。年愚弟邵晉涵拜讀。

書章學誠〈書教〉後〔註13〕

紀傳史裁，參仿袁樞，是貌同心異。以之上接《尙書》家言，是貌異心同。是篇所推，於六藝爲支子，於史學爲大宗，於前史爲中流砥柱，於後學爲蠶叢開山。

書章學誠〈原道〉後〔註14〕

是篇初出，傳稿京師，同人素愛章氏文者，皆不滿意。謂蹈宋人語錄習氣，不免陳腐取憎，與其平日爲文不類。至有移書相規誡者。余諦審之，謂朱少伯（原注：名錫庚）曰：此乃明其《通義》所著一切，創言別論，皆出自然，無矯強耳。語雖渾成，意多精湛，未可議也。

書章學誠〈與陳觀民工部論史學〉後〔註15〕

「文史」字見東方朔及司馬遷傳，唐宋以還，乃以論文諸家目爲文史。

〔註11〕錄自傅增湘：《藏園群書經眼錄》（北京：中華書局，1983年），卷15，頁1298。標題爲輯者所擬。

〔註12〕錄自張羲年：〈三十初度自序〉，《嗽蔗全集》（光緒十九年上海著易堂鉛印本），文卷4，頁21。標題爲輯者所擬。

〔註13〕錄自章學誠：〈書教下〉，《章氏遺書》（臺北：漢聲出版社，1973年，據吳興劉氏嘉業堂刻本影印），卷1，頁19，總頁10。標題爲輯者所擬。

〔註14〕錄自章學誠：〈原道下〉，《章氏遺書》，卷2，頁13，總頁27。標題爲輯者所擬。

〔註15〕錄自章學誠：〈與陳觀民工部論史學〉，《章氏遺書》，卷14，頁29b～30a，總頁283。標題爲輯者所擬。

章君自謂引義徵例，出於《春秋》，而又兼禮家之辨名正物，斯爲《文史通義》之宗旨爾。蓋古人雖有其名，未嘗推究至於此也。此篇論《通志》義例，包今古史裁，其意蓋謂，韓歐之文，不可與論馬班之史，判若天淵。論似新奇，然由其所辨反復推求，義意未嘗不平實也。昔人論劉勰知文不知史，劉知幾知史不知文，必如此書，而文史可以各識職矣。

書吳玉綸〈西施說〉後 〔註16〕

《愼子》以毛嬙、先施爲天下之姣，故樂府語多泛指。後人詩洒云：「臺下臥薪臺上舞，可知同是不眠人。」又云：「別有深恩酬不得，對君歌舞背君啼。」語雖新而意益鑿矣。《明詩綜》載苧蘿祠神因屠生題詩，辨無生入五湖事，託諸夢寐，尚不足以昭定論。得此昶發朗辨，卓然立名教之防。

書吳玉綸〈鄉飲酒說〉後 〔註17〕

善推禮意，劉原父之補義所由遠暢儒風也。節次詳該，又當與李寶之並峙。

與孫星衍書 〔註18〕

聞《尸子》已付開雕，此書篇頁無多，能合周、秦、漢、魏佚子合刊一編，則爲功更鉅。高見以爲何如？匆匆佈問安祉，不戩。淵如大兄執事。同學愚弟邵晉涵頓首。

與黃璋書（一） 〔註19〕

奉到大集，雒誦再四。掉臂清新，而不涉西江宗派，要非洗伐功深者，

〔註16〕 錄自吳玉綸：〈西施說〉，《香亭文稿》（據乾隆六十年滋德堂刻本影印），載《續修四庫全書》第 1451 冊，卷 7，總頁 543。標題爲輯者所擬。

〔註17〕 錄自吳玉綸：〈鄉飲酒說〉，《香亭文稿》，卷 7，總頁 545。標題爲輯者所擬。

〔註18〕 錄自邵晉涵墨迹（摹刻本），載魏振綱、計文淵主編：《姚江書畫》（杭州：浙江古籍出版社，2008 年），頁 58。標題爲輯者所擬。此函另載吳修編：《昭代名人尺牘》（光緒三十四年上海集古齋石印本），卷 23，然「如大兄」前漏一「淵」字。檢孫星衍（1753～1818）所刻《平津館叢書》，其中正有《尸子》、《燕丹子》、《牟子》諸書。

〔註19〕 錄自黃璋：《大俞山房詩稿》（據乾隆五十二年刻本影印），載《清代詩文集彙編》第 363 冊，附錄，頁 5，總頁 666。標題爲輯者所擬。

無從道其隻字也。聞文集亦次第開雕，何時賜讀，俾奉範模，禱切禱切。入春來食履安和，伏惟萬福。楚中之遊，未知果否？傳聞荊襄光景，遠不如中州，而制府屆秋擬往攝湖南撫篆，則俶裝似可少緩。倘行有定期，祈先示知爲望。謹此，順請近安，不戩。

與黃璋書（二）〔註20〕

秋初接奉教函，遠荷存注，敬悉食履綏和，門庭多慶，欣忭彌增。聞大集已付開雕，傳世之業，及早賜讀爲望。晉涵近刻《爾雅正義》，略仿唐人體裁，而學術不逮古人遠甚，刻成覆覈，自愧疏漏。今寄呈一部，伏祈大加誨削，俾不至終身不聞大道，幸甚幸甚。《孟子正義》粗具稿本，尚須刪改，道遠未由就正，時用悵然耳。寄陸定兄札，已爲面付矣。耑此，順請近安。適有俗冗，不及覼縷。

與黃璋書（三）〔註21〕

久未奉書，依溯彌摯。二表弟抵都，接讀教言，敬悉福履冲和，名山之業，日新富有。《易》義闡繹家傳，當較查他山之導揚師說，遠爲過之。《宋元學案》貫徹古今學術源流，不僅備兩朝掌故，雙韭續纂未竟，今乃得觀厥成，異時流布通都，洵四方學人之幸也。侄牽率應酬，記誦日落，邇來更覺匆忙，精神頹廢，南望經帷，神馳左右，長者何以教之。一切光景，諒二表弟自能面陳。順請近安，不戩。

乾隆乙酉科浙江鄉試卷（大而化之之謂聖）〔註22〕

聖神爲善信之極功，而界其二者宜勉矣。夫詣以聖神爲極，而要由善信而始者也，樂正子止有其二焉，豈可域其中而不自奮乎？且無窮者至道之純全也，而有定者學人之分量也，當極深研幾之後，彌望前修，幾渺渺無終極焉。而孰知進取之日新，要本乎初基之自立，歷驗天人之合，不妨盡其道以

〔註20〕錄自黃璋：《大俞山房詩稿》，附錄，頁 5～6，總頁 666。標題爲輯者所擬。

〔註21〕錄自黃璋：《大俞山房詩稿》，附錄，頁 6，總頁 666。標題爲輯者所擬。

〔註22〕錄自顧廷龍主編：《清代硃卷集成》（臺北：成文出版社，1992 年）第 231 冊，頁 251～254。標題爲輯者所擬。本卷題目爲《孟子·盡心下》「大而化之之謂聖，聖而不可知之之謂神，樂正子，二之中」。

遠爲期之，亦可即其人以近而按之也。如美而大者，由善信中而遞進其功者也，而豈以美大二者爲極詣哉？吾欲核其已至之程，先盡其不逾之矩。富有之業，寧不足較善信以分其淺深，而盛積而流，未泯其因應之軌，將大可爲者，未必能化其迹也。若夫天君泰然，百體自徵其順令，周旋見從欲之風，發越著篤恭之盛，庶幾天不可階，正學已立其大中也。斯大而化之矣，聖矣。從容之中，寧猶得就善信以論其功能，而至德無名，并忘其擬議之迹，將兩而化者，自可見一而神也。觀於大造無心，四時自呈其有象，不已通於穆之原，無聲參帝載之始，庶幾神應故妙，至詣已徵其無二也。斯聖而不可知之矣，神矣。此即美大者，尚不敢企而及，而況於善信乎？顧功無自竟，而量有難誣，從幾經積累之餘，存養克臻於純粹。不言而喻，無爲而成，遂覺孤懸天壤，以成泰山河嶽之觀。自下學者望之，應思拾級以登也。而學無倖成，道難蹴至，唯聖與神早離群而絕類，當力爲探索之始，操持勿誤於殊趨。行遠自邇，登高自卑，亦宜倍進人功，以爲入室升堂之漸。自上達者觀之，差幸其有基勿壞也。而益之不足，損之有餘，唯善與信，可責實以循名。樂正子之在吾門也，夫非欲希聖以盡神者哉？若之何猶在二之中也？二者，對待之名也，於彼於此，易地可以參觀。而舉善信以實之，樂正子已加人一等矣。夫聖神之在望也，由勉希安，每苦於入門之寡，茲何以得主有常，無虞欺慊之未分也。道岸誕登，可望同歸於一致，吾爲樂正子喜其二也。中者，無定之象也，不先不後，其間寧有推移？而舉善信以按之，樂正子亦才可兼人矣。夫聖神之難幾也，由始暨終，每慮其半途之廢，茲何以立不易方，早見明誠之交致也。發蒙養正，尚期務敏以修來，吾願樂正子勿限其中也。克也庶維日孳孳，由美大以底於聖神，毋自安於四之下哉。

汪龍莊先生六十壽序 〔註23〕

　　吾友汪君龍莊謁選，得湖南之寧遠縣。初至，上官知其才，欲留之會垣，龍莊固謝。既爲治有聲，上官欲與量移，龍莊復固謝。龍莊豈有戀於寧遠耶？寧遠於湖南爲偏壤，縣之南北西二面皆有猺，地瘠而俗偷，號難治。前此知縣事者，率以速遷爲幸。龍莊獨安其土，暨於今四年矣。頃詒余書，自言政拙，將以秋冬告歸。然則龍莊豈有不樂於寧遠耶？夫地無豐儉視所養，俗無

〔註23〕錄自邵晉涵等：《汪輝祖行述》（臺北：廣文書局，1977年，據舊抄本影印），
　　　　卷2，總頁 19～22。

厚薄視所教，謂龍莊有所戀與有所不樂，舉不足以知龍莊也。

父母之愛其子也，以長以育，不遺於纖悉，必計其久長，業成而授其子焉，父母不自以爲功。州縣之官胥，於民有父母之責矣。顧或視其官如傳舍，環眠旁郡，擇善地而營求之，既得，則據爲己私，逞其攫索。嗟乎，其人之賢不肖，觀其意趣可知矣。龍莊初至縣，凜然於眾母之義，題楹柱以自警。安其俗，申其教化，思蒸民於俗，以變其故俗。縣多惰農，秋後皆曠土，則勸其相原隰沃，衍所宜，廣其種植。山鄉之田以火耨，耨畢盡決其水，而望夏秋之間，雨集旱潦無備，則修水防之法，令其備塘堰，多瀦蓄。歲比有秋，縣遠於省會，士憚於試，久之，錮蔽其聞見，課業日衰。乃董振而導率之，校覈其文藝，翊以學古。士皆自奮勵，連歲有領鄉薦者。民染於猺俗，昏祭諸禮，歌呶褻狎，踔躍號呼，沿習不克改。乃告以律文所勸懲者，申明禮意，繩以防閑，激發其廉恥。旋且子孝婦順，業安訟簡，煦煦然從所指示，而相勉爲善。龍莊誠顧而樂之。然龍莊起孤童，奉兩節母之教，艱苦自樹立，孺慕終身不衰。洎於營利，惟故山邱隴，夢寐繫之，政成而扁舟徑返，龍莊又奚所戀哉？

寧遠人遊京師者，時爲余述龍莊之善政，且曰：「公行年六十，神明如少壯，公固無所戀於茲土，而縣中樂得父母爲依恃，竊願其久留而不去也。願以躋堂之嘏祝，申臥轍之謳思，其見許乎？」余曰：「是在龍莊之行其志。雖然，民與官相維繫，勤其事者不自爲功，而被其澤者至纏綿篤念而不能自釋，俗善治和，用以翊扶聖朝純懋融熙之雅化，是可書也。請即以是爲樂筵之致語焉。」時乾隆五十有四年，歲在屠維作噩，月在圉涂，十有四日。

儲封文林郎警寰朱先生六十壽序〔註24〕

朱子詩南以才名著於京師，秋八月，將作吳淞之遊，過余言別，知明年二月爲封翁舉六十壽觴，屬余爲題詞，先寄歸以書於屏障。余自丙午夏北遊，浮湛館居，荏苒五年，故鄉山水，與夫親串往來之蹤跡，時縈繞於懷，若翁者，余尤所敬事而樂爲稱述者也。

先是康熙中，吾里多篤學飭修之士，有所謂姚江大社者，合契題襟，幾盡一縣之秀，其間性情趣向，各有指歸。先大父東葵公與亦中先生相得尤靡

〔註24〕錄自朱蘭：《南江先生年譜初稿》，《朱蘭文集》，頁353～354。篇末朱蘭原注：「此官銜係照後稱敍，與庚戌授官不合。」

間，風雨過從，老而彌篤，名義之挈摩，志節之砥礪，詩文之酬答，蓋有合於〈伐木〉詩人之義，而不僅如後世所云膠漆之交也。余逮事大父，猶及見鄉村耆宿爲大父行者，聆其諸言，蘄自遠於澆薄，又獲交其後嗣，修累世通家之好。

翁爲亦中公之孫，余垂髫時所見事也。翁所居去余家僅一衣帶水之隔，思波渡口，古驛祠前，皆余童稚嬉遊之所，古樹晴洲，蒼茫極目。翁長於余十歲有餘，夙敦古道，顧樂與余言，時有獎借，然必以古人行誼相期勉，余敬受其言。獨念余自丙戌出遊，蹤跡幾及萬里，所過通都大邑，不乏托臂言歡、流連款切之友，然自二十年來所交者與年俱新，而升沉變化亦與年而俱改，惟故鄉舊雨，性情志趣差相投合，可以久要而不忘。而樹德之茂，食報之豐，亦久而可以相信。翁行年六十，以淳德著於鄉閭，親見其令子之升華揚米，爲當世羽儀，非得諸天者獨厚歟？翁少承祖父之教，束躬於模範，修門內之政。母夫人年躋耄耋，膝前作孺子之娛，能頤其志，久而思慕不衰。女兒嫠居，請歸養於家，調護而慰藉之，俾忘其老。自以身爲家督，爲諸弟次第授室，各任以事，勗季弟以詩書，尤爲厪意。諸弟俱祗奉伯兄之教，遊其庭者，雍雍如翼翼如也。與人交有例始，詞無雕飾，稱心而言，聞者感其誠。翁不事表襮，而宗族鄉黨稱之無間者若此。然則食報之豐，實係翁樹德之茂有以致之，豈偶然哉！

余喜觀詩南之詞翰，歎爲雋才，暨領鄉薦遊京師，所詣藝日進，輦轂士大夫咸許爲彤廷著作之選。詩南嘗爲余言，曾大父亦中先生詩集久藏篋衍，將次第編香，壽諸棗梨，是其志不在一時之聲華，而孜孜於敦本之圖，知翁之垂訓者遠矣。方今壽世壽民，翔合演慶，達人瑞之坊者得二百餘家，若翁之康強逢吉，承裕方來，斯可定其積時而媲美者乎。是爲序。翰林院侍讀學士加一級、教習庶吉士、充國史館纂修官愚弟邵晉涵頓首拜撰。

竹村公暨配陳宜人五旬雙壽序 〔註25〕

戊戌歲，余讀禮家居，訪予戚朱君六息於甬上。時李君淇筠適在座，詢之，則六息兒女姻也。淇筠言詞簡質，語倫紀中事，娓娓不已，間亦旁及五聲六氣、玉尺金斗之說，則洞悉古人之精蘊，余竊洒然異之。席罷，六息欵

〔註25〕 錄自李惠等：《三江李氏宗譜》（道光十年木活字本），卷2，頁113～114。原書漫漶不清者用「■」表示。

予數日。叩及淇筠之詳，則言君少時讀書，不屑屑治章句，而好流覽群籍。事親至孝謹，二尊人年老多病，延醫送診視，皆不效，遂究心於和緩之理。自湯劑外，即一飲一饌，君必審物性所宜，命其配陳孺人手自調治，按時候之，煥寒而務適其節，孺人亦承命惟謹。故所論五聲六氣，皆其平日視膳時所講求而通其理者也。後二尊人逝世，將卜兆營葬，諸習青烏之術者言人人殊。君謂程子有云，祖父子孫同氣，體魄所託，彼安則此安，是乃慎終一大事，因詳考郭氏《葬經》以下如楊、賴諸家所著，蒐討該博，迴非時師一知半能之比。乃躬歷山谿原野，雖甚風雨弗避，卒得吉壤而後已。故所論玉尺金斗之說，皆其前此捧土時所慎重而悉其奧者也。余始悔席間知君之淺，而世之言孝者，亦未克殫心若此。六息又言，君於伯仲二兄，怡怡一堂，孺人化之，其門內無間言。他如卹族黨，周閭里，君固好施而孺人亦慈惠以成其美，一時皆感頌不置。予謂此特君不匱之思所推而及者耳。

歲九月爲君五十弧旦，孺人與同庚。六息郵書京師，屬爲雙壽序。予聞君有子四人，長者已克佐家政，其餘皆治經生業有聲。君出向所好群籍一一指授，暇則與孺人灌花蒔藥，優游頤養，春秋方未有艾，何待予祝。特念曩之交臂而失君也，追憶六息所述之語，知君既旁通玉版，必善於攝生，且即以程子同氣之說驗之，則所謂身其康強，子孫其逢吉者，其理亦自可徵信。雖君初時祇以爲孝思所當竭，詎嘗預自爲計，而予以此服君之篤行者，并以此卜君之永年。異日余得告休歸田，重渡甬江，復與君結世外交，并邀六息及甬上諸友人擬昔日耆英之會，兼如司馬入■■故事，略煩孺人作黍供客，斯時當益信予言之不謬也夫！是爲序。時在乾隆五十八年，歲次癸丑，年姻家弟邵晉涵頓首拜撰。

吳節婦傳 [註26]

節婦姓黃氏，係本江夏吳君仰朝側室也。仰朝名意元，故新安舊族，明萬曆間自休寧來離於兩浙間，愛用里醇風，遂僑止焉。中歲未有子，以兄子爲嗣，事親少當意。納節婦，有娠，已而舉一子曰萬錦，未及晬而仰朝卒。黃年方艾，吳族人利其金，百計凌之，覬黃不能安其室。黃泣曰：「吾所以未即殉亡人於地下者，以是藐孤，冀爲吳氏延一脈耳，臂可斷，耳可截，志不可移也。亡人遺業，聽舉族共取之，毋留以污吾志。」於是遺業遂蕩然一空，

〔註26〕錄自吳騫：《休寧厚田吳氏宗譜》（乾隆五十一年刻本），卷5，頁20～21。

黃獨與子居窮巷。當是時，人罕有知吳氏之孤而存之者，黃力營紡紝，以供朝夕，饔飧不繼，并食而食。萬錦稍有知識，則呼而告之曰：「始吾以而父暨爾適母遠辭桑梓而歿於外旅，殯尚在淺土，冀待爾長而歸骨先人墓側。今吾與若形影相弔，期功強近，無一人可倚者，脫吾且莫死，而汝流落轉徙，則爾親永無歸土之期。莫若即斯土卜地以安體魄，不猶愈於暴露乎？」乃求得地於茱花涇之東，家貧，力又不能營窀穸，母子日負土以成墳。家去墓數里，朝往暮歸，且號且築，路人皆為流涕。其穴容三棺，而虛其一，曰留以待未亡人，識者謂節婦蓋已自矢靡他矣。平居教其子，嚴而有禮，擇師皆里中有學行者，後萬錦卒為端人。節婦以老壽終。

論曰：嘗觀古列女之有芳節懿行者，非特志操之卓絕，而其識亦必有度越於人者。當仰朝既歿，族之人咸耽耽虎視，蓋利其所有也。節婦一弱女子，設與之支格，則破巢毀卵，可以立致。乃竟棄其產以保孤，甘心窮餓而不悔，此其智識雖程嬰、杵臼不是過也。《詩》曰：誰謂荼苦，其甘如薺。孔子曰：自古皆有死，民無信不立。噫！不信然哉！姚江邵晉涵撰。

誥授中憲大夫前護安徽按察使安慶府知府會稽奠菴章公傳 [註27]

公諱曾邠，字允居，號奠庵，姓章氏，系出唐太傅仔鈞公後。先世居閩之浦城，至宋龍圖閣直學士諱綜之長子蘋隱居山陰蘭亭，閱數傳，添十九公卜居會邑俌山，遂為會稽人。九世祖以誠，明景泰癸酉舉人，授高唐州知州，曾祖逢期，萬曆癸卯副貢，任湖廣德安府經歷，俱有惠政。祖爌，與其仲兄元標、季弟蓬植，均附貢生，文學為遠近所推，俗所謂俌山三鳳者也。父民望，任雲南羅次縣知縣，以政最行取，累陞戶部郎中，授福建泉州府知府，未赴任，歿於京。

公為泉州公次子，自幼讀書穎悟，不妄言動。及長，儀容魁偉，留心經世之學，識者已卜為遠到之器。康熙丙子年，胞兄曾印由咸陽縣教諭陞直隸武清知縣，公同往佐理文牘，曾印治武有惠愛，政績卓然，論者謂得公助理之力為多。嗣朝廷創開捐例，泉州公知公有吏才，命援例報効，議敘以知縣候選。泉州公旋歿。

己丑服闋，授陝西成縣知縣。邑素瘠苦，公甫下車，即遍歷鄉村，勸民務勤本業，孝悌力田，毋遊惰入於匪僻，民咸感奮。成俗雖質樸，而士不知

〔註27〕錄自章貽賢等：《章氏會譜・德慶四編》（民國八年鉛印本），卷2，頁13b～15。

學，公念詩書爲教化之源，爲籌設義學多處，延學優行端者爲之師，不數年，人文丕變。大吏以公有良吏風，保薦卓異。五十四年，陞貴州銅仁府正大營同知。所治民苗雜處，苗性悍鷙，動輒持械互鬬。公遇事開誠勸導，曉以禮法，苗民悅服，轄境帖然。屢攝縣事，兼署府篆，政簡刑清，盜賊屏息。

俸滿保題，雍正元年，陞授江南安慶府知府。公素性嚴毅，然與吏民相接，則又和易可親，與儕輩議事，不立異，不苟同，準法揆情，務歸平允。故他郡有疑獄未決者，大吏俱委公勘審。公虛衷研鞫，多所平反。按察使朱作鼎解任，委公護理，綱紀肅然。四年春，民間紛傳，有匪誘拐幼孩，適有挑擔者七人，道經懷寧，村民以其形跡可疑，上前盤詰，搜獲道衣、符印各件，益滋疑惑，群將七人毆斃。縣照鬬殺擬以絞抵，由公覆勘招解。獄上部議，謂必有謀故重情，駁令覆審，詞甚嚴屬。懷令恐，欲遷就改擬。公以民命攸關，詎可迎合改重，仍照原擬，詳請題結，懷民感頌不置。會出強劫重案，巡江武弁獲小竊三人，指爲盜，稟經大吏，飭發審訊，極口呼冤。公察無贓，據訊，係畏刑妄供，然無以鉗武弁之口。於是懸賞密訪，設法破獲正盜詳辦，三犯無辜得釋。皖省舊儲漕米十萬石，濱江卑濕，易致紅朽，動虞賠累。公請添建倉廠，以穀易米，院司照辦。嗣經欽使盤驗，毫無虧缺，自是繼任者無倉米之累。綜計公治郡五年，興利除弊，官民胥賴。雍正五年，屬邑太湖縣造報恩賞老民銀兩，胥吏有浮報口數情弊。公察知，稟揭巡撫魏公廷珍，因保題在先，作爲訪聞入告，遂以失察鐫級，論者惜之。

八年，請咨赴都，選廣東肇慶府通判。引見，世宗以公曾任苗疆，熟悉邊情，改授貴陽府通判。到任後，大吏知公有幹才，委署貴陽府篆。次年，調署永寧州知州。黔省歲解京鉛三百六十餘萬斤，委公採購。十一年六月，太恭人訃至，公得信，痛不欲生，力請解任奔喪。而巡撫展公以事關鼓鑄要需，未便改委，題請在任守制，奉旨俞允。公不獲已，勉起視事。而川江巨石林立，舟一失勢，片板無存。自宜昌換船，由儀徵以達張家灣，車運進京，水陸萬里。乾隆元年，如數運解到部交納。循例引見，奉旨回任。三年，復委採戊午年京鉛。公以前雖如限運到，而艱險備嘗，欲稟請另委，而奏留在黔，原爲採辦銅鉛，祇得遵檄辦理，幸運解無誤。回黔後，迭經委署思南、大定各知府，威寧州知州，所至講求休養，吏畏民懷。涖威寧數月，覺精力不支，引年告老，時乾隆六年九月也，逾月而歿。

公篤於至性，泉州公嘗養疾武清，躬侍湯藥，不離左右。而泉州公性卞

急，稍不如意輒色變，公每長跪寢門，霽顏方起。逮泉州公歿京邸，公哀毀骨立，因念李太恭人在堂，強自節抑。其後太恭人不樂遠行，而兄曾印服闋補常熟縣，太恭人就養其署。公心不自安，留其配戴恭人侍太恭人側，單騎之成縣任。嗣其兄調廣西馬平縣，念太恭人艱於跋涉，呈乞終養。適公陞授安慶，部中以浙皖一水可通，奏令就近迎養。公聞之，躍然曰：「吾今日得養吾親矣。」而太恭人總以年老憚於長江風濤之險，堅不願往。公不得已，命長子射德在家侍養。迨鐫級歸，見萱堂康健猶昔，喜不自勝。家居兩年，太恭人迫令復出，致抱終天憾。及解鉛至京，乞假回籍安葬，入門撫棺，悲哀一慟幾絕。公於手足間終身恰恰，事無巨細，必請命於兄，不敢自專。其待弟姪，情甚篤摯，廉俸所入，凡高曾以下族屬及親戚故舊之式微者，必量力周恤。平居嘗謂其子射德等曰：「我先世孝友傳家。當順治戊子，海氛未靖，吾伯祖高自公被掠，吾大父變易大母奩飾，偕吾叔祖蓬植公踉蹌赴救，得脫於難，而吾大父洎叔祖竟以憂悴相繼卒，事載御纂《古今圖書集成》〈隱逸名賢列傳〉。高自公撫兄弟之子如子，吾父仰承先志，與曾祖以下昆弟猶同居和爨。蓋家法如是也，汝曹須勉之。」其垂訓如此。

　　公於雍正元年恭遇覃恩，誥授中憲大夫，父母贈如其官。配張氏早卒，繼配戴氏有婦德，均誥封恭人。子四，射德，邑庠生；射策，候選州同；射基，南陽縣賒旗鎮巡檢；射鵠，文昌縣青藍司巡檢。孫十五人，曾孫十三人，元孫二人。婚娶皆士族。公生於康熙十三年十二月初一日，終於乾隆六年十月初十日，享年六十有八，葬富盛金家坂。

　　邵晉涵曰：傳稱「君子之事親孝，故忠可移於君；事兄悌，故順可移於長；居家理，故治可移於官」，又曰「君子務本」。嗚呼！誦公之言，則知公之施於政者有本矣。

傅文學龍光墓表〔註28〕

　　先生黔之甕安縣人，姓傅，諱龍光，字燕侯，號月川，文學諱如勵、字石臣先生之第四子。七歲不能言，父攜之塾中，輒端坐聽人誦讀。及能言，授以書，如夙記者。天性篤摯，年二十，母黃病篤，焚香露禱，刲臂肉，和

〔註28〕錄自朱勛等：《（民國）甕安縣志》（民國二年鉛印本），卷19，頁2～3。標題據《（光緒）平越直隸州志》補，見賀緒蕃等：《（光緒）平越直隸州志》（光緒三十三年刻本），卷38，頁12～13。

藥以進，與妻王氏不謀而同，母病竟瘳。人稱雙孝，王進士標、文進士瑄皆有詩記之。既入庠，益潛心經義，身體力行。更謂前事幾爲親憂，非守身事親之道，由是行身治家，處鄉黨朋友，一言一動必準禮經。以祖父墓地有水患，議改卜，阻於族眾。每天雨，輒涕泣拜墓下，手自浚導，眾感其誠，卒遷吉壤。爲文獨明書旨，不飾浮辭，以故屢試不售。然年七十，猶赴鄉試。每言：遇不遇，命耳，不應舉，則不仕無義矣。晚尤嗜宋五子書，嘗謂六經四子，皆身心切近之言，而後人視如天上語，於己渺不相及，讀宋儒書，使人確然知聖人可學而至。著《易經淺說》十二卷、《學礨》二卷，年七十四卒。子玉書，中乾隆乙酉鄉試。鑑書，補博士弟子員。素書、秘書，皆習儒業。以其年之十月，葬黃平州潘家寨斗口山祖瑩之次。

玉書，予同門友也，服既闋，遊於浙，屬予以表墓之文。越四年，謁選來都門，謂予曰：「子疑狀誌之言不信乎？」出先生所著示予，得卒讀深玩，醇乎備哉！吾乃今知先生，亦乃今知學矣。因表使鐫諸石。乾隆五十有七年，月日，會稽邵晉涵表。

誥授資政大夫兵部侍郎都察院右副都御史安徽巡撫何公裕城墓誌銘 [註29]

近時亮猷廕績之大臣，懋承宸睠，豐澤沃於民生者，僉曰何恭惠公。公歿後數年，哲嗣惺菴公繼持使節，揚歷封圻，繩令緒以迪於前光，帝用嘉焉，賜詩獎其承家訓、福黎蒸，所以倚毗之者甚厚。歲庚戌六月，以祝釐入覲，行次合肥，卒於驛館。事聞，上稱其簡任以來，小心謹慎。嗚呼！公之溫恭有恪，終始荷溫綍褒嘉，斯克昭定論矣。

公諱裕城，字福天，惺菴其號也。世居浙江山陰之峽山，爲著姓。高祖諱曾槖，以靖州籍領湖廣鄉薦。曾祖諱鼎，祖諱經文，並官知府。三世俱贈振威大夫、河南巡撫兼提督銜，妣皆一品夫人。考諱焵，改歸山陰本貫，歷官兵部尚書、都察院右都御史、總督、管河南巡撫事，贈太子太保，入祀賢良祠，諡恭惠。妣湯夫人。

公讀書有異稟，隨侍官署，講求經世之務。恭惠公嘗開示端緒，輒能申

〔註29〕 錄自錢儀吉編：《碑傳集》（據光緒十九年江蘇書局刻本影印），載《近代中國史料叢刊》（臺北：文海出版社，1973 年）第 93 輯，卷 76，頁 8～9，總頁 3663～3666。

繹其指。恭惠公喜曰：「是必能繼吾志。」以例捐道員，待銓，丁湯夫人憂，旋遭恭惠公之喪，哀毀骨立。恭惠公蒙賜祭葬，葬畢，詣闕謝恩，稽首道左。上垂念舊臣，慰勉之。丁酉服闋，即授山東督糧道。未浹歲，調河南河北道。己亥，移江南河庫道。

辛丑，調淮徐道。會河南青龍崗工漫，河注微山湖，衝運道，沛沈於水。上以治河節使亟宜擇人，特諭曰：「淮徐道何裕城，前隨伊父何焻，熟悉河防，著署河東河道總督。」時壬寅八月。先是，公在子舍，嘗著《江南全河指要》，論治河宜並用節宣，不當執河不兩行之說，偏於節束。及由河北道移任江南，臨行，上當事書，指陳南北岸受險情形，而北岸之患大，不豫謀增培，猝難防護。未幾，言驗。公濡染家學，審測地形，得諸目驗，精心條畫，確然可見設施。人第見公由監司不數載晉持使節爲榮遇，豈知公推求利病，調劑時宜，以仰副簡畀者有由來矣。是時，蘭陽、儀封方改繕河堤，上命重臣董其事。公往來相度，相與籌久遠，築格堤以護大堤，加挑水壩以通南溜，疏伊家河以洩湖水，引渠合壩，遂成新河之功。

癸卯四月，授河南巡撫。河南，恭惠公舊治也。公遵守前法，民習而安之。奉命協理河務，暨河督蘭公第錫和衷集事，量溝槽，築土格，傍壩岸，加防風，並著成績。乙巳二月，調陝西巡撫。九月，復調撫江西。輯長河之姦宄，嚴行伍之冒濫，闢蹊通運，閭里晏然。庚戌夏，調補安徽巡撫。公旌節所至，已歷四省矣。去江西日，老幼數萬人渡江拜送，數十里不絕，咸稱公有厚德於民云。

公居家孝睦，持躬以廉靜，胥恪承先訓而推行之。上稔知公，嘗批其奏摺曰：「汝能勤學，可繼汝父。」又賜戴花翎，面獎曰：「父子戴花翎，漢人所少。」公感激益奮，實能繼志爲孝，移以作忠，可以垂世家之模範，益以彰聖朝吏治之醇，豈偶然哉。

生於雍正四年八月，卒於乾隆五十五年七月。配姚夫人，繼配申夫人，篋楊安人。子五人，鍾，廣東候補同知；銑，兵部武庫司候補員外；綺，國學生；鉞，候選同知；金，南巡召試，欽賜舉人，內閣中書。女適甯陵知縣鮑居垣。

銘曰：惟治民術，若治河然。相時利導，與以敉安。公潀濟濬，兩渠互穿。溉田河內，曠也豐年。秦中朝邑，水嚙城堧。偃虹百丈，新堤孔堅。彭濤秋溢，哺民饟饘。噫嘻！水依其潤，民懷於仁。瀾既甯焉，澤亦溥焉。是

爲恭惠之嗣，世德之傳。

《橋東詩草》題辭 〔註30〕

出水芙蓉絕麗才，碧峰橫處綠波開。菱歌漫比齊紈貴，合賭旗亭畫壁來。
古巷蒼槐認舊蹤，墻頭濁酒屢過從。步兵醉後頹唐甚，劇喜青雲見仲容。
攝山吟卷石帆詞，剩墨零縑世守之。漫向王朱分格調，只應稱作我家詩。

東陽張忠敏公賜諡建祠作 〔註31〕

便是歸來死未遲，五陵佳氣憶迷離。一峰天柱浙東蹶，三極星垣箕尾騎。
青史江湖留後案，白頭松柏老前知。（原注：公撫吳，賊犯桐城等縣，鬚髮一
夕頓白。）只今綸誥頒黃閣，簷角崢嶸轉畫旗。

屏山講寺題壁詩 〔註32〕

山勢如屏擁物華，蕭蕭箏竹萬竿斜。一村半露樵人室，十畝深藏梵志家。
路繞川原停野騎，嶺分南北綴晴霞。更多牧笛疏林外，信口翻成窈窈花。

正誼書院偶占 〔註33〕

鱣堂獨坐絕塵氛，多士魚魚積學勤。鹿洞規條師往哲，龜峰弦誦振斯文。
沿家紅樹啼春鳥，繞郭青山鎖暮雲。清獻高風深仰止，短檠寂寂夜香焚。

〔註30〕錄自邵葆祺：《橋東詩草》（據同治十二年大興邵氏刻本影印），載《清代詩文
集彙編》第 498 冊，卷首，總頁 645。詩前曰：「二雲叔晉涵。」標題爲輯者
所擬。

〔註31〕錄自張國維：《張忠敏公遺集》（據咸豐間刻本影印），載《四庫未收書輯刊》
（北京：北京出版社，1997 年）第 6 輯 29 冊，附錄卷 5，頁 2b，總頁 767。
據是書卷首所載清高宗之誥命，乾隆四十一年十一月初八日，張國維賜諡「忠
敏」。

〔註32〕錄自馮可鏞等：《（光緒）慈谿縣志》（光緒二十五年刻本），卷 42，頁 28。詩
前曰：「屏山寺，縣北三十五里（竹山嶺南）。明天啓二年，僧學自天台至
此結茅，名曰萬壽庵。國朝康熙，僧普聞始建大殿及兩廊僧寮。姚江邵晉涵
扁其門曰『屏山講寺』。」

〔註33〕錄自姚寶烒等：《（嘉慶）西安縣志》（嘉慶十六年刻本），卷 47，〈藝文〉下，
頁 83。此詩另載鄭永禧等：《（民國）衢縣志》（民國二十六年鉛印本），卷 3，
頁 23a，詩前曰「山長邵晉涵」。

十日奉陪槐亭先生遊萬柳堂率賦應命即正〔註34〕

　　萸樽零落古重陽，還問城東綠野莊。是處征鴻迷宿葦，當年流水繞垂楊。西風殘照尋詩路，落木寒鴉選佛場。誰向百年懷舊蹟，西河曾此閱滄桑。

題奉寶山老伯大人誨政〔註35〕

　　循陔堂築鳳城隅，嘉蔭春融曉露敷。新闢養堂臨越渚，倍教暄景勝西虞。傳家圖笈重瑤琛，述德詩成寄興深。指點曩時釣遊處，故鄉山水倍關心。百八峰排兩面江，對門飛瀑卷雲瀧。詩家艷說劉樊事，若箇親身到石窗。百尺松虬抱玉巒，初平分授駐顏丹。蘭穹舊注仙源水，滋徧春風九畹蘭。

芙蓉詩爲樂山學長賦〔註36〕

　　又見秋風到舒城，陳荄重見耀繁英。移紅換白誰爲主，試問仙人不受卿。烏柟金丹蟹脚肥，此君亦俊愛穿緋。酡顏合向花間醉，送酒還應憶白衣。

疊前韻奉酬蓋翁太老伯即求誨定〔註37〕

　　臨歧風雨望淒迷，秋柳紛披黯淡姿。壓座詩傳黃驢老，隔江天遠白雲濕。將看雁塞三千月，放誚冰蠶五色絲。小草出初漸遠悉，文無所許奉清厄。

題平湖徐春田孝廉志鼎《東湖春禊圖》〔註38〕

　　招邀煙艇惜緣慳，老屋枯滕雨掩關。贏得曉窗開畫幀，湖光浮作硯前山。亞桃颭柳兩行齊，蘋漾輕橈轉畫堤。認取湖中夜珠照，九煙礮近女牆西。

〔註34〕錄自邵晉涵墨迹，見石人和主編：《寧波歷代書畫集》（寧波：寧波出版社，2006 年），頁 207。

〔註35〕錄自邵晉涵墨迹，見馬欽忠編：《滂沛寸心：清代名賢詩文稿集萃》（北京：國家圖書館出版社，2013 年），頁 308。篇末曰：「年愚表姪邵晉涵頓首。」

〔註36〕錄自朱蘭：《南江先生年譜初稿》，《朱蘭文集》，頁 357。

〔註37〕錄自朱蘭：《南江先生年譜初稿》，《朱蘭文集》，頁 328。

〔註38〕錄自李調元著，詹杭倫、沈時蓉校正：《雨村詩話校正》（成都：巴蜀書社，2006 年），卷 13，頁 297。詩前曰：「乾隆甲辰閏，三月二日，日在丁巳，平湖孝廉徐春田志鼎，仿古蘭亭故事，於此日邀同修禊於東湖。南瞻九峰，北迎三泖，勝概畢萃於弄珠一樓，因自製小舟，名曰水馬，相與蕩遊其中。坐中有宋愚者，善笛，倚楫而吹，顧而樂之，遂繪圖以志。……時餘姚邵侍講二雲晉涵亦在里，以邀遊東湖，爲雨所阻，亦寄題圖詩云。」標題據《南江先生年譜初稿》補，見《朱蘭文集》，頁 340。

附錄三 《清代學術概論》札記

歷時月餘，乃將梁任公《清代學術概論》〔註1〕批讀一過。隨手札記，或就事以論事，或借題而發揮，頗得讀書之樂。今將其稍加整理，以為日後重讀此書之一助。

一、科學方法與思想解放

全書主旨，在於表彰清儒治學採「科學的方法」，因而成績斐然。所謂科學方法，無非指善疑、求真、創獲之研究精神，強調客觀之歸納，而輕視主觀之演繹。

梁氏論定清儒成就之高下，每以是否推進「思想的解放」為標準。如論閻若璩《尚書古文疏證》「誠思想界之一大解放」，論章學誠《文史通義》「實為乾嘉後思想解放之源泉」，至於康有為（1858～1927）之《新學偽經考》，梁氏雖對乃師之武斷頗有微詞，然盛讚其「對於數千年經籍謀一突飛的大解放」。而梁氏對惠棟及吳派學者則頗多指摘，力斥其缺乏「懷疑的精神、批評的態度」。

科學方法與思想解放，為民國初年甚有影響之社會思潮，自無待言。梁氏此書，時代之烙印極為明顯。

二、朱注偶有舛誤

朱維錚氏為此書作校注，注重核對引文，考證史實，頗為詳當；且篤守

〔註1〕 梁啟超著，朱維錚校注：《清代學術概論》（上海：上海古籍出版社，1998年）。

書注之體，不隨意發論。然千慮一失，在所難免。如第十節引汪中「千餘年不傳之絕學」一語，朱注以爲見於《漢學師承記》卷七〈汪中傳〉，且曰「此乃約擧大意」云云。案：此語乃凌廷堪（約 1755～1809）所撰〈汪容甫墓誌銘〉之原文，本書第五節正文中亦引此語，並已注明出處，朱注顯誤。

前輩學者多重視利用他書以核校引文（所謂對校、他校），然對於本書前後文字之關聯反偶有忽略（所謂本校），此當爲校書者所注意。

三、闕疑傳信與學者道德

十一節引《戴東原集》「傳其信，不傳其疑，疑則闕」一語，梁氏以爲此乃「學者社會最主要之道德」，此眞卓識也。

今日談及學術道德，每日「不可抄襲」云云，甚者乃至於訴諸公堂。平心而論，此實爲學術「規範」，而非「道德」。規範是外在之約束，道德乃內心之標準。所謂「學術道德」，全繫於學者之一心，學者視其心安與否，以之作爲評判是非之標準。而他人無從得知，亦無法代爲評判。唯有如此，方顯道德之高貴；然正因如此，「道德」二字常被用作標榜自己與貶低他人之利器。《老子》所謂「大道廢，安有仁義」（「安」作「乃」解），即批判標擧「仁義」之名以害「道德」之實者流。因此，論及學術道德，當從內心之自律出發。

以學術道德而論，「闕疑傳信」確爲其中最重要之一條。學者每立一說，須嚴密論證，待其完善之後，方表而出之。至於模棱兩可之說、率爾操觚之論，則絕不著之於書，以免「徒增一惑以滋識者之辨之也」（戴震語）。此眞爲極高尚之自律精神，眞心向學之士當嚴格遵守。誠然，學者識見自有高下之分，何者爲疑，何者爲信，亦無固定不變之標準。然此種道德之關鍵在於不自欺，疑與信，是與非，皆聽由吾心之評判，如此便可。學者唯有不自欺，方能不欺人。

若學者能秉持「闕疑傳信」之道德，不唯可以成就立德、立言之不朽盛業，亦可減輕他人「辨惑」之辛勞，對於今日之學術界，可謂立下無數功勞。

四、學術史兩大要素

空間與時間，實乃治學術史之兩大要素。

所謂「空間」，乃指明了個人思想與時代思潮之區別。個人與時代雖密不

可分，然不可混爲一談，唯有當個人思想具有相當之影響時，方可視爲時代思潮之一部分。以戴東原《孟子字義疏證》爲例，是書雖爲東原所珍視，然在乾嘉時期影響極微弱。若研究「戴東原之學術」，自當注重《疏證》一書，將其要點和盤托出，娓娓道來。然若研究「清代學術史」，則是書僅爲東原之個人思想，而非時代思潮之組成部分，只應敍述其與時代思潮相關聯之部分，如此書何以不見重於乾嘉諸儒、此書與乾嘉思潮之異同等，藉此說明乾嘉思潮之特點；至於書中與時代思潮無關之部分，則應付諸闕如。

　　所謂「時間」，即明瞭當時影響與後世影響之區別。若某人之思想於當時影響極大，則可視爲當時「學術史」之一部分；若其僅對後世有較大影響，則應視爲後世「學術史」之一部分。以章學誠爲例，其在乾嘉史學界，可謂默默無聞，悄無聲息，民國以降，章氏頓時名聲大噪，《文史通義》一書，幾至家懸戶誦。如欲作一「乾嘉史學」之概略研究，則只道一句「時又有章學誠，申言六經皆史之說，然不爲乾嘉諸儒所重」便可，若欲稍加詳細，亦可述及章氏學說與乾嘉諸儒之異同；至於章氏學說之系統闡述，則不應置於「乾嘉史學」中。

　　吾人讀今日新撰之各種學術史，總覺其割裂乏味，譬如「數人頭」一般，無非將某一時代較著名之數十人摘出（所謂「著名」，乃指享盛名於今日，至於當日影響之大小強弱，則不甚注意），每人佔據一定篇幅，分別加以敍述而已。既無環環相扣之組織，又難見一代學術之總體特徵。此種弊端，實乃空間、時間兩要素處理不當所致。

五、兩個努力方向

　　十二節，梁氏以爲，欲治中國傳統學問，「第一步須先將此學之眞相，瞭解明確，第二步乃批評其是非得失」，並謂清儒之成績集中在第一步，因而使後人省下無限精力，以便從事於第二步之研究。梁氏在《中國近三百年學術史》中用過半篇幅講「清代學者整理舊學之總成績」，原因便在於此。此爲梁氏極務實之觀點，而後人反不甚注意。

　　欲治清代學術史，亦須循此兩步走之策略。然今日第一步尚未完成，眾人已對第二步躍躍欲試。若從務實觀點出發，今日有兩個可供努力之方向：其一爲歸納、總結清儒治學之方法，其二爲彙集、整理清儒研究之成果。

　　所謂總結治學方法，當較梁氏所稱之「科學」方法更爲深入，具體到清

儒對於某一領域、某一部書、某一問題之研究。如治訓詁學當遵循何種步驟，讀《說文》當從何處入手，如何考證某人之生卒年等，皆應作詳細之歸納與總結。

　　至於整理研究成果，今日所作之工作尚遠遠不夠。就四部要籍而言，清儒皆有所涉獵，然其成果大多保存於文集、筆記之中，須將其摘出，撰成匯注、集解諸書，使其便於研究利用。然吾人今日所利用之匯注集解，大多仍為清季諸賢所編撰，如焦循（1763～1820）之《孟子正義》，孫星衍之《尚書今古文注疏》，王先謙（1842～1917）之《漢書補注》《後漢書集解》，郭慶藩（1844～1896）之《莊子集釋》，孫詒讓（1848～1908）之《墨子閒詁》等。今日雖新撰數種，然留待補撰者尚多。尤為迫切者，則二十四史中除前四史、《晉書》《新五代史》外，其餘諸書之研究成果尚未彙集整理。吾輩當於此處勉力為之。

六、社會環境與學術興衰

　　十八節，梁氏論清學全盛之時代環境。大約當時之讀書人，皆可以學業自活：無功名者可主村塾書館，仕宦者自無生計之憂，且有閒暇閉戶讀書，而歸田者亦可擔任山長，清代學術因此大盛。

　　我國傳統之學術環境，一言以蔽之，曰：學業與事業甚相契合。識字誦經、讀書窮理，既是學業之基礎，亦是事業之準備。學者非社會之附屬，乃社會結構之主體。今日則不然，學業與事業雖未完全分離，然契合程度已大為降低，而立志於傳統經史學問之讀書人，其生存空間已極為狹小。環境之變遷，或可稍減吾輩對文化衰落之罪責。

　　第二十節，梁氏復謂鴉片戰爭後，國家內憂外患，社會動盪不安，此為清學衰落之主要原因。並謂「凡學術之賡續發展，非比較的承平時代則不能」，此亦卓識也。而吾人每津津樂道晚清以降之學術，以為波瀾壯闊，反視乾嘉學術為平淡無奇。

　　學術之發展，有健康與畸形兩途。所謂健康發展，即治學篤守「為學術而學術」之精神，循序漸進，自然生長。所謂畸形發展，學術之自然生長因受外在環境之影響而改變，學者「不以學問為目的而以為手段」，或借之以文飾其政論，或借之以宣傳某種主義。亂世之中，人心激蕩，學者無暇於純學術之研究，至於「以學術為手段」，可謂在所難免。梁氏親身經歷其中，對於

此種畸形發展感觸極深，故述及晚清學術之弊端，每每言之。縱觀近代歷史，真正所謂「承平」之世，不過最近之二三十年而已。承平之世來之不易，學者當珍惜、努力。

七、「洪楊之亂」與江浙文獻凋零

二十節，梁氏曰：「清學之發祥地及根據地，本在江浙；咸同之亂，江浙受禍最烈，文獻蕩然，後起者轉徙流離，更無餘裕以自振其業，而一時英拔之士，奮志事功，更不復以學問為重。」

江浙自南宋之後，早已成為中國文化之重鎮。清代以降，顧炎武、黃宗羲諸大儒皆崛起於江浙，堪稱清學之開山祖。其後學者輩出，人文薈萃，惠棟、錢大昕、邵晉涵、王念孫、阮元諸學人，浙東、常州諸學派，皆可謂彪炳清學史冊。至於王朝更迭之際，諸如宋末、明末之遺聞軼事，多為江浙人士所見、所聞、所傳聞，而國家之典章制度，亦多賴之以存。故江浙藏書極富，文獻燦然。乾隆時纂修《四庫全書》，諸書所據之底本，多半為江浙藏書家所進獻。為表彰其卓越貢獻，清高宗特命賞賜鮑士恭、范懋柱（1721～1780）諸人《古今圖書集成》各一部，並將《四庫全書》另抄三部，修建文匯、文宗、文瀾三閣以儲之，准許江浙士子赴閣觀書。怎料數十年後，竟遭遇「洪楊之亂」，使江浙文獻凋零殆盡。

1853 年 3 月，太平軍攻佔南京，數日後，鎮江、揚州相繼陷落，文宗、文匯兩閣之藏書付之一炬，片紙無存。1860 年 5 月，常州、蘇州陷落，江蘇南部落入太平軍之手。1861 年，太平軍進逼浙江全境，金華、寧波、紹興相繼陷落，是年底，太平軍攻入杭州，文瀾閣之藏書損毀過半。任公所謂「江浙受禍最烈」，絕非虛語。

然遭此浩劫者，遠不只四庫之「南三閣」。太平軍所至之處，碩儒名士罹難者既眾，而諸家之藏書亦多遭破壞。朱蘭（1800～1873）在其家鄉餘姚（屬紹興府）被攻陷之次年，曾提筆寫道：「亂後圖書經浩劫（原注：天一閣書經兵火，已散失無存，余家藏書畫亦被毀），死憐手足聚荒阡。」〔註 2〕寧波天一閣乃江浙最富盛名之藏書樓，北京故宮之文淵閣即仿照其構造修建，經洪楊之亂，閣中古籍善本頗多散失。朱氏後又有詩曰：「傷心讀喪禮，轉眼毀書

〔註 2〕 朱蘭：〈悼范蓮士〉，《補讀室詩稿》，卷 4，《朱蘭文集》，頁 143。

巢（自注：寄存張氏勵志軒書籍，自壬戌九月十二日賊擾姚鄉及悅來市，焚毀殆盡，張盧亦被毀）。」〔註3〕當時江浙詩書禮樂之家，多遭盧毀書亡之厄，於此可見一斑。

此外，洪楊之亂對江浙讀書人所造成之心理創傷，更可謂經久難愈。顧森書（1841～1904）在亂後回到家鄉金匱（屬常州府），曾寫有〈里門述感〉，其中一首曰：

> 舊時書舍柳成陰，劫後歸來何處尋。
>
> 焦土一場痕歷亂，荒城六月氣蕭森。
>
> 身如再世親朋少，情未中年哀怨深。
>
> 離卻異鄉仍似客，借巢莫定惜歸禽。〔註4〕

1864 年 7 月，清軍收復南京，「洪楊之亂」基本平定。此時顧氏年僅二十三歲，正值青春年華，然目睹家鄉衰敗蕭殺之景象，竟生出「情未中年哀怨深」之感慨。此場曠日持久之動亂，復將讀書人心中之孔孟道統摧毀殆盡，使其陷入沉思與迷茫，不知何去何從，乃至發出「無枝可依」之哀號。迷茫過後，學者多趨向於「奮志事功」，「為學術而學術」之精神不復存在，清代學術從此走上畸形發展之路。

八、儒學與儒教

二十三節，梁氏論其師康有為之鼓吹孔教，曰：「誤認歐洲之尊景教為治強之本，故恒欲僑孔子於基督，乃雜引讖緯之言以實之。」又曰：「雖極力推挹孔子，然既謂孔子之創學派與諸子之創學派，同一動機，同一目的，同一手段，則已夷孔子於諸子之列。」任公出於師生之誼，雖指出康氏之弱點，然語帶閃爍，且淺嘗輒止，不加深論。

康氏對於孔子，利用之企圖太過明顯。為宣傳其維新變法，不惜將孔子拖下水，以自重其言；見西方基督教有若干奇效，又費力把孔子推上神壇，尊為教主。則孔子之於康氏，不過是一任由其操縱之木偶傀儡。殊不知，若《孔子改制考》之說得以成立，則孔子之「託古」與經學史語境中之「偽造」何異？若孔子當真為推行其政治主張而虛構堯舜之德業，則其與愚民之人主、投機之政客何異？既如此，孔子之神聖又從何而來？且任何一種真正之

〔註3〕 朱蘭：〈自題花間補讀圖〉，《補讀室詩稿》，卷5，《朱蘭文集》，頁143。
〔註4〕 顧森書：〈里門述感〉，《篁韻盦詩鈔》（清光緒三十二年刻本），卷1，頁10a。

宗教，其發展壯大，皆需經歷漫長持久之過程，非人力可強爲。康氏欲憑藉一二人之鼓吹提倡，而令民眾尊信某一宗教，眞可比諸「愚公移山」，故其技拙而效寡。

今日之思想界，復有鼓吹儒教者。縱使其本意並非利用孔子以施行某種目的，其所鼓吹者亦終究不會實現。何也？儒學之於今日之思想界，不僅失去「獨尊」之地位，欲求如戰國時之「儒墨並稱」亦不可得。若貿然立一「儒教」名目，必引起各界之猛烈攻擊與瘋狂反撲。以今日儒學界力量之單薄，不僅無還手之力，亦難有招架之功。且吾嘗戲作一語，曰：「中學西學，本自殊途；儒林耶苑，亦非同歸。」宗教本非我國傳統之產物，即便有所謂「道教」，其性質、影響亦與西方之基督教不同。佛教傳入我國後，雖與社會、政治、文化時有互動，然不過逢場作戲而已，縱使偶爾假戲眞做，然總有曲終人散之時。宗教是否眞正適合中國之社會與文化，尚待討論。

如欲復興儒學，何必依靠宗教？吾以爲若從以下三方面努力，便可遂功。

其一曰思想論戰，如孟子之闢楊墨是也。有志於復興儒學者，當潛心研讀儒家經典，在此基礎上與各界進行思想論辯，如抽絲剝繭，積小勝爲大勝，逐步恢復儒學在思想界之話語權。此指極純粹、極客觀之理論爭辯，非意氣之爭。即使彼挑起意氣之爭，我亦應置之不理，繼續埋頭探究，則彼之淺薄，我之厚重，不言自明。

其二曰簡化普及，如朱子之作《四書集注》是也。若欲一種思想被社會大眾接受，須進行簡化普及工作。所謂「簡化」，並非將儒學膚淺化，乃指將儒學之精華與要點加以歸納總結，以利於社會大眾學習與理解。所謂「普及」，亦非將儒學庸俗化，乃指採取適當之形式與方法，以便於社會大眾接受。

其三曰制度變革，如教育、考試之改革是也。此種變革可謂舉步維艱，然吾輩當勉力爲之。如增加中小學課程中儒學之比重，大學增設與儒學相關之專業，公務員考試中增入與儒學相關之內容等，雖行之不易，然若吾輩齊心努力，大聲疾呼，積小成多，未必不獲滴水穿石之效。勉之。

參考文獻

一、古籍資料

1. 丁丙:《善本書室藏書志》,載《續修四庫全書》第 927 冊,上海:上海古籍出版社,2002 年,據光緒二十七年錢塘丁氏刻本影印。

2. 于敏中:《于文襄公(敏中)手札》,載沈雲龍主編:《近代中國史料叢刊》第 22 輯,臺北:文海出版社,1968 年,據國立北平圖書館 1933 年印本影印。

3. 方孝孺:《遜志齋集》,載《景印文淵閣四庫全書》第 1235 冊,臺北:臺灣商務印書館,1986 年。

4. 王昶:《春融堂集》,載《續修四庫全書》第 1438 冊,據嘉慶十二年塾南書舍刻本影印。

5. 王昶:《蒲褐山房詩話》,臺北:廣文書局,1973 年,據毛慶善稿本影印。

6. 王鳴盛著,陳文和主編:《嘉定王鳴盛全集》,北京:中華書局,2010 年。

7. 王應麟:《詩考》,載《景印文淵閣四庫全書》第 75 冊。

8. 全祖望:《全謝山先生經史問答》,載《續修四庫全書》第 1147 冊,據乾隆三十年刻本影印。

9. 全祖望:《鮚埼亭集》,載《續修四庫全書》第 1429 冊,據嘉慶九年史夢蛟刻本影印。

10. 全祖望:《鮚埼亭集外編》,載《續修四庫全書》第 1430 冊,據嘉慶十六年刻本影印。

11. 朱文治:《繞竹山房續詩稿》,載《清代詩文集彙編》第 465 冊,上海:上海古籍出版社,2010 年,據咸豐五年刻本影印。

12. 朱珪:《知足齋文集》,載《續修四庫全書》第 1452 冊,據嘉慶九年阮元刻增修本影印。

13. 朱筠:《笥河文鈔》,載《續修四庫全書》第 1440 冊,據清刻本影印。

14. 朱筠:《笥河文集》,載《續修四庫全書》第 1440 冊,據嘉慶二十年椒華吟舫刻本影印。

15. 朱熹:《晦庵先生朱文公文集》,載朱傑人等編:《朱子全書》第 24 冊,上海:上海古籍出版社,合肥:安徽教育出版社,2002 年。

16. 朱蘭著,朱炯編:《朱蘭文集》,杭州:浙江大學出版社,2015 年。

17. 江藩著,鍾哲點校:《國朝漢學師承記》,北京:中華書局,1983 年。

18. 吳玉綸:《香亭文稿》,載《續修四庫全書》第 1451 冊,據乾隆六十年滋德堂刻本影印。

19. 吳壽暘:《拜經樓藏書題跋記》,載《續修四庫全書》第 930 冊,據道光二十七年海昌蔣氏刻本影印。

20. 吳閶:《十國宮詞》,載《四庫未收書輯刊》第 4 輯第 20 冊,北京:北京出版社,1997 年,據嘉慶間刻本影印。

21. 吳衡照:《蓮子居詞話》,載《續修四庫全書》第 1734 冊,據嘉慶間刻本影印。

22. 吳騫:《拜經樓詩集》,載《續修四庫全書》第 1454 冊,據嘉慶八年刻增修本影印。

23. 呂留良:《呂晚村先生四書講義》,載《續修四庫全書》第 165 冊,據康熙間天蓋樓刻本影印。

24. 李元度:《國朝先正事略》,載《續修四庫全書》第 539 冊,據同治八年循陔草堂刻本影印。

25. 李調元著,詹杭倫、沈時蓉校正:《雨村詩話校正》,成都:巴蜀書社,2006 年。

26. 汪中著,田漢雲點校:《新編汪中集》,揚州:廣陵書社,2005 年。

27. 汪輝祖:《學治續說》,載《續修四庫全書》第 755 冊,據同治元年吳氏望三益齋刻本影印。

28. 阮元:《儒林傳稿》,載《續修四庫全書》第 537 冊,據嘉慶間刻本影印。

29. 阮元:《兩浙輶軒錄》,載《續修四庫全書》第 1683 冊,據嘉慶間仁和朱氏碧溪艸堂、錢塘陳氏種榆千僊館刻本影印。

30. 周永年:《林汲山房遺文》,載《續修四庫全書》第 1449 冊,據清抄本影印。

31. 周春:《耄餘詩話》,載《續修四庫全書》第 1700 冊,據清抄本影印。

32. 周炳麟等:《(光緒)餘姚縣志》,光緒二十五年刻本,中國國家圖書館藏。

33. 屈大均:《廣東新語》,載《續修四庫全書》第 734 冊,據康熙間水天閣刻本影印。

34. 林昌彝:《射鷹樓詩話》,載《續修四庫全書》第 1706 冊,據咸豐元年刻本影印。

35. 邵大業:《謙受堂集》,載《清代詩文集彙編》第 316 冊,據嘉慶二年刻本影印。

36. 邵日濂、邵友濂:《餘姚邵氏宗譜》,光緒十三年刻本,浙江圖書館藏。

37. 邵向榮等:《(乾隆)鎮海縣志》,乾隆十七年刻本,中國國家圖書館藏。

38. 邵廷采:《東南紀事》,載《續修四庫全書》第 332 冊,據光緒十年徐幹刻本影印。

39. 邵廷采著,祝鴻杰點校:《思復堂文集》,杭州:浙江古籍出版社,2010年。

40. 邵晉涵:《韓詩內傳考》,載田國福編:《歷代詩經版本叢刊》第 28 冊,濟南:齊魯書社,2008 年,據鳴野山房抄本影印。

41. 邵晉涵:《爾雅正義》,載《續修四庫全書》第 187 冊,據乾隆五十三年邵氏面水層軒刻本影印。

42. 邵晉涵:《邵氏史記輯評》,民國八年上海會文堂書局印本,東海大學圖書館藏,著者自藏。

43. 邵晉涵:《舊五代史考異》,載《續修四庫全書》第 290 冊,據面水層軒抄本影印。

44. 邵晉涵等:《(乾隆)杭州府志》,載《續修四庫全書》第 701～703 冊,據乾隆四十九年刻本影印。

45. 邵晉涵等:《(乾隆)餘姚志》,乾隆四十六年刻本,中國國家圖書館藏。

46. 邵晉涵:《皇朝大臣諡迹錄》,鳴野山房抄本,南京圖書館藏。

47. 邵晉涵:《南江札記》,載《清人考訂筆記(七種)》,北京:中華書局,2004 年,據嘉慶八年面水層軒刻本影印。

48. 邵晉涵:《南江文鈔》,載《續修四庫全書》第 1463 冊,據道光十二年胡敬刻本影印。

49. 邵晉涵:《南江詩鈔》,載《續修四庫全書》第 1463 冊,據道光十二年胡敬刻本影印。

50. 邵晉涵:《四庫全書提要分纂稿》,光緒十七年會稽徐氏鑄學齋刻《紹興先正遺書》本。

51. 邵晉涵著,李嘉翼、祝鴻杰點校:《邵晉涵集》,杭州:浙江古籍出版社,2016 年。

52. 邵葆祺:《橋東詩草》,載《清代詩文集彙編》第 498 冊,據同治十二年大興邵氏刻本影印。

53. 姚瑩:《東溟文集》,載《續修四庫全書》第 1512 冊,據同治六年姚濬昌安福縣署刻《中復堂全集》本影印。

54. 洪亮吉著，劉德權點校：《洪亮吉集》，北京：中華書局，2001 年。

55. 紀昀等：《四庫全書總目》，北京：中華書局，1965 年，據浙本影印。

56. 紀昀等：《武英殿本四庫全書總目提要》，臺北：臺灣商務印書館，1983 年，據殿本影印。

57. 紀昀：《史通削繁》，載《續修四庫全書》第 448 冊，據道光十三年兩廣節署刻本影印。

58. 紀昀：《閱微草堂筆記》，載《續修四庫全書》第 1269 冊，據嘉慶五年北平盛氏望益書屋刻本影印。

59. 唐鑑：《學案小識》，載《續修四庫全書》第 539 冊，據道光二十六年四砭齋刻本影印。

60. 班固：《前漢書》，載《景印文淵閣四庫全書》第 249 冊。

61. 畢沅：《續資治通鑑》，載《續修四庫全書》第 343～346 冊，據嘉慶六年馮集梧等遞刻本影印。

62. 張廷玉等：《明史》，北京：中華書局，1974 年。

63. 張問陶：《船山詩草補遺》，載《續修四庫全書》第 1486 冊，據道光二十九年刻本影印。

64. 張義年：《嗷蔗全集》，光緒十九年上海著易堂鉛印本，中研院傅斯年圖書館藏。

65. 張鎰：《南湖集》，載《叢書集成初編》第 2260 冊，上海：商務印書館，1936 年，據《知不足齋叢書》本排印。

66. 清高宗敕撰：《勝朝殉節諸臣錄》，載《景印文淵閣四庫全書》第 456 冊。

67. 清高宗敕撰：《皇朝通典》，載《景印文淵閣四庫全書》第 642 冊。

68. 章學誠：《章氏遺書》，臺北：漢聲出版社，1973 年，據吳興劉氏嘉業堂刻本影印。

69. 章學誠：《章學誠遺書·佚篇》，北京：文物出版社，1985 年，據章華紱、朱氏椒花唫舫抄本《章氏遺書》排印。

70. 章學誠著，葉瑛校注：《文史通義校注》，北京：中華書局，1985 年。

71. 陳康祺：《燕下鄉脞錄》（《郎潛二筆》），載《續修四庫全書》第 1182 冊，據光緒十一年刻本影印。

72. 嵇曾筠等：《（雍正）浙江通志》，載《景印文淵閣四庫全書》第 519 冊。

73. 黃宗羲：《行朝錄》，載《續修四庫全書》第 442 冊，據清抄本影印。

74. 黃宗羲著，沈芝盈點校：《明儒學案》，北京：中華書局，2008 年。

75. 黃景仁：《兩當軒全集》，載《續修四庫全書》第 1474 冊，據咸豐八年黃氏家塾刻本影印。

76. 黃璋：《大俞山房詩稿》，載《清代詩文集彙編》第 363 冊，據乾隆五十二年刻本影印。

77. 董秉純：《春雨樓初刪稿》，載《清代詩文集彙編》第 354 冊，據民國間張氏約園刻《四明叢書》本影印。

78. 解縉等：《永樂大典目錄》，載《永樂大典》第 10 冊，北京：中華書局，1986 年，據道光間靈石楊氏刻《連筠簃叢書》本影印。

79. 劉因：《靜修集》，載《景印文淵閣四庫全書》第 1198 冊。

80. 潘奕雋：《三松堂集》，載《續修四庫全書》第 1461 冊，據嘉慶刻本影印。

81. 潘衍桐：《兩浙輶軒續錄》，載《續修四庫全書》第 1687 冊，據光緒十七年浙江書局刻本影印。

82. 魯九皋：《魯山木先生文集》，載《清代詩文集彙編》第 378 冊，據道光十一年刻本影印。

83. 盧文弨：《抱經堂文集》，載《續修四庫全書》第 1433 冊，據乾隆六十年刻本影印。

84. 蕭統纂，李善注：《文選》，臺北：藝文印書館，2012 年，據嘉慶十四年鄱陽胡氏刻本影印。

85. 錢大昕著，錢慶曾增補：《錢辛楣先生年譜》，載陳文和主編：《嘉定錢大昕全集》第 1 冊，南京：江蘇古籍出版社，1997 年。

86. 錢大昕：《廿二史考異》，載《續修四庫全書》第 454 冊，據乾隆四十五年刻本影印。

87. 錢大昕：《十駕齋養新錄》，載《續修四庫全書》第 1151 冊，據嘉慶間刻本影印。

88. 錢大昕：《潛研堂文集》，載《續修四庫全書》第 1438～1439 冊，據嘉慶十一年刻本影印。

89. 錢大昕：《潛研堂詩集》，載《續修四庫全書》第 1439 冊，據嘉慶十一年刻本影印。

90. 錢大昕：《潛研堂詩續集》，載《續修四庫全書》第 1439 冊，據嘉慶十一年刻本影印。

91. 錢儀吉編，靳斯標點：《碑傳集》，北京：中華書局，1993 年。

92. 戴震：《經考》，載《續修四庫全書》第 172 冊，據李文藻家抄本影印。

93. 嚴榮：《述庵先生年譜》，載《北京圖書館藏珍本年譜叢刊》第 105 冊，北京：北京圖書館出版社，1999 年，據嘉慶間刻本影印。

94. 顧炎武著，華忱之點校：《顧亭林詩文集》，北京：中華書局，1983 年。

二、今人論著

1. 方其軍、張展：〈晉京著書烙丹青，涵學浸詩流千古──餘姚籍史學巨擘、一代學界宗師邵晉涵〉，《寧波通訊》第 5 期，2010 年 5 月。

2. 王鳳賢、丁國順：〈史書纂修專家邵晉涵〉，《浙東學派研究》，杭州：浙江人民出版社，1993 年。

3. 王獻唐：〈李南澗之藏書及其他〉，《山東省立圖書館季刊》第 1 卷第 1 期，1931 年。

4. 司馬朝軍：〈邵晉涵與《四庫全書總目》〉，《《四庫全書總目》編纂考》，武漢：武漢大學出版社，2005 年。

5. 朱仲玉：〈邵晉涵──奧衍蘊蓄，囊括富有〉，載瞿林東、楊牧之編：《中華人物志（史學家小傳）》，北京：中華書局，1988 年。

6. 朱依群：〈邵晉涵的學術成就〉，載管敏義主編：《浙東學術史》，上海：華東師範大學出版社，1993 年。

7. 朱依群：〈文質因時──談邵晉涵的史文思想〉，《寧波師院學報（社會科學版）》第 18 卷第 5 期，1996 年 10 月。

8. 朱依群：〈秉公筆，存直道，史以紀實──淺論邵晉涵的史學思想〉，《寧波大學學報（人文科學版）》第 9 卷第 4 期，1996 年 12 月。

9. 朱依群：〈初探邵晉涵編修《宋史》的宗旨〉，《寧波大學學報（人文科學版）》第 13 卷第 1 期，2000 年 3 月。

10. 朱依群：〈以醇厚廉介之性，爲沉博邃精之學──紀念邵晉涵誕辰二百六十週年〉，《中國文化月刊》第 282 期，2004 年 6 月。

11. 朱依群：〈以醇和廉介之性，爲沉博邃精之學──紀念邵晉涵逝世二百週年〉，載董貽安主編：《浙東文化論叢》第二輯，上海：上海古籍出版社，2004 年。

12. 汪榮祖：《史傳通說》，北京：中華書局，2003 年。

13. 汪榮祖：《史學九章》，北京：生活·讀書·新知三聯書店，2006 年。

14. 吳孝琳：〈章實齋年譜補正〉，《說文月刊》第 2 卷第 9～12 期，1940 年 12 月～1941 年 3 月。

15. 何冠彪：〈邵廷采三題〉，《明末清初學術思想研究》，臺北：臺灣學生書局，1991 年。

16. 何冠彪：〈清代「浙東學派」問題平議〉，《明末清初學術思想研究》。

17. 何炳松：《浙東學派溯源》，上海：商務印書館，1933 年。

18. 余英時：《論戴震與章學誠：清代中期學術思想史研究》，北京：生活·讀書·新知三聯書店，2012 年。

19. 余嘉錫：《四庫提要辨證》，北京：中華書局，2007 年。

20. 李建誠：《邵晉涵〈爾雅正義〉研究》，高雄：復文圖書有限公司，2003 年。

21. 李軍：〈規正勸勉，砥礪相激——章學誠與朱筠、邵晉涵交往始末述考〉，載陳仕華主編：《章學誠研究論叢：第四屆中國文獻學學術研討會論文集》，臺北：臺灣學生書局，2005 年。

22. 杜維運：〈邵晉涵之史學〉，《國立政治大學歷史學報》第 11 期，1994 年 1 月。

23. 杜維運：〈邵晉涵之史學〉，《清史研究》第 2 期，1994 年 5 月。

24. 杜維運：〈邵晉涵之史學〉，載方祖猷、滕復主編：《論浙東學術》，北京：中國社會科學出版社，1995 年。

25. 杜維運：〈浙東史學在中國史學史上的地位〉，載陳祖武主編：《明清浙東學術文化研究》，北京：中國社會科學出版社，2004 年。

26. 杜維運：〈邵晉涵的史學〉，《中國史學史》，北京：商務印書館，2010 年。

27. 周何編：《詩經著述考（一）》，臺北：國立編譯館，2004 年。

28. 林良如：《邵晉涵之文獻學探究》，載潘美月、杜潔祥主編：《古典文獻研究輯刊‧六編》第 26 冊，臺北：花木蘭文化出版社，2008 年。

29. 河田悌一：〈清代学術の一測面——朱筠、邵晉涵、洪亮吉そして章学誠〉，《東方学》第 57 輯，1979 年 1 月。

30. 河田悌一：〈清代學術之一側面——朱筠、邵晉涵、洪亮吉與章學誠〉，載鄭吉雄主編：《語文、經典與東亞儒學》，臺北：臺灣學生書局，2008 年。

31. 金毓黻：《中國史學史》，北京：商務印書館，1999 年。

32. 南炳文：〈邵晉涵〉，載陳清泉等編：《中國史學家評傳》，鄭州：中州古籍出版社，1985 年。

33. 倪德衛（David S.Nivison）著，楊立華譯：《章學誠的生平及其思想》，南京：江蘇人民出版社，2008 年。

34. 姚名達：《邵念魯年譜》，臺北：臺灣商務印書館，1971 年。

35. 胡楚生：〈章學誠與邵晉涵之交誼及論學〉，《國立中興大學文史學報》第 15 期，1985 年 3 月。

36. 胡楚生：〈章學誠與邵晉涵之交誼及論學〉，《清代學術史研究》，臺北：臺灣學生書局，1988 年。

37. 胡適著，姚名達訂補：《章實齋先生年譜》，臺北：臺灣商務印書館，1962 年。

38. 倉修良：〈邵晉涵史學概述〉，《史學史研究》第 3 期，1982 年 6 月。

39. 倉修良、葉建華：《章學誠評傳》，南京：南京大學出版社，1996 年。

40. 倉修良：〈邵晉涵史學概述〉，《史家・史籍・史學》，濟南：山東教育出版社，2000 年。

41. 倉修良：〈邵晉涵的史學〉，《中國古代史學史》，北京：人民出版社，2009年。

42. 孫欣：《清代餘姚邵氏家族》，杭州：浙江大學出版社，2012 年。

43. 張永紅：〈邵晉涵所撰《四庫史部提要》的目錄學價值〉，《山東圖書館季刊》第 99 期，2006 年 3 月。

44. 張永紅：〈邵晉涵四庫史部提要的目錄學價值研究〉，《浙江工業大學學報（社會科學版）》第 5 卷第 1 期，2006 年 6 月。

45. 張宇、羅炳良：〈邵晉涵字號考辨〉，《廊坊師範學院學報（社會科學版）》第 25 卷第 2 期，2009 年 4 月。

46. 張秀平、羅炳良：〈邵晉涵與宋史研究〉，《文史哲》第 2 期，1999 年 3 月。

47. 張桂麗：〈段玉裁致邵晉涵札二通〉，《安徽文獻研究集刊》2006 年第 1 期。

48. 張舜徽：〈浙東學記〉，《清儒學記》，武漢：華中師範大學出版社，2005 年。

49. 張樹相、張秀平、羅炳良：〈邵晉涵與宋史研究〉，載漆俠、王天順主編：《宋史研究論文集》，銀川：寧夏人民出版社，1999 年。

50. 張濤：〈邵晉涵與《南江札記》〉，《浙江學刊》第 3 期，1995 年 5 月。

51. 梁啟超：〈覆餘姚評論社論邵二雲學術〉，《飲冰室合集》文集之 42，上海：中華書局，1936 年。

52. 梁啟超著，夏曉紅、陸胤校：《中國近三百年學術史》，北京：商務印書館，2011 年。

53. 章炳麟：《檢論》，載《章太炎全集》第 3 冊，上海：上海人民出版社，1984 年。

54. 陳光榮：〈《南江札記》收有他人之作〉，《古籍整理研究學刊》第 3 期，1991 年 6 月。

55. 陳垣：《舊五代史輯本發覆》，載《勵耘書屋叢刻》，北京：北京師範大學出版社，1982 年，據 1937 年北平輔仁大學刊本影印。

56. 陳垣：《四庫書目考異》，載陳智超主編：《陳垣全集》第 3 冊，合肥：安徽大學出版社，2009 年。

57. 陳垣：《歷史文獻學論文》，載《陳垣全集》第 7 冊。

58. 陳訓慈：〈清代浙東之史學〉，《史學雜誌》第 2 卷第 5、6 期合刊，1931 年 4 月。

59. 湯城：〈邵晉涵與《史記輯評》〉，《東嶽論叢》第 28 卷第 3 期，2007 年 5 月。

60. 湯城：《邵晉涵的史學理論研究》，北京師範大學碩士學位論文，2007 年。

61. 湯城：〈邵晉涵的學術風格〉，《廊坊師範學院學報（社會科學版）》第 25 卷第 4 期，2009 年 8 月。

62. 菅原博子：〈邵晉涵の集部提要稿について〉，《お茶の水女子大学中国文学会報》第 6 號，1987 年 4 月。

63. 黃雲眉：《邵二雲先生年譜》，南京：金陵大學中國文化研究所，1933 年，著者自藏。

64. 黃雲眉：《邵二雲先生年譜》，載《史學雜稿訂存》，濟南：齊魯書社，1980 年。

65. 楊緒敏：〈邵晉涵與歷史文獻的整理及研究〉，《徐州師範學院學報（哲學社會科學版）》第 2 期，1986 年 5 月。

66. 楊緒敏：〈論邵晉涵古籍整理研究之成就〉，《古籍整理研究學刊》第 5 期，2004 年 9 月。

67. 楊艷秋：〈章學誠與邵晉涵〉，載陳祖武主編：《明清浙東學術文化研究》，北京：中國社會科學出版社，2004 年。

68. 董洪利主編：《古典文獻學基礎》，北京：北京大學出版社，2008 年。

69. 鄒斌、方薇：〈邵晉涵的「良史」觀〉，《安慶師範學院學報（社會科學版）》第 27 卷第 2 期，2008 年 2 月。

70. 漆永祥：《乾嘉考據學研究》，北京：中國社會科學出版社，1998 年。

71. 福島正：〈邵晉涵の歷史学──餘姚邵氏の歷史学〉，《中国思想史研究》第 5 號，1982 年 12 月。

72. 樊克政：〈邵晉涵〉，載張捷夫主編：《清代人物傳稿》上編第 10 卷，北京：中華書局，2001 年。

73. 蔡克驕、夏詩荷：〈邵晉涵的史學成就〉，《浙東史學研究》，北京：知識產權出版社，2009 年。

74. 燕朝西：《邵晉涵的生平、著述及史學成就》，四川師範大學碩士學位論文，2004 年。

75. 錢茂偉：〈邵晉涵史學研究述評〉，《浙東史學研究述評》，北京：海洋出版社，2009 年。

76. 錢穆：《中國近三百年學術史》，臺北：臺灣商務印書館，1990 年。

77. 羅炳良：〈邵晉涵在歷史編纂學理論上的貢獻〉，《史學史研究》第 2 期，1997 年 5 月。

78. 羅炳良：〈邵晉涵史學批評述論〉，《北方工業大學學報》第 9 卷第 2 期，1997 年 6 月。

79. 羅炳良、朱鐘頤：〈邵晉涵學術述論〉，《湖南教育學院學報》第 16 卷第 1 期，1998 年 2 月。

80. 羅炳良：〈邵晉涵對宋史研究的重要貢獻〉，《求是學刊》第 1 期，1999 年 1 月。

81. 羅炳良：〈黃雲眉《邵二雲先生年譜》補正〉，載瞿林東主編：《史學理論與史學史學刊》2010 年卷，北京：社會科學文獻出版社，2010 年。

82. 羅炳良：《章實齋與邵二雲》，北京：商務印書館，2013 年。

83. 蘇虹：〈關於邵氏《四庫全書提要分纂稿》〉，《圖書館學刊》第 5 期，2005 年 9 月。